Liebe Leserinnen, liebe Leser!

„Mehr Mut zu digitaler Bildung", so lautete das Ergebnis einer Umfrage, die vom Meinungsforschungsinstitut Ipsós Public Affairs mit 9.005 Personen im Alter zwischen 18 und 65 Jahren in neun Ländern durchgeführt und von der Vodafone Stiftung im September 2019 veröffentlicht wurde. Laut dieser Studie stellen die Deutschen „der digitalen Bildung in Deutschland" im Vergleich zu anderen Ländern „ein schlechtes Zeugnis aus. Nicht einmal ein Viertel der Deutschen (23 Prozent) bewertet die digitale Bildung an Schulen als gut oder sehr gut. Noch unzureichender wird die Situation an Kindergärten bewertet."[1] Dabei böte die Digitalisierung, die inzwischen alle Lebens- und Arbeitsbereiche, bewusst oder unbewusst, offensichtlich oder versteckt, erfasst sowie verändert hat, ja permanent weiter verändert, vielfältige Chancen und Möglichkeiten. Sie fordere aber auch heraus: den Einzelnen und die Gesellschaft, die Politik und die Wissenschaften sowie den gesamten Bildungssektor. Demnach stellen sich folgende Fragen: Wie gilt es in und durch Bildung mit der digitalen Welt umzugehen? Sind digitale und digitalisierte Informationen schon Wissen bzw. Erkenntnis oder welche Form der Aneignung ist vonnöten? Wie wirkt sich die Digitalisierung auf den Menschen, das Bild von ihm und seine Rolle im Geschehen um die Digitalisierung aus? Vor diesem Hintergrund will das aktuelle Themenheft – sehr praktisch – nachfragen, wie heute fruchtbringend und verantwortet mit Digitalisierung umgegangen werden kann und muss.

In diesem Sinne wird das Heft vom Leiter der Fachinformationsdienste und Koordinator des Index Theologicus an der Universitätsbibliothek Tübingen, *Martin Faßnacht*, eröffnet. Er zeigt überaus anschaulich, welchen Gewinn das Digitalisieren von wissenschaftlicher Literatur nicht nur für Forscherinnen und Forscher bringt, sondern auch für jene Menschen, die sich geografisch fern von Präsenzbibliotheken bilden wollen. Erläutert wird ein solcher Digitalisierungsvorgang am Beispiel unserer eigenen Zeitschrift, der ThPQ. Den Mehrwert von Digitalisaten verdeutlicht auch *Franz Böhmisch*, ehemaliger Assistent am Institut für Bibelwissenschaften des Alten und Neuen Testaments an der Katholischen Privat-Universität Linz. Er führt uns mitten in die Welt der Forschungswerkstatt biblischer Handschriften und Fragmente. Dank der Digitalisierung sind diese inzwischen nicht nur weltweit erreichbar, sie können auch mittels computergestützter Spezialprogramme viel genauer und mit überraschend neuem Erkenntnisgewinn ausgewertet werden, als dies noch in Zeiten des analogen wissenschaftlichen Arbeitens möglich gewesen ist. Vor welchen Herausforderungen die universitäre Lehre im Bereich der Theologie im Hinblick auf *e-Learning* steht und wie entsprechende Lehr-Lern-Konzepte verantwortet und mit einem wirklichen Kompetenzzugewinn für Studierende aufgebaut werden müssten, fragt *Annett Giercke-Ungermann*, Referentin im Fernstudiengang Religionspädagogik sowie Referentin für e-Learning an der Katholischen Hochschule Nordrhein-Westfalen. Für den schulischen Bereich gibt *Ewald Staltner*, Direktor der Höhere Lehranstalt für wirtschaftliche Berufe Steyr, eine Antwort. Angesichts der Veränderungen, welche die Digitalisierung in der Arbeitswelt nach sich gezogen hat, hat man einen neuen Schulzweig, ausgestattet mit einem völlig neuen Lehrplan und innovativen Lehr-Lern-Konzepten, kreiert und installiert. Im Anschluss an diese praktischen Beispiele thematisiert *Viera Pirker*, Universitätsassistentin am Institut für Praktische Theologie der Universität Wien, die Digita-

---

[1] https://www.vodafone-stiftung.de/kurzstudie-mehr-mut-zu-digitaler-bildung/ [Abruf 01.03.2020]

lisierung und ihre Folgen aus theologischer Perspektive. Vor dem Hintergrund der gesellschaftlichen Veränderungsprozesse fordert sie eine Reflexion über das Menschsein bzw. das Menschenbild als solches und damit auch über die Rolle des Menschen und sein Handeln im fortschreitenden Digitalisierungsprozess. *Michael Fuchs*, Professor für Praktische Philosophie/Ethik an der Katholischen Privat-Universität Linz, schließt hier direkt an, wenn er das gegenüber dem 19. sowie 20. Jahrhundert veränderte Menschenbild nachzeichnet und dabei darauf aufmerksam macht, dass einzig dem Menschen die Fähigkeit innewohnt, kritisch zu denken und verantwortet zu handeln, eine Fähigkeit, die angesichts einer sich scheinbar dem technischen Fortschritt ausgeliefert fühlenden Menschheit nicht aus den Augen verloren werden darf.

Bereichert wird unser Heft durch drei freie Beiträge, die allesamt als Vorträge am Tag des Judentums im Jahr 2019 an der Katholischen Privat-Universität gehalten worden sind. Den Auftakt macht *Gudrun Becker*, die uns auf einen virtuellen Stadtrundgang durch das jüdische (Glaubens-)Leben in Linz mitnimmt. Im Anschluss daran erläutert *Günter Merz*, in welcher Weise Juden nach 1740 in Linz zwar geduldet waren, welche Einschränkungen jedoch damit im religiösen Leben sowie im Alltagsleben verbunden gewesen sind. *Verena Wagner* schließlich führt sehr plastisch die Entstehungs- und Errichtungsgeschichte der beiden jüdischen Gotteshäuser – Bethaus und Synagoge –, aber auch die Zerstörungsgeschichte, eingebettet in die beeinflussenden sozialen und gesellschaftlichen Faktoren, vor Augen.

Geschätzte Leserinnen und Leser!

Jede Epoche, jedes Jahrhundert, jedes Jahrzehnt birgt ihre/seine ganz eigenen Herausforderungen. Das gilt auch für unsere Zeit. Heutige Technologisierungs- und Digitalisierungsprozesse werden vielfach mit der industriellen Revolution des 19. Jahrhunderts verglichen. Ein derartiger Abgleich allerdings ist angesichts der beschleunigten und viel tiefergreifenden Veränderungsprozesse im 21. Jahrhundert kaum möglich. Eine Grundkonstante jedoch lässt sich benennen: Der Mensch! Ihm war und ist es stets Gabe wie Aufgabe, sich den Neuerungen wünschenswerterweise kritisch reflektiert zu öffnen und diese verantwortet zu nutzen, um so seine wie seiner Mitmenschen Zukunft fruchtbringend mitzugestalten.

Kleinere Veränderungen gehen auch am Redaktionsteam nicht vorüber. *Andreas Telser*, Assistenzprofessor am Institut für Fundamentaltheologie und Dogmatik, der unsere Arbeit mehr als zwei Jahre mit seinem profunden Wissen und seinem kritischen Blick bereichert hat, wird uns verlassen. Ihm sei im Namen der gesamten Redaktion herzlich für seine solide Arbeit gedankt. Wir wünschen ihm für seine weiteren Wege alles erdenkliche Gute und Gottes Segen. *Klara-Antonia Csiszar*, Professorin für Pastoraltheologie an der Katholischen Privat-Universität Linz, wird seinen Platz in der Redaktion einnehmen. Darüber freuen wir uns sehr!

Ihre
Ines Weber
(Chefredakteurin)

Einem Teil dieser Ausgabe liegen Prospekte des Verlags Friedrich Pustet bei.

Redaktion:
Chefredakteur: Univ.-Prof.[in] Dr.[in] theol. Ines Weber; *Redaktionsleiter:* Mag. theol. Bernhard Kagerer; *Redakteure/-innen:* Univ.-Prof.[in] Dr.[in] theol. Klara-Antonia Csiszar; Univ.-Prof.[in] Dr.[in] theol. Susanne Gillmayr-Bucher; em. Univ.-Prof. Dr. theol. Franz Hubmann; Univ.-Prof. Dr. theol. Christian Spieß.

Martin Faßnacht

Liberté, Egalité, Solidarité

Die retrospektive und prospektive Digitalisierung der ThPQ

◆ War es bis vor nicht allzu langer Zeit unumgänglich, besonders Fachliteratur in Bibliotheken zu entlehnen, so bieten heute via Internet abrufbare Digitalisate öffentlichen Zugang zu schier unerschöpflichen Quellen schriftlichen Schaffens – dies unabhängig von Ort, Zeit und Stand. Welchen konzeptionellen, logistischen und technischen Aufwand sowie Mehrwert ein solches Projekt bedeutet, zeigt unser Autor, Leiter der Abteilung Fachinformationsdienste und Koordinator des Index Theologicus an der Universitätsbibliothek Tübingen, exemplarisch anhand der aktuell in Umsetzung begriffenen Digitalisierung der Theologisch-praktischen Quartalschrift. (Redaktion)

Vor nicht allzu langer Zeit war der Besuch einer Bibliothek der einschlägige Weg, Zugang zu wissenschaftlicher Literatur zu erhalten. Hatte die Leserin / der Leser die Bibliothekspforten durchschritten, stand ihr / ihm der Weg zum Buch frei. Oder doch nicht ganz? Während meiner Mitarbeit am Institut für neutestamentliche Textforschung in Münster bekannte mir eine italienische Kollegin, eine ihrer befreienden Erfahrungen im wissenschaftlichen Informationssystem sei der freie Zugang zum Buch in einer deutschen Bibliothek gewesen. Keine Bestellscheine ausfüllen, kein Schlange stehen vor Bibliotheksschaltern, keine Wartezeit bei der Bereitstellung der Bücher, kein Vertrösten auf den nächsten Tag! Nun ist es auch in einer deutschen Bibliothek noch keine Ewigkeit her, seit die Nutzer mit Mantel und Tasche in die Bibliothek marschieren, am Regal das Buch entnehmen und sogleich entlehnen können – und in vielen italienischen Bibliotheken dürfte sich diese Praxis mittlerweile ebenso etabliert haben. Auch wenn es nach wie vor Bücher gibt, die bestellt werden müssen – vor allem die Schützenswerten –, steht fest: Der freie Zugang über ein Freihandmagazin hat viele Erwartungen der Nutzer an die Zugänglichkeit benötigter Literatur mit einem Schlag erfüllt.

Erwartungen und Bedürfnisse der Nutzer in Bezug auf den Zugang haben sich in den letzten Jahren rasant verändert. Im Zeitalter der Digitalität gehen sie weit über die analogen Bedürfnisse hinaus und sind nur noch durch Breitbandgeschwindigkeit und Hardware limitiert. Heutzutage muss man immer seltener Bibliotheksportale durchschreiten, vielmehr genügt es, Onlineportale aufzurufen, um die benötigte Literatur direkt auf seinem Mobile Device lesen und nutzen zu können, weil neue Inhalte durchgängig elektronisch produziert und publiziert werden. Das gilt für die alten Druckausgaben naturgegeben nicht. Da sich aber auch die vorgängig analog publizierten Inhalte dem digitalen Paradigma nicht verweigern können, ohne immer seltener wahrgenommen zu werden, haben sich viele Kulturinstanzen der Aufgabe angenommen, diese Inhalte in das digitale Format zu transformieren. Auch die Universitätsbibliothek Tübingen – u. a. mit ihren Fachinformationsdiensten – ist daran aktiv beteiligt.

1 Liberté, Egalité, Solidarité

Elektronisch verfügbare Texte rufen nach wie vor Kritik auf den Plan. Und es ist angesichts der digitalen Möglichkeiten sicherlich klug, nicht über-optimistisch zu werden. Lesegewohnheiten, Vorteile des haptischen Mediums, Energieverbrauch und Langzeitspeicherung elektronischer Information sind dabei einige Stichwörter. Das digitale Paradigma ist aber dem unbedarften Leser nicht von außen aufgezwungen, sondern bietet sich dem Leser selbstverständlich an. Es ist vergleichbar dem Wikipedia-Kritiker, der seine Studierenden übertrieben vor dem Gebrauch der Online-Enzyklopädie auf seinem Fachgebiet warnt und in allen anderen Fällen selbst darin nachschlägt.

Was ist also der Vorteil elektronisch verfügbarer Texte? Oder präziser formuliert: elektronischer Texte, die im Open Access frei zugänglich sind?

Die drei gering modifizierten Schlagwörter der französischen Revolution fassen prägnant die enormen Vorteile zusammen: *Freiheit*, unabhängig örtlicher Gegebenheiten zu jeder Tages- und Nachtzeit schnell auf die Texte zugreifen zu können; *Chancengleichheit*, ohne Zugehörigkeit zu einer bestimmten Statusgruppe, für die heutzutage Lizenzen erworben werden (z. B. der Gruppe von Lehrenden und Studierenden einer Universität), oder ohne die Privilegien wohnortnaher Informationsstrukturen lesen, sich bilden und forschen zu können; *Solidarität* und wirtschaftliche Sparsamkeit, den elektronischen Zugang nur einmal bezahlen zu müssen und nicht von jedem Nutzer (oder seiner Bibliothek) einzeln und durch jährliche Lizenzierung[1] auf alle Ewigkeit immer wieder.

Es kommt also weder auf Wohnort noch Status und auch nicht auf das Budget des Einzelnen oder der einzelnen Bibliothek an, ob ein Buch oder eine Zeitschrift vor Ort zugänglich ist oder nicht. Und das ist nicht nur im Hinblick auf die Solidarität mit Nutzern aus Entwicklungsländern, sondern auch schon im Hinblick auf die sehr unterschiedliche Ausstattung der Bibliotheken in Deutschland ein wichtiger Gesichtspunkt.[2]

2 Digitalisierungsprojekte an der Universitätsbibliothek Tübingen im Bereich der Theologie

Die Universitätsbibliothek Tübingen hat im Bereich der Theologie ein erstes Digitalisierungsprojekt 2010 gestartet. Zentrale Quellen zur „Deutschen Theologie des 19. Jahrhunderts" wurden online gestellt.[3] Die Vorgabe lautete, dass nur Quellen in das Projekt aufgenommen werden, die nicht schon anderweitig digital zur Verfügung

---

[1] Solche Lizenzierungsmodelle bieten JSTOR (Journal Storage, eine in New York ansässige Non-Profit-Organisation), DigiZeitschriften (ein von deutschen Kultureinrichtungen getragener Verein) und ATLA (American Theological Library Association) an.

[2] Die Chancen elektronischer Open Access Publikationen im Hinblick auf neue Publikationsformate, Forschungsmethoden, interaktive Inhalte, neue Fragestellungen sowie den Möglichkeiten linguistischer Verfahren im Bereich der Digital Humanities werden hier nicht dargestellt. Siehe dazu den Beitrag von Franz Böhmisch in dieser Ausgabe.

[3] http://idb.ub.uni-tuebingen.de/digitue/theo/ [Abruf: 10.01.2020].

standen. Zwanzig Zeitschriften und 58 Bücher wurden ausgewählt, insgesamt wurden mehr als 500.000 Einzelseiten und ca. 46.000 Metadaten erzeugt.

Ein zweites Projekt schloss sich mit der Digitalisierung von zwei renommierten Rezensionszeitschriften an. 66.000 Rezensionsartikel und 109.000 Metadaten aus dem Theologischem Literaturblatt (1880–1943) und der Theologischen Literaturzeitung (1876–1995) wurden im Open Access publiziert. Wurden die beiden ersten Projekte anteilig von der Deutschen Forschungsgemeinschaft (DFG) und der Universitätsbibliothek Tübingen finanziert, so konnte für das dritte Projekt die Diözese Rottenburg-Stuttgart als Ko-Finanzier gewonnen werden: während die Jahrgänge 1819–1900 der Theologischen Quartalschrift (ThQ) schon im ersten Digitalisierungsprojekt digitalisiert wurden, stehen nun auch alle Artikel von 1901–2005 digital zur Verfügung.

Die Auswahl der Quellen in den bisherigen Projekten basiert auf verschiedenen Kriterien: Im ersten Projekt wurden die Quellen nach inhaltlichen Kriterien ausgewählt, im zweiten Projekt lagen formale Kriterien zugrunde (Gattung Rezension).

Das jetzt anstehende vierte und bei der DFG zur Förderung eingereichte Digitalisierungsprojekt, in dessen Rahmen auch die Jahrgänge 1848–2015 der Theologisch-Praktischen Quartalschrift (ThPQ) digitalisiert werden sollen, hat ein völlig anderes Auswahlkriterium. Da die theologische Fachcommunity in Deutschland eine umfangreiche Retrodigitalisierung theologischer Fachzeitschriften als ein wichtiges Desiderat ansieht, hat die UB Tübingen ein Massendigitalisierungsprojekt initiiert, an dem außer der ThPQ noch weitere 66 Zeitschriften teilnehmen. Die Auswahlkriterien lauten: Die Zeitschriften müssen im Index Theologicus (IxTheo) ausgewertet werden (Qualitätskriterium) und sind noch nicht oder nur teilweise schon digital verfügbar. Um das Projekt logistisch handhaben zu können, wurden nur deutschsprachige Zeitschriften in das Projekt aufgenommen. Nach Beendigung des Projekts stehen mehr als 150.000 Aufsätze und Rezensionen neu im Open Access weltweit zur Verfügung. Damit wird systematisch die Lücke fehlender retrospektiver Open Access Stellung von theologisch wichtigen Zeitschriften verkleinert.

Ein wichtiger Unterschied zu den früheren Digitalisierungsprojekten besteht darin, dass sich die Digitalisierung nicht nur retrospektiv auf das Material bis zu einem bestimmten Zeitpunkt bezieht, sondern nach dem Prinzip der Moving Wall jährlich ein weiterer Jahrgang, der aus der Embargofrist fällt, online gestellt werden kann.[4] Dadurch wird das Geschäftsmodell der Printzeitschriften nicht gefährdet, gleichzeitig werden die Inhalte aber zeitverzögert elektronisch verfügbar. Für ein solches „mitlaufendes" Verfahren braucht es andere Tools und Workflows als bei abgeschlossenen Digitalisierungsprojekten.

3 Arbeitsschritte in einem Digitalisierungsprojekt

Im Rahmen eines Zeitschriften-Digitalisierungsprojektes fallen prinzipielle Arbeitsschritte an:

1. Jede einzelne Seite einer Printzeitschrift wird gescannt und im TIFF-Format

---

[4] Beispiel: Eine Zeitschrift mit einem Embargo von drei Jahren überführt im Jahre 2020 den Jahrgang 2016 in den Open Access, 2021 den Jahrgang 2017 etc.

unter einem eindeutigen, sprechenden Dateinamen abgespeichert.

2. Jeder einzelne Aufsatz und jede einzelne Rezension wird formal katalogisiert: Erfassung der Metadaten wie Autor, Autoren-Identitätsnummer (GND)[5], Titel, Untertitel, Seitenzahl sowie die Zuordnung zu Heft, Band und Jahrgang.

Weiterführende Literatur:

Zu Open Access:

Bundesministerium für Bildung und Forschung, Open Access, https://www.bildung-forschung.digital/de/open-access-2471.html [Abruf: 10.01.2020]. Hier wird das Thema aus verschiedenen Blickwinkeln und mit verschiedenen Medien beleuchtet: Forschungspolitische Sicht, rechtliche Fragen, Qualität, Open Access Initiativen, innovative Projekte etc. Spannend darin der Podcast von *Holger Klein* zum Thema Open Access, https://www.bildung-forschung.digital/de/open-access---der-podcast-zum-thema-2761.html [Abruf: 10.01.2020].

Zur Digitalisierung:

Fridtjof Küchemann, Leseforscher zur Digitalisierung. Der Kontakt zu unserer Kultur steht auf dem Spiel, Artikel vom 15.10.2018, in: Frankfurter Allgemeine Zeitung, Rubrik Debatten, https://www.faz.net/aktuell/feuilleton/debatten/interview-acht-leseforscher-zur-digitalisierung-15833105.html [Abruf: 10.01.2020]. Kritischer Blick auf mögliche Auswirkungen digitalen Lesens, der eine heftige und kontroverse Debatte ausgelöst hat.

Wenn die Ressourcen dazu vorhanden sind, außerdem:

3. Inhaltliche Erschließung: Jeder Aufsatz wird verbal mit Schlagwörtern und/oder klassifikatorisch mit Notationen erschlossen.

Die beiden ersten Arbeitsschritte sind obligatorisch, da sonst die Scans einem Aufsatz nicht zugeordnet werden können. Es muss ja bestimmt werden können, dass z. B. die ersten zehn Scans zu Aufsatz A und die nächsten fünf Scans zu Aufsatz B gehören. Die Katalogisierung der Aufsätze wie die Zuordnung der einzelnen Scans zu den Aufsätzen kann in einem großen Digitalisierungsprojekt nicht händisch erfolgen. Hier werden halb-automatische Verfahren eingesetzt, um große Stückraten pro Stunde zu erreichen.

4 Art des Digitalisierungsprojektes: retrospektiv und/oder prospektiv?

Die Wahl der Tools hängt von der Art des Digitalisierungsprojektes ab. Ist es abgeschlossen oder sollen nach dem Moving Wall Prinzip auch zukünftig regelmäßig ganze Jahrgänge ins Open Access überführt werden?

In retrospektiven, abgeschlossenen Projekten genügt es, die Präsentation der Digitalisate verschiedener Zeitschriften in einer großen Digitalisierungsumgebung unter einheitlicher URL zu organisieren. Die UB Tübingen verwendet dazu die an der Universitätsbibliothek Heidelberg entwickelte Software DWork.[6] DWork ist darauf ausgelegt, als Frontend für die Nutzer eine gut funktionierende Präsentationsschicht bereit zu stellen und zugleich

---

[5] Im deutschsprachigen Bereich (D-A-CH) wird zur Autorenidentifikation die Gemeinsame Normdatei (GND) verwendet.
[6] http://dwork.uni-hd.de [Abruf: 10.01.2020].

als Backend für die Organisation der Metadaten und Scans zu dienen. Für prospektive Projekte ist DWork jedoch nicht geeignet. Hier brauchen die Herausgeber und Schriftleiter selbst die Möglichkeit, Metadaten und PDFs der einzelnen Aufsätze eingeben, hochladen und gemäß den Absprachen mit dem Verlag mit einem Zeitstempel versehen zu können, so dass nach Ablauf der Embargofrist der Aufsatz automatisch ins Open Access überführt wird, ohne dass nach Jahren noch etwas an den Datensätzen verändert werden muss. Für eine solche Anforderung ist die Software Open Journal Systems (OJS) geeignet.[7]

OJS bietet die Möglichkeit, jeder am Digitalisierungsprojekt beteiligten Zeitschrift einen Internetauftritt mit eigenständiger URL und hoher Sichtbarkeit sowie der Indizierung durch die wichtigsten Suchmaschinen wie Google zu garantieren. Als Backend für die prospektive Erfassung von Aufsatzmetadaten und dem Hochladen von PDFs neuer Hefte ist es eine weltweit tausendfach genutzte und bewährte Software. Als Backend für retrospektive Digitalisierungsworkflows wie z. B. der automatischen Zuordnung von Scans und Katalogisat ist OJS allerdings ungeeignet. Die UB Tübingen wird deswegen bei dem kommenden Digitalisierungsprojekt sowohl DWork als auch OJS einsetzen und somit das Beste beider Tools nutzen. In DWork als Backend werden die Workflows abgearbeitet, danach werden die Metadaten samt PDFs nach OJS als Frontend migriert.

5   Workflow Digitalisierung ThPQ

Die folgend dargestellten Arbeitsschritte sind für jede am Projekt beteiligte Zeitschrift durchzuführen und werden modellhaft an der ThPQ skizziert:

1. Scannen der ThPQ Jahresbände von 1848 bis einschließlich 2015 durch einen externen Dienstleister: hochgerechnet ca. 42.500 Seiten.

2. Katalogisierung von hochgerechnet ca. 4.400 Aufsätzen und Rezensionen der ThPQ nach bibliothekarischen Qualitätsstandards im gemeinsamen Katalog K10plus des Südwestdeutschen Bibliotheksverbundes (SWB) und des Gemeinsamen Bibliothekverbundes (GBV). 63 % können dabei mit einem halb-automatischen Verfahren bearbeitet werden. Das Software Programm der Firma ImageWare (Bonn) übernimmt die Metadaten strukturiert aus dem Inhaltsverzeichnis.[8] In 37 % der Fälle sind die Inhaltsverzeichnisse der ThPQ in Fraktur gedruckt oder anderweitig nicht für das bildgestützte ImageWare Verfahren geeignet und müssen händisch katalogisiert werden.

3. Anlegen eines Projektes für jeden Jahrgang der ThPQ in DWork.

4. Jahrgangsweises Einlesen der 42.500 ThPQ-Scans nach DWork.

---

[7]   OJS ist ein Redaktions- und Präsentationssystem für digitale Zeitschriften, mit dem der gesamte Redaktionsprozess von der Einreichung eines Artikels über das Review-Verfahren bis zur digitalen Publikation abgebildet werden kann. Die Vergabe von Zeitstempeln steuert auf Artikelebene die Open Access Stellung.
Ein Beispiel für eine Zeitschrift mit einjährigem Embargo ist das von Marianne Heimbach-Steins im Aschendorff-Verlag herausgegebene Jahrbuch für Christliche Sozialwissenschaften: https://www.uni-muenster.de/Ejournals/index.php/jcsw/index [Abruf: 10.01.2020].

[8]   Siehe hierzu *Martin Faßnacht / Winfried Gebhard*, Index Theologicus – neue Produktionsverfahren bei der Bibliographieerstellung, in: b. i. t. online 19 (2016), 511–514. https://www.b-i-t-online.de/heft/2016-06-nachrichtenbeitrag-fassnacht.pdf [Abruf: 10.01.2020].

5. Semi-automatisches Editieren der Seitennummern in DWork.

6. Export der Metadaten der einzelnen ThPQ Aufsätze und Rezensionen aus dem SWB und Import nach DWork.

7. Strukturdatenerfassung: Zusammenfassung von Titelseite, Vorwort etc. als Strukturdatum Frontmatter; Strukturdatum Inhaltsverzeichnis; Zusammenfassung von nicht wissenschaftlichen Textbeiträgen, Verzeichnissen etc. als Strukturdatum Backmatter.

8. Zuordnung der Scans zu den Metadaten der Aufsätze/Rezensionen. Aufgrund der sowohl in DWork als auch in den SWB-Metadaten vorhandenen Seitennummern werden die Zuordnungen der Scans zu den Metadaten automatisch erstellt.

9. Qualitätskontrolle: Prüfung der Zuordnung der Metadaten und Digitalisate.

10. Konvertierung der Scans aus dem TIFF-Format ins JPG-Format; Erkennung und Überführung der Bilddateien in maschinenlesbaren Text (OCR); Generierung eines PDFs für jeden Aufsatz/Rezension; Automatische Erzeugung eines persistenten Identifier (DOI)[9] pro Aufsatz/Rezension, der unabhängig von einer bestimmten URL zum Volltext führt.

11. Anlegen eines OJS Mandanten für die ThPQ.

12. Export der Metadaten und der zugehörigen PDFs aus DWork und Import nach OJS.

13. Einspielung in den K10plus als Online-Katalogisat. Dabei wird aus dem Metadatensatz des Print-Katalogisates ein Online-Katalogisat mit URL und DOI als Link auf das PDF erzeugt. Mittels eines Abrufzeichens werden die Aufsätze und Rezensionen automatisch in den IxTheo übernommen.

6 Präsentation und Distribution

Die retrospektiv erzeugten Digitalisate und Metadaten aller Jahrgänge der ThPQ von 1848 bis 2015 werden in einem eigenständigen OJS Mandanten präsentiert. Dieser Mandant kann zukünftig auch für die aktuellen Hefte, die noch einem Embargo unterliegen, genutzt werden. Einzelne Aufsätze können trotz Embargo als Volltext freigeben werden.

Für die Auffindbarkeit ist neben einem sichtbaren, persistenten und durch Suchmaschinen ausgewerteten Online-Auftritt auch die Indizierung in international einschlägigen Datenbanken unverzichtbar. Diese sind als weltweiter Hub erster Anlaufpunkt für die wissenschaftliche Literaturrecherche. Alle Aufsätze und Rezensionen werden deswegen in der internationalen Open Access Bibliografie Index Theologicus nachgewiesen. Das ist nur durch die oben dargestellten Arbeitsschritte 2 und 13 möglich. Durch die Katalogisierung im gemeinsamen Verbundkatalog K10plus können die Aufsätze und Rezensionen sowohl im IxTheo als auch in den Bibliothekskatalogen der einzelnen Verbundbibliotheken recherchiert und gefunden werden.

Die Projektbeteiligung nicht nur der ThPQ, sondern auch der anderen ausgewählten Zeitschriften ist ein großer Dienst an der weltweiten Fachcommunity und trägt dazu bei, dass die deutschsprachige, theologische Forschung der vergangenen Jahrzehnte und Jahrhunderte auch zukünftig einfach, schnell, kostenfrei, umfassend und auf moderne Weise neu genutzt werden kann. In geisteswissenschaftlichen Fächern wie der Theologie ist das ein sehr großer Mehrwert und ein bleibendes Ver-

---

[9] Ein Digital Object Identifier (DOI) ist ein eindeutiger, dauerhafter, digitaler Identifikator.

dienst aller am Projekt beteiligten Herausgeber und Verlage.

Der Autor: *Dr. Martin Faßnacht, geb. 1964, Ausbildungen zum Tischler, Theologen und Bibliothekar; berufliche Tätigkeit: 2000–2011: Wissenschaftlicher Mitarbeiter am Seminar für Zeit- und Religionsgeschichte des Neuen Testaments und am Institut für neutestamentliche Textforschung, Münster; seit 2011: Leiter des Index Theologicus/FID Theologie und Abteilungsleitung Fachinformationsdienste (FID) an der Universitätsbibliothek Tübingen; GND: 122054482; ORCID: http://orcid.org/0000-0002-2672-4387.*

Franz Böhmisch

Handschriftenforschung mit Computer und Smartphone

Digitalisate zu Tobit und Sirach

♦ Der Fortschritt in der Digitalisierung von Handschriften und Fragmenten, die sonst kaum für die Benützung freigegeben sind, schafft ganz neue Möglichkeiten für die Forschung. Das gilt nicht zuletzt auch für die Bibelwissenschaft, da es hier einen reichen Schatz an Texten und Fragmenten gibt, deren Aufarbeitung tiefere Einsichten in die Geschichte und Überlieferung des Bibeltextes liefert. Der Autor dieses faszinierenden Beitrags, ein ausgewiesener Spezialist in der Textforschung u. a. zum Buch Jesus Sirach, zeigt an konkreten Beispielen, wie neuere Computerprogramme spannende Einsichten selbst am heimischen Schreibtisch erlauben. (Redaktion)

„Die Bayerische Staatsbibliothek hat soeben ihr 2,5 millionstes Digitalisat online gestellt. Damit sind rund 70 Prozent ihres urheberrechtefreien Bestandes frei im Internet zugänglich." So steht es seit dem 12.11.2019 auf der Homepage dieser Institution.[1]

Meine Generation („Konzilskinder") ist die erste, die seit ca. 25 Jahren mit dem Internet und der anwachsenden Verfügbarkeit von Daten und digitalen Reproduktionen (Digitalisaten) lebt und zugleich die letzte, die noch eine (fast) computerfreie Kindheit erlebt hat. Beides hat Vorteile.

Die Digitalisierung der Handschriftenkunde, gerade auch im Bereich der biblischen Handschriften, die uns hier interessiert, ist Element eines globalen digitalen Kulturwechsels.[2] Die leichte Zugänglichkeit der digitalen Materialien führt zugleich zu einer Demokratisierung des Zugangs zu den Bibelhandschriften.

QR-Code mit Linkliste
http://bibelarbeit.net/digitalisate.html

Es ist gleichermaßen möglich, an den Handschriften zu arbeiten, ob man nun am Computer in einem Dorf im bayrischen Wald oder in Cambridge oder Jerusalem sitzt. Beispiele aus der Forschung zum Alten Testament sollen dies konkret aufzeigen: einesteils zu den hebräischen Tobit-Handschriften aus der Ben-Ezra-Geniza in Kairo und andernteils Beobachtungen zum griechischen Sirachtext.

---

[1] https://www.bsb-muenchen.de/article/digitalisierung-als-zentrale-aufgabe-bayerische-staatsbibliothek-stellt-2-5-millionstes-digitalisat-online0-3312/ [Abruf: 22.1.2020]. Das Lesen des QR-Codes mit einem QR-Code-Leser (z. B. auf dem Smartphone) führt automatisch zu einer digitalen Linkliste und zu weiterführenden Medien.

[2] Vgl. *Franz Böhmisch / Christian Dandl*, Mit der Bibel ins Internetzeitalter, in: ThPQ 143 (1995), H. 3, 247–257; *Franz Böhmisch*, Digitale Reproduzierbarkeit – Virtuelle Realität, in: forum medienethik Nr. 2 (1996), 13–19.

1 Genizafragmente

Beim Stichwort Hebräische Handschriften denken die meisten Theologinnen und Theologen an Qumran. Alle Handschriften vom Toten Meer werden mit ausgezeichneten Fotografien in der Leon Levy Digital Library präsentiert: https://www.deadseascrolls.org.il/. Die Phase der Erst-Editionen der Qumranhandschriften ist jedoch weitgehend abgeschlossen. Ganz anders stellt sich die Situation bezüglich der fünfzig Jahre älteren Genizafunde aus Kairo dar, von denen noch tausende von Handschriften nicht einmal durchgesehen sind. In Kammern der Synagogen in Kairo (eine Geniza in der Ben-Ezra-Synagoge der palästinensischen Juden in Kairo und wohl eine weitere Geniza in der Karäersynagoge Dar Simcha, die vor allem der Karäer Firkowitch ausgebeutet hat und die sich hauptsächlich in St. Petersburg befinden[3]) wurden seit dem 19. Jahrhundert Handschriften gefunden oder über den Antiquitätenhandel verkauft, die teilweise über tausend Jahre dort abgelegt worden waren. Darunter finden sich tausende von Blättern mit liturgischen Texten und Gebeten entlang des dreijährigen Zyklus des jüdischen Gottesdienstes im Land Israel, der später durch den einjährigen Zyklus der babylonischen Juden ersetzt wurde, so dass diese Texte oft in Vergessenheit geraten sind. Die Genizot enthielten jedoch auch großartige Bibelfragmente, darunter wohl auch die einzigartigen Reste einer Torarolle im Ashkar-Gilson-Manuskript aus dem 7. oder 8. Jahrhundert.[4] Mehrere tausend Handschriften bewahren Alltags-Dokumente wie Briefe, Bücherlisten, Petitionen oder Rechnungen in Hebräisch, Arabisch, Aramäisch, Syrisch, Persisch, ja sogar in Deutsch in hebräischen Buchstaben und berichten aus dem Alltagsleben von Juden, Christen und Muslimen in der damaligen multikulturellen Mittelmeergesellschaft. Die Bedeutung dieser dokumentarischen Zeugnisse hat vor allem Shlomo Dov Goitein in seinem Monumentalwerk „A Mediterranean Society" herausgearbeitet.[5] Überraschend waren schon zu Beginn der Hatz auf die wichtigsten Handschriften in der Geniza auch hebräische Texte der Bücher Jesus Sirach, des Aramäischen Levi Dokuments ALD[6] und der Damaskusschrift aufgetaucht, die fünfzig Jahre später in Qumran und Masada gefunden wurden, womit ihr Alter erwiesen war. Seit 2018 sind Digitalisate vieler hebräischer Handschriften aus aller Welt frei über das Portal

---

[3] Vgl. *Haggai Ben-Shammai*, Is „The Cairo Genizah" a Proper Name or a Generic Noun? On the Relationship between the *Genizot* of the Ben Ezra and the Dār Simḥa Synagogues", in: *Ben Outhwaite / Siam Bhayro* (Hg.), „From a Sacred Source". Genizah Studies in Honour of Professor Stefan C. Reif (Études sur le Judaïsme Médiéval 42; Cambridge Genizah Studies Series 1), Leiden–Boston 2011, 43–52 (https://doi.org/10.1163/ej.9789004190580.i-420.23).

[4] Vgl. *Paul Sanders*, „The Ashkar-Gilson Manuscript: Remnant of a Proto-Masoretic Model Scroll of the Torah", in: Journal of Hebrew Scriptures 14 (2014), 1–25, 2; http://www.jhsonline.org/Articles/article_201.pdf mit Digitalisaten.

[5] *Shlomo Dov Goitein*, A Mediterranean Society. The Jewish Communities of the Arab World as portrayed in the Documents of the Cairo Geniza, 6 Bände, Berkeley–Los Angeles–London 1967–1988.

[6] 2011 (Ivrit) und 2013 (Englisch) wurde nach 100 Jahren ein weiteres Fragment des ALD veröffentlicht, das zur selben Handschrift gehört: *Gideon Bohak*, A New Genizah Fragment of the Aramaic Levi Document, in: *Renate Smithuis / Philip S. Alexander* (Hg.), From Cairo to Manchester. Studies in the Rylands Genizah Fragments (Journal of Semitic Studies Supplement 31), Oxford 2013, 101–114.

„KTIV כתיב" (https://web.nli.org.il/sites/NLIS/en/ManuScript/) zugänglich, auch aus den Genizabeständen von St. Petersburg, die vorher nicht online zugänglich waren. Besonders über das Webportal des Friedberg Genizah Project (FGP) wurde es in den letzten Jahren möglich, online auf die Geniza-Fragmente aller Bibliotheken zuzugreifen. Um Zugang zu den Datenbanken des FGP zu erhalten, muss man sich auf http://genizah.org registrieren.

Durch die neuen computerbasierten Verfahren der Handschriftenanalyse, die im FGP implementiert worden sind, sind viel tiefgreifendere Möglichkeiten der Genizarecherche möglich geworden, deren Potenzial erst noch erschlossen werden muss, z. B. in der automatischen Erkennung zusammengehöriger Fragmente („joins").

2 Hebräische Tobitfragmente aus der Geniza

Bei einer Recherche im Mikrofilmraum der Nationalbibliothek Israels im Februar 2016[7] nach Fragmenten aus St. Petersburg, einer der umfangreichsten Sammlungen von Genizahandschriften weltweit, suchte ich auch gezielt nach einem Tobitfragment St. Petersburg Evr. III B 34, das im alten publizierten Katalog hebräischer Fragmente der Antonin-Sammlung in St. Petersburg von Abraham I. Katsh[8] von 1962 bereits als hebräisches Tobitfragment verzeichnet war, früher aber nicht in der europäischen Literatur auftauchte. Evr. III B (manche zitieren nach dem Russischen die Abkürzung EBP, im Friedberg Genizah Portal FGP genizah.org lautet die Abkürzung Yevr.) bezeichnet in den Katalogen die Antonin-Sammlung und ist mit der Fragmentnummer 34 bei Katsh zu ergänzen. Bei der Durchsicht des Mikrofilms war zu erkennen, dass es zu dem bekannten Fragment T-S A45.25 in Cambridge gehört. Zurück im Hotel schaute ich mit dem Smartphone auf einem 4"-Bildschirm in das FGP und stellte fest, dass Rabbi Yosaif Mordechai Dubovick es im Diskussionsforum zum Fragment Moss. I,38 als join zugeordnet hatte, das mittlerweile bereits durch S. Bhayro veröffentlicht worden ist.[9] Mit Hilfe des „Joins Suggestions"-Systems im FGP war ausgehend von T-S A45.25 (Taylor-Schechter Sammlung in Cambridge) sogar auf dem 4"-Smartphone T-S NS 151.4 als weiteres Blatt dieser Handschrift zu identifizieren. Zu Evr. III B 34 gibt es zwei Veröffentlichungen mit der Edition des Textes von Alexander Scheiber.[10] Diese Erstedition ist in der europäischen Lite-

---

[7] Ich bedanke mich herzlich bei Dr. Ezra Chwat, Leiter des Institute of Microfilmed Hebrew Manuscripts in Jerusalem, für die Einladung, eine Woche im Mikrofilmraum arbeiten zu dürfen, und bei Dr. Jakob Fuchs für die Einführung in die Arbeit mit den Mikrofilmen.

[8] *Abraham I. Katsh*, The Antonin Genizah in the Saltikov-Schedrin Public Library in Leningrad, in: The Leo Jung Jubilee volume, New York 1962, 115–132, 126. [http://www.hebrewbooks.org/40396]

[9] Vgl. *Siam Bhayro*, A Leaf From a Medieval Hebrew Book of Tobit: Jacques Mosseri Genizah Collection At Cambridge University Library, Mosseri I.38; With a Note On the Dating of T-S A45.25, in: *Károly Dániel Dobos / Miklós Kőszeghy* (Hg.), With wisdom as a robe. Qumran and other Jewish studies in honour of Ida Fröhlich, Sheffield 2009, 163–173.

[10] Erstedition Evr. III B 34: *Alexander Scheiber*, קטע מנוסח עברי של ספר טוביה מגנזי לנינגראד [= Ein Fragment einer hebräischen Fassung des Buches Tobit aus den Genizahandschriften in Leningrad, Ivrit], in: סיני Sinai 97–99 (תשם צז–צט 1960). Vgl. *Alexander Scheiber*, מעתיקו של ספר טוביה, in: סיני Sinai 96 צו (תשמא 1961).

ratur wenig bekannt. Über das Bibliografie-System des FGP, in dem zu jedem Fragment die wichtige Literatur gesammelt ist, sind solche Angaben aufzufinden. Das St. Petersburger Fragment ist als Digitalisat nun seit 2018 auch im FGP enthalten.

Somit belegen mittlerweile sechs Geniza-Fragmente drei verschiedene Tobithandschriften aus der Ben-Ezra-Geniza[11]

1) T-S A 45.29 geschrieben von Joseph ben Jacob ha-Babli aus dem 12. Jahrhundert,

2) T-S A 45.26 und St. Petersburg Evr. III B 34 (= Yevr. III B 34 oder Antonin B 34) nach Stefan C. Reif nicht später als das 14. Jahrhundert und

3) T-S A45.25; T-S NS 151.4 und Moss. I,38 aus dem 15. Jahrhundert.

Das Tobitfragment T-S NS 151.4, das ich identifizieren konnte, gehört also zu der jüngsten Tobithandschrift aus der Geniza. Der Text dieses hebräischen Tobitmanuskripts entspricht weitgehend dem Tobittext H4 in der Edition von Stuart Weeks, Simon Gathercole und Loren Stuckenbruck[12], der als „Rückübersetzung" aus griechischen Texten ins Hebräische verstanden wird, aus dem ersten Jahrtausend stammt und sich unterscheidet von der Qumranfassung des Tobitbuches.

Ein bisher kaum beachtetes Problem der Geniza-Papiere tritt bei dieser Tobithandschrift zu Tage: Es finden sich Wasserzeichen im Papier, was man auf den gängigen Digitalisaten nicht sieht. Ein solches Wasserzeichen, und zwar offensichtlich dasselbe, hat bereits Moshe Gaster in einer von ihm edierten anderen Tobithandschrift beschrieben, die mittlerweile nicht mehr existiert.[13] Bei Qumran-Digitalisaten und in der „digital papyrology" werden mittlerweile häufig neben normalen Farbfotografien auch Infrarotaufnahmen oder gar multispektrale Aufnahmen gemacht und digital zur Verfügung gestellt, die oftmals erst die Lesung von verblichener Schrift ermöglichen.

3 Methoden zur Auffindung zusammengehörender Handschriften (sog. „joins")?

Marina Rustow hat in einem zum Einstieg in die Arbeit mit Genizafragmenten empfehlenswerten Vortrag aus dem Jahr 2015[14]

---

[11] Vgl. *Stefan C. Reif*, The Genizah and the Dead Sea Scrolls. How Important and Direct is the Connection?, in: *Armin Lange* u. a. (Hg.), The Dead Sea Scrolls in Context. Bd. 2, Leiden 2011, 673–691.

[12] Vgl. *Stuart Weeks / Simon Gathercole / Loren T. Stuckenbruck* (Hg.), The Book of Tobit. Texts from the Principal Ancient and Medieval Traditions. With Synopsis, Concordances, and Annotated Texts in Aramaic, Hebrew, Greek, Latin, and Syriac (Fontes et Subsidia ad Bibliam pertinentes [FoSub 3]), Berlin–New York 2004; *Loren T. Stuckenbruck*, The „Fagius" Hebrew Version of Tobit. An English Translation based on the Constantinople Text of 1519, in: *G. G. Xeravits / J. Zsengellér* (Hg.), The Book of Tobit: Text, Tradition, and Theology. Papers of the First International Conference on the Deuteronomical Books, Pápa, Hungary, 20–21 May, 2004 (Supplements to the Journal for the Study of Judaism 98), Leiden 2005, 189–219.

[13] Vgl. ebd., 40; *Siam Bhayro / Mila Ginsbursky / Ben Outhwaite / Esther-Miriam Wagner*, Redating a leaf from a medieval Hebrew Book of Tobit (T-S A45.25). Fragment of the Month: June 2007, https://www.lib.cam.ac.uk/collections/departments/taylor-schechter-genizah-research-unit/fragment-month/fragment-month-11-1 [Abruf: 22.1.2020] mit vergrößerten Fotografien der Wasserzeichen.

[14] *Marina Rustow*, Three Ways to Find Joins from the Cairo Geniza, Vortrag vom 13.11.2015 in Pennsylvania während des 8th Annual Lawrence J. Schoenberg Symposium, online: https://

über die Suche nach Handschriftenverknüpfungen drei Wege zum Auffinden solcher „Joins" zusammengestellt: 1. Automated Joins, 2. By hand, 3. Hybrid method. In diesem Beitrag möchte ich eine weitere Möglichkeit ergänzen und ihre Anwendung beschreiben, nämlich 4. Recherche über computergenerierte Daten zu Zeilenabstand und Schriftdichte:

Während früher das Erinnerungsvermögen von Forscherinnen und Forschern grundlegend war, um zusammengehörende Fragmente zu identifizieren, wurde in das FGP ein Mechanismus eingebaut, der mit Hilfe von Algorithmen neuronaler Netze Ähnlichkeiten von Fragmenten erkennt. Dabei wurde von den Mitarbeitern des FGP unter der Leitung von Jaacov Choueka, einem aus Kairo eingewanderten israelischen Computerlinguisten, ein Ansatz entwickelt und mathematisch bewiesen, nach dem man Fragmente einer Handschrift wie Fotografien eines Menschen dann als ähnlich identifizieren kann, wenn charakteristische Parameter ähnlich sind. Etwas vereinfacht gesagt: Man kann also mit Hilfe von Gesichtserkennungssoftware Fotos von Genizafragmenten zusammenführen. Hunderte von erfolgreichen Identifikationen und Fragmentverknüpfungen („Joins") mit Hilfe der Vorschläge dieser Software waren das Ergebnis in den letzten Jahren. Die vorgeschlagenen „joins suggestions" sind jedoch nicht sofort Treffer, man kann in ausgewählten 300 Handschriften dann vielleicht ein Fragment finden, das zum Ausgangsfragment gehört oder vom selben Schreiber stammt. „It is better to go through 300 fragments than through 330.000 fragments", fasst Rustow im genannten Vortrag bei Minute 20:54 zusammen. Das Angebot der „joins suggestions" in FGP ist 2015 auf drei verschiedene Algorithmen erweitert worden und erlaubt es nun, nicht nur a) zu einem bestimmten Fragment Vorschläge aus der Software zu erhalten, sondern auch b) Vorschläge aus der Arbeit von mindestens vier Experten-Nutzern des Systems zu bündeln und c) eine erweiterte Abfrage, die aus den 1.000 häufigsten Verknüpfungen nochmals die besten heraussucht. Die Schnellansicht der vorgeschlagenen Fragmente kann man dann einzeln durcharbeiten, einzelne in einen workspace (Liste von aktuell bearbeiteten Fragmenten) einlagern und später vertieft weiterarbeiten. Diese Arbeit dauert immer noch Wochen, aber eben nicht mehr Jahre.

Zu den von Rustow ausführlich beschriebenen und mit Bildern dokumentierten Methoden lässt sich mit Hilfe der vom FGP-System bereitgestellten Daten eine weitere, offensichtlich noch kaum eingesetzte, jedoch aufgrund der computerbasierten Daten im FGP möglich gewordene Methode hinzufügen: *Fragmentsuche über die durchschnittliche Zeilenhöhe, den Zeilenabstand und die Schriftdichte*. Es ist den Fachleuten der Paläographie und Informatik im Friedberg Genizah Project gelungen, Algorithmen aufzufinden und einsatztauglich zu programmieren, die mit Hilfe von Großrechnern der Uni Tel Aviv computergeneriert

1) das beschriebene Areal einer hebräischen Handschrift und die Ausrichtung auf dem Blatt identifizieren und es senkrecht ausrichten,

2) Ränder und Zeilen markieren sowie Spalten und Zeilen zählen,

---

www.youtube.com/watch?v=OsrXTRkeiVI [Abruf: 22.1.2020]. Ich empfehle das Video auf einem großen Bildschirm (40" oder mehr) zu betrachten.

3) die durchschnittliche Höhe der Buchstaben, den Zeilenabstand und die Schriftdichte berechnen.

Mein Gedankenexperiment zum zusätzlichen Nutzen der vorgestellten Suchmethode war: Zerrisse man ein Fragment, welche Parameter änderten sich und welche nicht? Ränder können wegerodiert oder nur noch ein handtellergroßer Rest aus der Mitte der Seite übriggeblieben sein. Wenn aber die Algorithmen zur automatischen Zeilenfindung und Buchstabenkontrolle richtig funktionieren, dann sollten die durchschnittliche Texthöhe, Zeilenhöhe und Textdichte vergleichbar sein. Und diese Informationen stellt das FGP für viele Fragmente zur Verfügung.

Anhand der computerbasierten Parameter aller im FGP verdateten Fragmente kann man eine Abfrage erstellen, die nicht zu eng, aber auch nicht zu weit sein darf, sonst fallen Fragmente mit etwas stärker abweichenden Parametern „aus dem Rahmen" bzw. die Zahl der Funde wird zu groß. Hat man von einer Genizahandschrift bereits mehrere Fragmente, so ist zu hoffen, dass alle diese Fragmente im FGP computertechnisch parametrisiert sind. Anhand der tabellarisch zusammengestellten Parameter lassen sich die Abfrageintervalle so bestimmen, dass die bekannten Fragmente darunterfallen.

4 Neue Handschriften und theologische Erkenntnisse

Mit den gerade beschriebenen Methoden konnte ich 2014–2015 neue Blätter einer mittelalterlichen hebräischen Dichtung über das hebräische Sirachbuch aus der Genizasammlung in Cambridge identifizieren, die vorher bereits zur Hälfte von Ezra Fleischer in Ivrit publiziert, aber von der westlichen Exegese nicht wahrgenommen worden waren.[15] Den hebräischen Text und die mittelalterlichen gereimten Ergänzungen aus dieser Dichtung herauszuschälen, zu deuten und in der jüdischen (und christlichen) Überlieferung einzuordnen, nimmt noch einige Zeit in Anspruch. Als ein theologisch wichtiges Ergebnis der Arbeit mit der sogenannten „gereimten Paraphrase zu Ben Sira" kann man jedoch den hebräischen Text in Sir 23,1 und 23,4 aus dem Fragment ENA 3053.3 entnehmen:

Gott, mein Vater und Herr meines Lebens: „אל אבי ואדון חיי".

Die Anrede „mein Vater" an Gott in einem Gebet ist also bereits im Sirachbuch verwendet, findet sich jedoch nur in der syrischen Übersetzung und in dieser mittelalterlichen Umdichtung, die auf die hebräische Version zurückgeht.[16]

---

[15] Vgl. *Franz Böhmisch*, Die Vorlage der syrischen Sirachübersetzung und die gereimte hebräische Paraphrase zu Ben Sira aus der Ben-Ezra-Geniza, in: *Gerhard Karner / Frank Ueberschaer / Burkard M. Zapff*, Texts and Contexts of the Book of Sirach / Texte und Kontexte des Sirachbuches (SBLSCS 66), Atlanta 2017, 199–237. Das Fragment ENA 3053.3 ist wie alle ENA-Fragmente (Elkan Nathan Adler Sammlung aus New York) in Princeton 2018 neu gescannt worden und steht in höchster Auflösung online zur Verfügung: http://geniza.princeton.edu/jtsviewer/index.php?a=view&id=27390

[16] Vgl. *Franz Böhmisch*, Die Vorlage der syrischen Sirachübersetzung und die gereimte hebräische Paraphrase zu Ben Sira aus der Ben-Ezra-Geniza (s. Anm. 15), 229.

5 Die Gestaltung der griechischen Sirachhandschriften

Die Online-Digitalisate der wichtigsten griechischen Bibelhandschriften des Alten und Neuen Testaments erlauben es, von zuhause aus zu forschen. Eine Liste aller Septuaginta-Handschriften, wie sie die Wikipedia bietet, ist dabei hilfreich: https://de.wikipedia.org/wiki/Liste_der_Septuaginta-Handschriften

Für die Arbeit am Sirachtext stehen folgende Digitalisate der wichtigsten Handschriften zur Verfügung:

möglich gewesen, da erst in den letzten Jahren die digitalisierten Fotografien online gestellt wurden und damit frei zugänglich sind. Wir können nun mit diesen online verfügbaren Digitalisaten und einigen online zugänglichen Papyri die These im Gratulationsheft für Prof. Franz Hubmann (2005) überprüfen, dass die alten griechischen Handschriften des Buches Jesus Sirach, die auf eine einzige Handschrift zurückgehen, einheitlich stichisch geschrieben sind. Nur einige wenige Verse, die ursprünglich Distichen waren, seien in der Ausgangshandschrift (Hyparchetyp ge-

- B (ca. 350) Codex Vaticanus (Vaticanus graecus 1209):
  ▷ https://digi.vatlib.it/view/MSS_Vat.gr.1209
- A (ca. 450) Codex Alexandrinus (London, Britisch Library, Royal 1 D.VIII):
  ▷ http://www.csntm.com/Manuscript/View/GA_02
- S (ca. 450) Codex Sinaiticus:
  ▷ http://www.codexsinaiticus.org/
  ▷ [http://www.codexsinaiticus.org/de/manuscript.aspx?book=31&chapter=-1&lid=de&side=r&verse=1&zoomSlider=2#31-1-3-9]
- C (ca. 450) Codex Ephraimi Rescriptus:
  ▷ http://www.csntm.org/Manuscript/View/GA_04
  ▷ https://gallica.bnf.fr/ark:/12148/btv1b8470433r/f2.image
  ▷ https://archive.org/stream/Tischendorf.V.Various/01.CodexEphraemiSyriRescriptus.FragUtriusqTest.1845.#page/n128/mode/2up (Pseudofacsimile/Edition von Constantin Tischendorf)
- V (8. Jh.) Codex Basilio-Venetus
  ▷ Teil 1: Bibliotheca Marciana Venedig mit dem Sirachtext ist leider online noch nicht verfügbar,
  ▷ Teil 2: Vat. Gr 2106 in der Bibliotheca Vaticana ist jedoch zugänglich: https://digi.vatlib.it/view/MSS_Vat.gr.2106

In den Digitalisaten lässt sich die Gestaltung der Sirach-Handschriften im vierten Jahrhundert bequem analysieren. Noch vor zehn Jahren wäre diese Arbeit nicht

nannt) in einer Zeile als ein Stichos zusammengezogen gewesen:[17] Sir 1,1a–b; 1,2a–b; 1,3a–b; 2,18a–b.c–d; 9,2a–b; 10,11a–b; 13,8a–b; 23,19b–c.

---

[17] Vgl. *Franz Böhmisch*, Die Blattvertauschung (Lage 12 und 13) im griechischen Sirachbuch, in: Protokolle zur Bibel 14 (2005), 17–22.

Neben der Handschrift Rahlfs 929, die bereits damals ausgewertet wurde, steht als weiterer wichtiger Zeuge nunmehr Rahlfs 991 (= LDAB 3313 Leuven Database of Ancient Books) zur Verfügung, ein Papyrus aus dem 6. Jahrhundert aus Oxyrhynchus in Ägypten, der im XIII. Band der Oxyrhynchos-Papyri unter der Nummer 1595 genau vor hundert Jahren veröffentlicht wurde[18]: P.Oxy.XIII 1595. Edition online https://archive.org/stream/oxyrhynchusppt1300grenuoft#page/6/mode/2up.

In diesem Papyrus ist der griechische Text von Sir 1,1–6.8–9 erhalten. Vers 5 gehört zur erweiterten griechischen Textform, ist jedoch in diesem Papyrus mit seinen zwei Stichen und zwei Stichenanfängen zwischen Vers 4 und 6 (die zum ursprünglichen Sirachtext gehören) sauber eingefügt. Vers 7 dagegen, der auch aus der erweiterten Textform stammt, fehlt in diesem Papyrus.

An P.Oxy.XIII 1595 sieht man, dass die ersten drei Verse (drei Distichen) des Buches Jesus Sirach (Sir 1,1a–b.2a–b.3a–b) jeweils nur mit einem Zeilenanfang geschrieben sind und nach dem Zeilenumbruch der Vers eingerückt ist. Genauso beobachtet man das in der Handschrift Rahlfs 929 (Patr.-Bibl., Τάφου 2, Bl. 56 and 27), im Codex Sinaiticus, im Codex Alexandrinus und im Codex Vaticanus. Im Codex Ephraemi Rescriptus sind die ersten Zeilen von Sir 1,1–2 nicht erhalten, doch ist bei Sir 1,3 eindeutig zu erkennen, dass nur dieser Distichos als ein Stichos geschrieben ist, alle folgenden Verse jedoch korrekt mit zwei Zeilenanfängen als zwei Stichen ausgeführt sind.

Der Papyrus in Florenz, Istituto Papirologico ‚G. Vitelli‘ PSI inv. 531 aus dem 3.–4. Jh. mit den geringen Überresten von Sir 29,15–18 (recto) und 25–27 (verso) bricht zwar mitten im Stichos um, trennt aber mit einem Doppelpunkt „:" die Stichen klar ab und einmal signalisiert ein „>", dass der Stichos auf der nächsten Zeile weitergeht. Nach der Beschreibung von Antonio Dianich sind ganz leichte Wortzwischenräume zu bemerken: „un breve spazio bianco è lasciato talvolta tra due parole"[19]. Die stichische Struktur wurde in diesem Papyruscodex mit einer großen Unzialschrift also durch die Einführung eines Stichentrenners „:" bewahrt. Wenn bei späteren Abschriften dieser Trenner fortfiel, ging die stichische Struktur verloren.

Die Überprüfung der stichischen Anomalien in den großen Codices zu Sir 1,1a–b; 1,2a–b; 1,3a–b; 2,18a–b.c–d; 9,2a–b; 10,11a–b; 13,8a–b; 23,19b–c ergibt im Vergleich zum Sinaiticus als Ausgangspunkt, in dem diese Verse zusammengeschrieben sind:

– In B, A und S sind Sir 1,1–3 jeweils stichisch zusammengeschrieben.

– Im B und A ist 2,18a–b und c–d zusammengeschrieben, im B aber auch der nachfolgende Vers Sir 3,1.

– In B und A sind Sir 9,2a–b ganz normal als zwei Stichen geschrieben, anders als S.

– In B und A ist 10,11 wie in S stichisch zusammengezogen, jedoch in B auch der vorhergehende Sir 10,10.

– Im B ist 13,8 ebenfalls zusammengezogen, A jedoch nicht.

– 23,19b–c sind in A normal als zwei Stichen geschrieben, im B wie in S dagegen

---

[18] *Bernard P. Grenfell / Arthur S. Hunt*, The Oxyrhynchus Papyri, Part XIII, London 1919, 6–8.
[19] *Antonio Dianich*, Papiri inediti della raccolta fiorentina: Vet. Testam.: <Ecclesiasticus>, XXIX, 15–18,25–27, in: Annali della Scuola Normale Superiore di Pisa. Serie 2 26 (1957), 178–179.

zusammengezogen. Im A ist dafür 23,19d–e zusammengezogen und 23,27b–c vor Sir 24. Im B sind 23,19d–e und Sir 23,27b–c wie im S distichisch geschrieben

Damit ergibt sich folgendes Bild: In den wichtigsten zur Verfügung stehenden Majuskelhandschriften, die Sirach enthalten, sind Sir 1,1a–b; 1,2a–b; 1,3a–b; 2,18a–b.c–d; und 10,11 einheitlich zusammengezogen und als ein Stichos geschrieben. In Sir 13,8 und 23,19b–c stimmen V und S überein. Die grundsätzliche stabile Bewahrung der stichischen Schreibung wird in allen Unzialhandschriften belegt und ist der Grund, dass in der Blattvertauschung im Sirachbuch die Lagen 12 und 13 mit je 160 Zeilen vertauscht worden sind. Was mit den Pseudofacsimiles von Tischendorf und den Editionen von Swete und Rahlfs im Jahr 2005 aufgezeigt werden konnte, wird durch die Digitalisate der Handschriften im Internet belegt und ist für jeden Theologen vom heimischen Computer aus nachvollziehbar. Über Portale mit weiteren Bibelhandschriften (z. B. Vatikanische Bibliothek https://digi.vatlib.it oder der Hill Museum & Manuscript Library http://hmml.org/manuscripts/ und https://www.vhmml.org/) kann jeder von zuhause aus weiterforschen.

6 Ausblick

Mit den Digitalisaten, die heute zur Verfügung stehen, ist eine neue Form „digitaler Papyrologie" und computerbasierter Auswertung von Bibelhandschriften möglich geworden. Durch das Internet wurde zudem die Zusammenarbeit der Forscherinnen und Forscher revolutioniert. Auch die eingangs genannte Bayrische Staatsbibliothek stellt hunderte Bibeln und exegetische Quellen online zur Verfügung und darüber hinaus die wichtigste Talmudhandschrift der Welt: Cod. Hebr. 95. Bereits das Join-System des Friedberg Genizah Project nutzt neueste Techniken neuronaler Netzwerke, die erst seit 2012 umgesetzt werden, zum Auffinden zusammengehöriger Fragmente. Ansätze des NLP (Natural Language Processing) mit neuronalen Netzwerken, die in den letzten Jahren die Qualität der Übersetzungsleistungen automatischer Übersetzungsprogramme gesteigert haben, werden nun die nächste Herausforderung für die Exegese.

Der Autor: *Franz Böhmisch, Mag. theol., früheres Mitglied der ThPQ-Redaktion, 1991–1995 wiss. Mitarbeiter am Lehrstuhl für Altes Testament an der Uni Passau und 1992–2002 Assistent am Institut für Altes Testament an der Katholischen Privat-Universität Linz; von 2003–2009 Geschäftsführer der Animabit Multimedia Software GmbH in der Nähe von Passau; in den Jahren 2009–2017 Religionslehrer in den Diözesen Passau und Linz; seit 2017 Religionslehrer an der Karl-Peter-Obermaier-Schule (Gewerbliche Berufsschule) in Passau; exegetische Veröffentlichungen zu Antijudaismus (Exegetische Wurzeln antijudaistischer Motive in der christlichen Kunst, Das Münster 50,4 [1997], 345–358) und weitere Beiträge zur Sirachforschung (Die Textformen des Sirachbuches und ihre Zielgruppen, in: Protokolle zur Bibel [PzB] 6,2 [1997], 87–122; Weisheitliche Krisenbewältigung bei Hermann Hesse und in der alttestamentlichen Weisheitsliteratur, in: PzB 10 [2001], 85–103; Ein Liebeslied eines jüdischen Weisheitslehrers auf seine Jugendliebe (Sir 51,13–30), in: Andreas Leinhäupl-Wilke / Stefan Lücking / Jesaja M. Wiegard (Hg.), Visionen des Anfangs [Biblisches Forum Jahrbuch 2], München 2004, 49–70); GND: 131498177.*

Annett Giercke-Ungermann

Chancen und Herausforderungen digitaler Lehr-/Lernkonzepte in der Theologie

◆ Dieser Beitrag geht von der Beobachtung aus, dass die Digitalisierung in die Lehr- und Lernprozesse der theologischen Ausbildung noch kaum Eingang gefunden hat. Obwohl die Autorin ermuntert, diesen Schritt zu gehen und die deutlichen Vorteile von E-Learning aufzählt, benennt sie auch die Herausforderungen und Probleme, denen sich Lehrende und Lernende bei einer Digitalisierung stellen müssen. Dabei warnt sie implizit vor allzu großen Hoffnungen auf rasche und einfache Erfolge. Es geht, so die Autorin, um mehr als nur den Einsatz neuer Techniken und eine Digitalisierung der Präsenzlehre. Echtes E-Learning erfordert vielmehr eine Grundsatzreflexion über Lehren und Lernen sowie eine Neugestaltung der Rollen der Lehrenden und der Lernenden. (Redaktion)

In der Öffentlichkeit wird schon seit Jahren sehr viel über Vorteile des Online-Lernens gesprochen. Formen wie Onlinekurse, virtuelle Klassenzimmer und Studiengänge oder auch virtuelle Hochschulen werden gegenwärtig in der Bildungslandschaft diskutiert und umgesetzt. Schnell gewinnt man den Eindruck, dass digitale Lehr- und Lernkonzepte hoch im Kurs stehen und von unterschiedlichen Seiten – sei es z. B. durch staatliche Fördermittel, universitäre Forschungsprojekte, institutionelle Ansinnen oder durch potenzielle Nutzerinnen und Nutzer – stark vorangetrieben und auch eingefordert werden. Da ist die Rede von einem bereits fortgeschrittenen Wandel der Bildung, der Wirtschaft und der Arbeitswelten, soziale und rechtliche Folgen werden debattiert.[1] Es kommt die Befürchtung auf, dass man sich diesen Herausforderungen stellen und Chancen wahrnehmen muss, möchte man nicht ins Abseits geraten. Und das am besten so schnell wie möglich.

Umso mehr verwundert es, dass gerade im Bereich der theologischen Aus- und Weiterbildung die Digitalisierung von Lehr- und Lernprozessen nur am Rande eine Rolle zu spielen scheint und bei weitem noch nicht zu den Kerngeschäften und Selbstverständlichkeiten vorgedrungen ist.[2] Sowohl theologische als auch

---

[1] Vgl. zu den sozialen Folgen beispielsweise *Sekretariat der Deutschen Bischofskonferenz* (Hg.), Medienbildung und Teilhabegerechtigkeit. Impulse der Publizistischen Kommission der Deutschen Bischofskonferenz zu den Herausforderungen der Digitalisierung (Arbeitshilfen 288), Bonn 2016, online: https://www.dbk-shop.de/media/files_public/vptyoeehu/DBK_5288.pdf [Abruf: 14.05.2019]. Mit Blick auf rechtliche Folgen sei an dieser Stelle auf die Debatten zur Urheberrechtsreform oder auch Datenschutzgrundverordnung im Jahr 2019 verwiesen.

[2] *August-Wilhelm Scheer*, Hochschule 4.0. Auswirkungen der Digitalisierung auf Lehre, Forschung und Hochschulverwaltung, in: *Ulrich Dittler* (Hg.), E-Learning 4.0. Mobile Learning, Lernen mit Smart Devices und Lernen in sozialen Netzwerken, Berlin–Boston 2017, 101–123, v. a. 103–105.

didaktische Reflexionen und Umsetzungen stecken hier noch größtenteils in den Kinderschuhen und schöpfen die Möglichkeiten digitaler Lehr- und Lernkonzepte bei weitem nicht aus. Virtuelle Welten, so scheint es, werden hier an vielen Stellen immer noch als Bilderwelten verstanden, die in erster Linie der (Selbst-)Präsentation in Form von Wissens- und Informationsvermittlung dienen. So werden häufig sogenannte Learning-Management-Systeme wie Moodle oder Ilias genutzt, um neben digitalisierten Unterlagen aus den Präsenzveranstaltungen (z. B. Präsentationen und Handouts) auch zusätzliches Material oder notwendige Grundlagenliteratur zur Veranstaltung online zur Verfügung zu stellen.[3] Von einer echten E-Learning-Kultur, d.h. einer Lehr- und Lernkultur, in der Lehrende tatsächlich auch E-Teaching und Studierende E-Learning betreiben (können), sind wir weit entfernt. Nicht nur in der Theologie sind wir von einer Lehr-/Lernwelt, in der „bestimmte Kenntnisse, Fähigkeiten, Fertigkeiten und Interessen *elektronisch* vermittelt werden" und diese Prozesse im und vom virtuellen Raum gedacht und hochschuldidaktisch reflektiert werden, noch sehr weit weg.[4]

1 Mögliche Chancen einer E-Learning-Kultur

Fragt man nach den möglichen Chancen einer solchen Lernkultur und den darin realisierten digitalen Lehr- und Lernkonzepten, werden im Allgemeinen folgende Aspekte benannt:[5]

1) Eine größere zeitliche und räumliche Flexibilität aller Beteiligten ermöglicht es, u. a. die Lernprozesse individuell zu planen. Zudem sind sowohl asynchrone als auch synchrone Formen der Zusammenarbeit möglich, ohne dass sich die Beteiligten im gleichen Raum befinden müssen. Offline gestaltete Lehr- und Lernformate fördern so die Möglichkeit der räumlichen und bei asynchroner Gestaltung auch der zeitlichen Flexibilität der Beteiligten.

2) Digitale Lehr- und Lernkonzepte erlauben die Einbindung vielfältiger Lehr- und Lernressourcen wie z. B. E-Books, interaktive Filme, Konferenzschaltungen, digitale Dokumente oder auch Live-Votings und E-Portfolios. Damit geben sie die Möglichkeit, die Lehr- und Lernprozesse abwechslungsreich zu gestalten.

3) Zudem können bei selbstgesteuerten und eigenverantworteten Lernprozessen die Autonomie und Selbstorganisa-

---

[3] Diese Beobachtung wurde bereits im Jahr 2009 von *Doris Carstensen*, Wandel und E-Learning in Hochschulen – überraschende Transformationsmuster, in: *Ulrich Dittler* u. a. (Hg.), E-Learning eine kritische Zwischenbilanz. Kritischer Rückblick als Basis eines Aufbruchs, Münster u. a. 2019, 249–261, getätigt und dürfte ihre Gültigkeit bis heute haben. Auch deckt sich diese Beobachtung mit eigenen Wahrnehmungen im Bereich der universitären Lehre im Bereich der Theologie.

[4] Vgl. *Patricia Arnold / Lars Kilian / Anne Thillosen / Gerhard Zimmer*, Handbuch E-Learning, Bielefeld ⁵2018, 22–23; 32–37; hier: 23 (Hervorhebungen im Original). Leuchtturmpublikationen und -umsetzungen, wie sie z. B. in den Beiträgen bei *Annett Giercke-Ungermann / Sandra Huebenthal* (Hg.), Orks in der Gelehrtenwerkstatt? Biblische Lehrformate und Lernumgebungen neu modelliert (Theologie und Hochschuldidaktik 7), Münster 2016, oder *Annett Giercke-Ungermann / Christian Handschuh*, Digitale Lehre in der Theologie (Theologie und Hochschuldidaktik 11), Münster 2020, sichtbar werden, bilden dabei nicht die Realität ab.

[5] Siehe dazu *Patricia Arnold* u. a., Handbuch E-Learning (s. Anm. 4), 51–55.

tion bei den Lernenden gestärkt werden. So müssen z. B. lernförderliche Zeitstrukturen entwickelt, Medienkompetenzen und autodidaktische Kompetenzen immer wieder eingeübt, aber auch Lernaufgaben ausgehandelt werden. Die Kompetenz der Selbstreflexion von eigenen Lernprozessen sind in digitalen Lernumgebungen unabdingbar.

Auch in digitale Lehr- und Lernszenarien lassen sich die grundlegenden Regeln von Lehren und Lernen nicht außer Kraft setzen. Damit digitale Lehr- und Lernszenarien gelingen können, ist es somit wesentlich, dass stets die Lernenden und der anvisierte Kompetenzerwerb im Zentrum und am Ausgangspunkt aller Überlegungen, Konzepte und Umsetzungen stehen.[6]

Weiterhin können hier Initiierung, Unterstützung und Begleitung individueller Lernprozesse nur dann gelingen, wenn der Einsatz und die Anwendung digitaler Medien und Tools in deren Dienste stehen und nicht umgekehrt. Idealerweise bestimmen damit die Formen sowie die Art und Weise digitalunterstützten Lehrens und Lernens den Einsatz der vielfältigen digitalen Möglichkeiten und nicht umgekehrt. So macht es im Rahmen eines geforderten und angestrebten *constructive alignment*[7] keinen Sinn zu überlegen, wie eine Virtual Reality-Brille mit bestehender Software in ein bestehendes oder neu zu gestaltetes Lehr-/Lernkonzept eingebaut werden kann. Vielmehr ist zu fragen, welchen anvisierten Kompetenzerwerb des Moduls bzw. der Lehrveranstaltung und welche Lernprozesse durch den Einsatz einer VR-Brille angemessen unterstützt werden können, aber auch, wie hierfür die Software gestaltet und angepasst werden muss. Momentan – so der Eindruck nicht nur in der Theologie – haben wir es bei der Gestaltung von digitalen Lehr- und Lernprozessen eher mit dem Phänomen einer Ermöglichungstechnik und weniger mit einer Ermöglichungsdidaktik zu tun. Nicht didaktische Überlegungen bestimmen die Technik, sondern die Technik bestimmt den didaktischen Einsatz.

Gerade mit Blick auf die gesellschaftlich viel diskutierten Bildungsgerechtigkeiten und barrierearmen Lehr- und Lernformen können entsprechend aufbereitete und bereitgestellte digitalunterstützte Lehr- und Lernkonzepte vielseitige Möglichkeiten und Chancen bieten. So können insbesondere asynchrone digitale Lehrangebote den Teilnehmerinnen und Teilnehmern ermöglichen, die einzelnen Inhalte entsprechend ihren Lernprozessen und

---

[6] Vgl. ebd., 55.
[7] Vgl. z. B. die Beiträge von *Ludwig Huber*, „Kompetenzen" prüfen?, in: *Sigrid Dany/Birgit Szczyrba/Johannes Wildt* (Hg.), Prüfungen auf die Agenda! Hochschuldidaktische Perspektiven auf Reformen im Prüfungswesen, Bielefeld 2008, 12–26; *Declan Kennedy*, Writing and Using Learning Outcomes. A Practical Guide, Kork 2007. *Oliver Reis*, Kompetenzorientierte Prüfungen – Wer sind sie und wenn ja wie viele?, in: *Gregor Terbuyken* (Hg.), In Modulen lehren, lernen und prüfen? Herausforderungen an die Hochschuldidaktik, Loccum 2010, 157–184; *Oliver Reis/Sylvia Ruschin*, Kompetenzorientiertes Prüfen als zentrales Element gelungener Modularisierung, in: Journal Hochschuldidaktik 18/2 (2007), 6–9; *Elke Wild/Klaus-Peter Wild*, Jeder lernt auf seine Weise ... Individuelle Lernstrategien und Hochschullehre, in: *Brigitte Berendt/Hans-Peter Voss/Johannes Wildt* (Hg.), Neues Handbuch Hochschullehre, Bonn 2001, Griffmarke A 2.1; *Johannes Wildt*, Ein hochschuldidaktischer Blick auf Lehren und Lernen, in: *Brigitte Berendt/Hans-Peter Voss/Johannes Wildt* (Hg.), Neues Handbuch Hochschullehre, Stuttgart 2006, Griffmarke A 1.1; *Johannes Wildt*, Vom Lehren zum Lernen. Zum Wandel der Lernkultur in modularisierten Studienstrukturen, in: ebd., Griffmarke A 3.1.

zeitlichen Ressourcen (z. B. familien- und berufsbegleitend) individuell, selbstgesteuert und selbstbestimmt zu erarbeiten. Die Chance, gleiche Inhalte mit und durch unterschiedliche Medien und Tools parallel aufzubereiten und bereitzustellen, erlaubt es auch Menschen mit Lernbeeinträchtigungen (z. B. Seh-, Lese- oder Konzentrationsschwächen), Lernprozesse wahrzunehmen und zu gestalten. Gerade bei diesen Aspekten stehen wir aber in der Umsetzung und Anwendung noch ganz am Anfang.

2 Herausforderungen auf dem Weg zu einer E-Learning-Kultur

Doch trotz der vielen Chancen überwiegen gegenwärtig noch die Herausforderungen, vor denen wir bei digitalen Lehr- und Lernkonzepten – sei es als Lehrende oder auch Teilnehmende – stehen und die deren Einsatz und Umsetzung erschweren. Bereits jetzt lassen sich für ein wirkliches E-Learning und E-Teaching zahlreiche Schwierigkeiten und Probleme identifizieren, die in den nächsten Jahren verstärkt auf uns zukommen werden. In den folgenden Darstellungen sollen daher wesentliche Aspekte aus meiner Perspektive skizziert werden.

Digitale Lehr- und Lernkonzepte funktionieren nicht ohne Lehrende und Lernende. Und so stellt sich zwangsläufig auch die Frage nach den Rollenmodellen.[8] Durch die digital suggerierte und umgesetzte Trennung von Lehrinhalt und Lehrperson werden die Lehrenden so immer mehr zu Lernbegleiterinnen und -begleitern. Ihre primäre Aufgabe ist es, individuelle Lernprozesse in virtuellen Räumen zu initiieren und zu ermöglichen. Dabei unterstützen sie die Lernenden, selbstorganisierte und selbstgesteuerte Lernprozesse in virtuellen Räumen zu organisieren und zu optimieren, um Handlungsfähigkeiten zu stärken. Wie kann dies in digitalen Lehr- und Lernkonzepten adäquat umgesetzt und realisiert werden?

Hinzu kommt, dass die Verlagerung von Lehrprozessen in virtuelle Räume und durch digitale Medien zwangsläufig mit einer Verschiebung der Lernkultur einhergeht. Die Erweiterung der Lernorte und Lernmedien lässt hier auf Seiten der Nutzerinnen und Nutzer eine flexiblere und individualisierbare Lerngestaltung erhoffen.[9] Mit Blick auf ihre eigenverantworteten Lernprozesse gilt es z. B., sich digitale Lerninhalte durch entsprechende Lerntechniken selbstständig zu erarbeiten, Rückmeldungen von Assessments entsprechend zu interpretieren und einzuschätzen, digitale bzw. virtuelle synchrone und asynchrone Kommunikationsformen sowie Dokumentationen adäquat anzuwenden, aber auch sich in virtuelle Gruppen einzubringen und diese mitzugestalten. Kurzum: Digitale Medien und ihre Inhalte müssen mit Blick auf die eigenen Lernprozesse entsprechend sachkundig genutzt und eingesetzt werden. Dies setzt jedoch sehr umfangreiche Kompetenzen bei den Lernenden voraus, die in bisherigen Lernformen zumeist noch nicht hinreichend eingeübt wurden und weit über die Nutzung von WhatsApp, Youtube und Google hinausgehen. Wie können wir es schaffen, eine solche neue Lernkultur angemessen zu begleiten und zu fördern? Wie können wir entsprechende Kompetenzen ver-

---

[8] Zur Rollenverschiebung vgl. *Patricia Arnold* u. a., Handbuch E-Learning (s. Anm. 4), 259–304
[9] Vgl. *Ulrich Dittler* (Hg.), Die 4. Welle des E-Learning: Mobile, smarte und soziale Medien erobern den Alltag und verändern die Lernwelt, in: *ders.* (Hg.), E-Learning 4.0 (s. Anm. 2), 43–55.

mitteln und wo müssen wir uns gegebenenfalls die Kompetenzen, die eine digitale Lehre einfordert, zunächst selbst aneignen? Wollen wir überhaupt solche durch die neuen Lernorte geforderten Kompetenzen mit- bzw. neugestalten? Ohne uns darüber im Klaren zu sein, lassen sich digitale Lehr- und Lernkonzepte nur schwer erfolgreich umsetzen.

Lehren und Lernen in einer verstärkt digitalen Gesellschaft führt auch zu einer gewissen Relativierung von Angeboten. Der Markt und die Möglichkeiten sind groß und werden auch weiterhin stark wachsen. Es stehen eine Vielzahl von digitalen Angeboten ganz unterschiedlicher Urheberinnen und Urheber im Internet zur Verfügung – seien es z. B. Videos auf Youtube, E-Books, Handouts von Vorlesungen oder sogar ganze Hausarbeiten, digitale Präsentationen und Kurse. Lernende können hier frei wählen, ob und welche Angebote sie für ihre Lernprozesse heranziehen und wie intensiv sie diese Quellen bearbeiten. Insofern theologische digitale Lehr- und Lernkonzepte in einem solchen Rahmen lediglich ein weiteres digitales Angebot bilden, ist davon auszugehen, dass die Nutzung durch die Lernenden nach ähnlichen Mustern erfolgt. Diese Freiheit in Bedienung und Annahme digitaler Lehr- und Lernkonzepte mag viele Lehrende verunsichern und zur Zurückhaltung mahnen, denn – so die Bedenken – eine Gewährleistung, angemessene Begleitung und Kontrolle von anvisiertem Kompetenzerwerb ist hier nur schwer möglich. Doch ist das Zugeständnis und die Ermöglichung einer solchen Freiheit letztendlich auch eine Konsequenz eines *„Shift from Teaching to Learning"*, wo die Studierenden mit ihren Lernprozessen das Zentrum und den Ausgangspunkt bilden. Unklar ist, was eine solche Freiheit der Lernenden und die Relativierung von Lehr-/Lernszenarien nun genau für die Gestaltung und Durchführung digitaler Lehr-/Lernkonzepte z. T. auch in bestehende Rahmenbedingungen hinein bedeutet.

Zudem sind Planung, Umsetzung und Durchführung von digitalen Lehr- und Lernkonzepten mit einem hohen Arbeits- und Kostenfaktor verbunden. Lohnt sich der ganze Aufwand, wenn es doch in bestehenden analogen Formen ebenfalls gut funktioniert? Diese Frage hört man immer wieder und lässt sich gewiss nicht pauschal mit Ja oder Nein beantworten. Eine entsprechende Antwort muss hier immer mit Blick auf einen möglichen Mehrwert digitaler Angebote und ihre Gestaltung für die entsprechenden anvisierten Lernprozesse getroffen werden. Auch stellt sich in diesem Rahmen die Frage nach der Nachhaltigkeit. Bisherige digitale Lehr- und Lernkonzepte sind – aus meiner Perspektive gesehen – sehr stark von den Personen abhängig, die diese erstellt haben, und in der Begleitung der Kurse auf diese hin ausgerichtet. Was passiert mit diesen digitalen Lernszenarien, wenn die entsprechende Person wegfällt? Wer kann diese Angebote dann weiterführen und weiterentwickeln? Dies ist nicht nur eine Frage an die damit einhergehenden Kompetenzanforderungen der betreffenden Personen, sondern auch eine Frage an die Freiheit der Lehrenden in der Gestaltung von Lehr- und Lernprozessen. Natürlich möchten die Lehrenden eigene Akzente in der Lehre setzen und keine vollständig „vorgefertigten" Unterrichtsstunden oder Seminareinheiten abhalten und betreuen müssen. Die Freiheit der Lehre soll und muss gewährleistet bleiben. Doch rechtfertigt dies, bewährte digitale Lehrkonzepte, die unter einem hohen Kosten- und Arbeitsaufwand erstellt und betrieben wurden, aufgrund eines personellen Wechsels einfach einzustellen?

Auch unterliegen digitale Lehr- und Lernkonzepte der Gefahr einer gewissen geschlossenen, statischen und autonomen Gestaltung. Es gibt eigene digitale Kursräume, in denen die Inhalte, einmal eingestellt bzw. erstellt, kaum noch verändert werden. Die Erarbeitung des Stoffs durch die Lernenden erfolgt zumeist parallel zu den Präsenzveranstaltungen linear und aufbauend. Gegebenenfalls werden sich selbstauswertende E-Tests eingestellt, um den Lernprozess zu begleiten. In solchen Kursstrukturen scheint es keinen Raum zu geben für Individualisierungen, Flexibilisierungen und Entschleunigungen der Lernprozesse, da diese hier dem System und der vorgegebenen Lernstrukturen unterliegen. Eine dynamische Gestaltung von digitalen Angeboten z. B. durch synchrone oder asynchrone Kommunikationsformen, die Möglichkeit individuelle Aspekte und Beiträge einzubringen oder auch eine gewisse Handlungsmacht den Lernenden, auch was Entschleunigungen angeht, zuzugestehen, erscheint nur zu oft aus der Perspektive der Lehrenden als zu viel Arbeit und Unruhe. Und in der Tat ist es auch so. Dennoch, wollen wir ein echtes E-Learning ermöglichen, also wirkliche virtuelle Bildungsangebote, die speziell für diesen Lernkontext gedacht und konzipiert sind, wird daran kein Weg vorbeiführen. Alles andere bleibt vom Konzept her eine Digitalisierung von Präsenzlehre, die diese durchaus bereichern kann, aber nicht wirklich virtuelle Lernprozesse ermöglicht.

Abschließend ein letzter Aspekt: Wird davon ausgegangen, dass das Göttliche auch in virtuellen Welten anwesend ist und virtuelle Räume nicht gottfreie Räume sind, muss sicherlich ebenso gefragt werden, wie wir dies sichtbar machen können. In welcher Art und Weise kann es uns gelingen, christliche Überzeugungen auch in virtuellen Räumen sichtbar und erfahrbar zu machen. Es geht nicht darum, ein virtuelles Kreuz im digitalen Kursraum einzubinden oder täglich einen Bibelspruch per Newsfeed zu versenden, sondern es geht um das Sichtbarmachen von gelebtem Glauben und personenzentrierten christlichen Menschenbildern in virtuellen Räumen. Auch hier stehen wir noch ganz am Anfang mit den Überlegungen und Konzepten.

Weiterführende Literatur:
Patricia Arnold / Lars Kilian / Anne Thillosen / Gerhard Zimmer, Handbuch E-Learning, Bielefeld ^{5}2018: Ein Standardwerk, welches in die Gestaltung und Bildung von virtuellen Lehr- und Lernwelten einführt und sehr vielfältige didaktische Möglichkeiten einer Umsetzung aufzeigt.

Annett Giercke-Ungermann/Christian Handschuh, Digitale Lehre in der Theologie, Berlin 2020. Diese Sammelband gibt einen Einblick in gegenwärtige Überlegungen zum digitalen Lehren und Lernen in der Theologie an Hochschulen und präsentiert entsprechende Umsetzungen in Form von „best practice" Beispielen.

3 Ein abschließender Ausblick

Gelingt es uns, die in diesem Beitrag skizzierten Herausforderungen anzunehmen und uns diesen zu stellen, so müssen wir damit rechnen, dass dies auch Auswirkungen auf die Theologie als solche haben wird. Sowohl die Theologie als Wissenschaft als auch deren Inhalte und Themen werden sich in den digitalen Räumen und

Medien zwangsläufig verändern. Es werden neue und andere Denk-, Betätigungs- und Handlungsfelder entstehen, die entsprechend reflektiert, ernstgenommen und gestaltet werden müssen.

Die Autorin: *Dr.^{in} theol. Annett Giercke-Ungermann, geboren 1978, Studium der Katholischen Theologie an der Theologischen Fakultät der Universität Erfurt; 2004–2019 wissenschaftliche Mitarbeiterin am Lehr- und Forschungsgebiet Biblische Theologie am Institut für Katholische Theologie der Rheinisch-Westfälischen Technischen Hochschule Aachen, seit 2018 wissenschaftliche Referentin im Fernstudiengang Religionspädagogik und seit 2019 wissenschaftliche Referentin für E-Learning an der Katholischen Hochschule Nordrhein-Westfalen; Publikationen: zusammen mit Simone Paganini, QIQAJON: Bibelhebräisch-Lernen mit dem Jonabuch, Aachen 2014; ^{2}2018; zusammen mit Sandra Huebenthal (Hg.), Orks in der Gelehrtenwerkstatt? Biblische Lehrformate und Lernumgebungen neu modelliert (Theologie und Hochschuldidaktik 7), Münster 2016; Die Niederlage im Sieg: Eine synchrone und diachrone Untersuchung der Erzählung von 1 Sam 15, Würzburg 2010; GND: 141181788.*

Zum Medienwandel

Esther Berg-Chan / Markus Luber (Hg.)
CHRISTENTUM MEDIAL
Religiöse Kommunikation in digitaler Kultur

Der Band beschäftigt sich mit der Rolle und Bedeutung von Medialität und Medienwandel im Christentum in Geschichte und Gegenwart aus interdisziplinärer und weltkirchlicher Perspektive. Wie gestaltet sich die Wechselbeziehung zwischen sich wandelnden Medien auf der einen Seite und christlichen Diskursen und Praktiken auf der anderen?

Weltkirche und Mission, Band 11
192 S., kart., ISBN 978-3-7917-3154-4
€ (D) 34,95 / € (A) 36,– / auch als eBook

VERLAG FRIEDRICH PUSTET VERLAG-PUSTET.DE

Ewald Staltner

„Design- und Digitalisierungsmanagement"

Antworten der Praxis auf die Herausforderungen
der digitalen Transformation

> ♦ Die Digitalisierung hat unsere Arbeits- und Lebenswelt fundamental verändert und verändert sie weiter. Menschen sind mit ihren Kompetenzen, aber auch mit der Frage nach dem Menschsein als solchem maximal herausgefordert. Das muss Auswirkung auf die Bildung haben. Demnach hat die Höhere Lehranstalt für wirtschaftliche Berufe Steyr eine eigene Fachrichtung mit einem entsprechend innovativen Lehrplan eingerichtet, mittels dessen Schülerinnen und Schüler sich auf die vielfältigen Anforderungen der Zukunft und die damit verbundene Verantwortung vorbereiten können. (Redaktion)

Unsere Gesellschaft befindet sich in einem Umbau von nahezu revolutionärem Ausmaß. Bestimmte Arbeitsprozesse werden von Computern übernommen. Damit geht einher, dass sich eine Sinnstiftung des Menschseins durch Erwerbsarbeit in wenigen Jahren komplett wandeln, für manche Berufsfelder möglicherweise auch gänzlich abschaffen wird. Schätzungen gehen davon aus, dass bis zu 50 % der aktuellen Berufe in zehn Jahren nicht mehr vorhanden sind.

Die Umwälzungen im Kontext der Arbeitswelt gehen zudem einher mit fundamentalen Änderungen der uns bekannten und gewohnten Lebenswelt.[1] Im Sinne McLuhans oder Heideggers[2] kann gefragt werden, wie sich das Verhältnis von Mensch und Welt im Zeichen der Digitalisierung verändert.[3] So soll in diesem Beitrag ausgehend von einer Eingrenzung und Definition des Begriffs „Digitalisierung" sowie der skizzenhaften Darstellung von möglichen Auswirkungen auf unser Leben und Arbeiten in (naher) Zukunft versucht werden, daraus Konsequenzen für notwendige Inhalte bzw. Maßnahmen im Bereich der Bildung abzuleiten. Das Resultat – so viel sei vorweggenommen – ist eine Auseinandersetzung mit den Fragen des „Wie wollen wir leben?" und „Wie wollen wir arbeiten?" sowie eine Antwort in Form einer neuen Ausbildungsrichtung.

Gerade das humanberufliche Schulwesen (HUM) in der österreichischen Berufsbildung versteht sich als besonders berufen, in seinen Curricula auf diese Fragen Antworten zu geben. Noch wird nämlich Digitalisierung weithin als Produkt

---

[1] Vgl. (bei aller Kritik) *Yuval N. Harari*, 21 Lektionen für das 21. Jahrhundert, München 2018.
[2] Vgl. *Martin Heidegger*, Die Frage nach der Technik, 1954.
[3] Vgl. dazu die Ausführungen bei *Johannes Burow / Lou-Janna Daniels / Anna-Lena Kaiser / Clemens Klinkhamer / Josefine Kulbatzki / Yannick Schütte / Anna Henkel* (Hg.), Mensch und Welt im Zeichen der Digitalisierung. Perspektiven der Philosophischen Anthropologie Plessners (Dimensionen der Sorge 3), Baden-Baden 2019, insbesondere zum Verhältnis von Freiheit und „Totalöffentlichkeit" in der zunehmenden Verschränkung von analoger und digitaler Welt: *Gesa Lindemann*, Die Verschränkung von Leib und Nexistenz, in: ebd., 47–71.

einer überbordenden Freude an Technologie (Programmierung ...) verstanden. Der deutsche Soziologe und Sozialpsychologe Harald Welzer spricht in diesem Zusammenhang sogar vom „technologischen Overkill" und mahnt, dass wir bislang die falsche Diskussion führen. Ähnlich formuliert es Sven Enger, wenn er hinter aller technischen Innovation ein „Programm" ortet, „das unser Leben und Arbeiten, die Art, wie wir kommunizieren, lernen, produzieren und konsumieren, gründlich umkrempeln wird"[4].

Wir orientieren uns zu wenig daran, was wir als ein gutes Leben verstehen und wie wir es darum führen wollen bzw. wie uns die Digitalisierung dabei unterstützen kann.

Die neue Fachrichtung „Design- und Digitalisierungsmanagement", welche in den letzten Jahren an der HLW Steyr entwickelt wurde und seit dem Schuljahr 2019/20 österreichweit einzigartig als Schulversuch geführt wird, verknüpft darum fachliche Grundkompetenzen der technologischen Seite der Digitalisierung mit dem Know-How, wie Unternehmen und Organisationen Abläufe digitalisieren (Prozessmanagement). Der wesentliche Fokus liegt auf Achtsamkeit den handelnden Personen und jenen Herausforderungen gegenüber, denen sich diese zu stellen haben (werden). Im Sinne der allgemeinen Bildungsziele des österreichischen Schulwesens geht es in dieser neuen (Aus-)Bildung letztlich „um den Menschen, um das Menschsein und das Menschwerden"[5] in einer Welt der digitalen Transformation und damit eine Befähigung für die Herausforderungen der Zukunft.

1 Digitalisierung

Wenngleich „Digitalisierung" als Modewort für unzählige Prozesse in industriellen, wirtschaftlichen und gesellschaftlichen Bereichen Verwendung findet, so lassen sich entgegen eines inflationären Gebrauchs zentrale Aspekte charakterisieren.

Industrie 4.0 bezeichnet im Kontext der Arbeitswelt den nächsten Schritt der Automatisierung, der mit der Erfindung der Dampfmaschine bzw. des automatischen Webstuhls (1784) seinen Anfang, über die Massenproduktion der Fließbänder (2.0 – 1870) und der Einführung der Computer (3.0 – 1969) seinen Fortgang genommen hat. Mit der Vernetzung der Maschinen zum „Internet of Things" vermindert sich nunmehr die menschliche Komponente erneut – dies ähnlich disruptiv wie bei der Einführung von Cartwrights Webmaschine bzw. des Jacquard-Webstuhls.

Im wirtschaftlichen Bereich finden wir einen starken Fokus im Bereich von Leistungserstellung und Kundeninteraktion, d.h. wie können Unternehmen das optimale Produkt für ihre Kunden entwickeln und wie können die Kunden stärker an das Unternehmen gebunden werden. Und selbstverständlich nimmt die Frage nach dem Arbeitsplatz der Zukunft eine zentrale Stellung ein. Wie funktioniert Zusammenarbeit im Team, wie gelingt es, Freizeit und Arbeit in die richtige Balance zu bringen und voneinander abzugrenzen?[6]

Im Hinblick auf die gesellschaftliche Entwicklung gilt es, die Frage nach den zentralen Bedürfnissen von Anerkennung, Sicherheit und Geborgenheit ins Zentrum

---

[4] *Sven Enger*, Alles auf Null. So viel Mensch braucht die Digitalisierung, Berlin 2019, 11.
[5] *Klaus Zierer*, Lernen 4.0. Pädagogik vor Technik. Möglichkeiten und Grenzen einer Digitalisierung im Bildungsbereich, Hohengehren ²2018, 30.
[6] Vgl. *Klaus Zierer*, Lernen 4.0 (s. Anm. 5), 17: „Überall erreichbar und mit vielen Menschen vernetzt zu sein, bedeutet auch, immer und überall zur Verfügung zu stehen".

zu rücken[7] sowie das im Kontext der Gesellschaft weiter unten beschriebene Verhältnis von Freiheit und Überwachung aufzugreifen.

Faktum ist und bleibt bei allen Entwicklungen und Veränderungen, die „Conditio humana der Medialität" kann als „Kern des innovativen Bewusstseins des 21. Jahrhunderts"[8] gelten. „Medien sind *die* Seinsform des gegenwärtigen Menschen. Diese conditio humana selbstbestimmt und partizipativ zu nutzen, ist menschengerecht."[9]

Es liegt an uns, was wir aus den Möglichkeiten der Mensch-Maschine-Interaktion, den Möglichkeiten der Digitalisierung machen. Kreativität, Empathie und emotionale Intelligenz sind nicht die Eigenschaften von Maschinen und die Entwicklung der Digitalisierung ist kein Schicksal, sondern Ergebnis unserer Gestaltung der Welt.[10]

2 Gesellschaft 4.0

Digitalisierung braucht folglich eine Vision von einer Gesellschaft, ein Menschenbild, welches tragfähig auf die Herausforderungen einer durch die digitale Transformation beschleunigte VUCA-Welt reagiert. **Volatilität/Unbeständigkeit** ist als solche nicht neu, schon immer galt es, sich auf plötzlich eintretende Veränderungen einzustellen und sich mit ihnen zu arrangieren. **Unsicherheit** ergibt sich trotz oder gerade wegen der Informationsvielfalt. Die richtige Auswahl aus der Fülle zu treffen, den Schritt von Information zur Informiertheit zu tätigen, erfordert den Mut, die eigene Informationsblase zu verlassen, heißt sich in unsicheres Terrain zu begeben. **Komplexität**, als dritte Eigenschaft von VUCA, beschreibt die globale und vernetzte Dimension unserer Welt. Einfache Ursache-Wirkung-Zusammenhänge werden durchbrochen; wir erleben diese Komplexität gerade bei den zentralen Zukunftsfragen; man nehme nur den Einfluss des Menschen auf den Klimawandel. **Ambiquity/Mehrdeutigkeit** schließlich kennzeichnet die Tatsache, dass niemand derzeit die Entwicklungen exakt interpretieren noch eine treffsichere Prognose für die Zukunft geben kann.

Die digitale Transformation der Gesellschaft kennt noch eine zusätzliche Herausforderung in der Spaltung in Wissende (Digital natives) und Unwissende (Digital naives). Das so entstehende Wissensgefälle (digital gap) vergrößert die Inhomogenität der Gesellschaft und befördert ein Machtgefälle, indem die Wissenden auch die Mächtigen sind, denn „Macht [...] gestaltet sich in der digitalen Gesellschaft der Tendenz nach als Oligarchie"[11].

Das Verhältnis von Wissen und Macht charakterisiert die Gesellschaft, wie das

---

[7] Vgl. *Bettina Volkens / Kai Anderson*, Digital human. Der Mensch im Mittelpunkt der Digitalisierung, Frankfurt a. Main 2018, 11.

[8] *Matthias Rath*, Metaprozesse als conditio humana. – Zur ethischen Potenz einer philosophischen Leerstelle, in: *Michael Litschka / Larissa Krainer* (Hg.), Der Mensch im digitalen Zeitalter. Zum Zusammenhang von Ökonomisierung, Digitalisierung und Mediatisierung, Wiesbaden 2019, 24.

[9] Ebd., 26.

[10] Vgl. *Sven Enger*, Alles auf Null (s. Anm. 4), 34: „Den Hauptantrieb erhielt und erhält die Digitalisierung durch unsere Wünsche, unsere Fantasie, unsere nicht immer nur wohlmeinenden Bedürfnisse – und ja, auch durch unsere Ängste."

[11] *Gesa Lindemann*, Die Verschränkung von Leib und Nexistenz (s. Anm. 3), 47.

Beispiel des Sozialkredit-Systems[12] in China zeigt, welches gute von schlechten Bürgern unterscheiden soll, indem es für entsprechendes Verhalten Bonus- und Maluspunkte gibt und bei entsprechendem Punktestand die Handlungsfreiheit einschränkt. Orwells Überwachungsstaat aus dem Roman 1984 und Foucaults Panoptikum[13] sind vergleichsweise harmlose Spielwiesen der Überwachung.

Man muss nicht die Überwachung totalitärer Regime heranziehen, es genügen die Daten, welche wir als Spuren in der digitalen Matrix (freiwillig) hinterlassen, welche uns identifizierbar und in weiterer Folge manipulierbar machen. Das digitale Menschenbild wirkt zurück auf das analoge Menschenbild. Wir tun gut daran, eine klare Vision zu entwickeln, wie wir in Zukunft menschenwürdig und in welcher Gesellschaft wir leben wollen. So wie der Weg zur Industriegesellschaft letztlich als Antwort auf die sozialen Folgen eine (zugegeben verspätete und hart erkämpfte) neue Sozialordnung hervorbrachte, so werden wir uns auch heute Gedanken machen müssen, wie der Gesellschaftsvertrag der Zukunft aussehen kann, sodass ein gutes Leben für alle möglich ist. Solidarität, Transparenz, Gleichberechtigung und Selbstbestimmung werden tragende Säulen auf dem Weg zu einer Gesellschaft 4.0 sein müssen.

3 Arbeit 4.0

Der Philosoph Richard David Precht schildert mit Verweis auf die Utopien des kalabrischen Mönchs Tommaso Campanella (1568–1639), dass wir „zum ersten Mal in der Geschichte der Menschheit tatsächlich ein erfülltes Leben ohne Lohnarbeit für sehr viele ermöglichen [könnten]"[14]. Wenngleich dies wohl auch in Zeiten der digitalen Transformation ein Wunsch bleiben wird, so muss es doch Ziel sein, die Verminderung des Arbeitsaufwandes nicht in Produktivitätssteigerung, sondern in Lebensqualitätssteigerung zu investieren.[15] Die Idee des bedingungslosen Grundeinkommens, wie schon von Thomas Morus 1516 angedacht, gewinnt so neue Aktualität und wird zunehmend auch von Ökonomen[16] ins Spiel gebracht.

Wahrscheinlicher freilich ist, dass sich die Art, wie wir arbeiten, ändert. Routinearbeiten werden von Maschinen übernommen werden. Hier mit ihnen zu konkurrieren, ist bereits jetzt sinnlos. Es wird wichtig sein, jene Kompetenzen zu festigen, in denen Menschen den Maschinen überlegen sind: das sind v. a. Kreativität, emotionale Intelligenz und Empathie. Die Studie *Future Work Skills 2020* der University of Phoenix sieht die Zukunft in einem Miteinander von Mensch und Maschine, „[…] a new kind of partnership with machines

---

[12] Vgl. dazu *Andreas Landwehr*, China schafft digitales Punktesystem für den „besseren" Menschen (2018), online: https://www.heise.de/newsticker/meldung/China-schafft-digitales-Punktesystem-fuer-den-besseren-Menschen-3983746.html [Abruf: 04.01.2020].

[13] *Gesa Lindemann*, Die Verschränkung von Leib und Nexistenz (s. Anm. 3), 71, spricht in diesem Zusammenhang von einem „ortlosen Panoptikum", welches letztlich zu einer „Erstarrung der Gesellschaft führt" oder wie am Beispiel Chinas zur gewollten Konformität.

[14] *Richard David Precht*, Jäger, Hirten, Kritiker. Eine Utopie für die digitale Gesellschaft, München 2018, 9.

[15] Vgl. *Bettina Volkens / Kai Anderson*, Digital human (s. Anm. 7), 71.

[16] Vgl. *Sven Enger*, Alles auf Null (s. Anm. 4).

that build on our mutual strengths, resulting in a new level of human-machine collaboration and codependence"[17].

Wesentliche Entwicklungen, die den Arbeitsplatz der Zukunft beeinflussen, sind der Studie zufolge eine global vernetzte Welt, die höhere Lebenserwartung der Menschen einhergehend mit einem längeren Verbleib im Arbeitsprozess, neue Kommunikationstools und neue Organisationsstrukturen in Unternehmen. Diese erfordern ein hohes Maß an Flexibilität und Agilität, interkulturelle Kompetenzen, Neugier und Innovationsbereitschaft sowie die Bereitschaft zu lebenslangem Lernen.

4 Herausforderungen für die Bildung

In Beiträgen zur digitalen Transformation wird die Bedeutung von Bildung hervorgehoben und eingefordert, entsprechend zu handeln. Die enormen Herausforderungen scheinen nach den beschriebenen Transformationsprozessen klar, doch wie ist darauf angemessen zu reagieren, um junge Menschen für die Zukunft vorzubereiten.

Als Basis werden oft die 4Ks als Schlüsselqualifikationen genannt. **Kritisches Denken** im Sinne eines reflektierten und verantwortungsbewussten Umgangs mit Informationen, **Kommunikation**, um sich sowohl Off- als auch Online gemeinsam austauschen zu können, **Kollaboration** und **Konnektivität** als Vernetzung von Arbeit und Denken. Die 21st Century Skills (OECD) und die oben erwähnte Studie liefern eine gute Ausgangsbasis, bedürfen aber einer Erweiterung durch:

– „Computational Thinking" verbunden mit einem „Cognitive Load Management", als der Fähigkeit mit großen Datenmengen umzugehen und diese zu strukturieren,

– „Sense Making", dem Ableiten von tieferen Bedeutungen, um Information zu Informiertheit verwandeln zu können und

– „Novel & Adaptive Thinking", um kreative Lösungen abseits des Üblichen zu finden.

Die Fähigkeit, diese Prozesse und Ergebnisse zu gestalten, erfordert ein „Design Mindset", im Sinne einer kreativen Denk- und Problemlösungsstrategie, sowie den Blick über den Tellerrand (Transdisziplinarity) hinaus.

So zentral die angeführten Kompetenzen sind, im Hinblick auf die Herausforderungen des konkreten Lebens greifen sie zu kurz, oder wie es Dieter Schöneberg in seinem Blog „Bildungslücken" formuliert, „sie bestehen den Liebeskummer-Test nicht"[18]. Für die Entwicklung einer Persönlichkeit, welche auch jenseits des Arbeitslebens bestehen kann, ist neben den Antworten (Visionen, Understanding, Klarheit und Agilität) auf die Herausforderungen der VUCA-Welt eine Bildung des Herzens und des Charakters ausschlaggebend. „Neben kognitiven Aspekten spielen folglich auch soziale, moralische, ästhetische, motivationale, spirituelle und viele andere mehr eine Rolle [...]."[19]

„The best way to make healthy humans [...] is to make them feel that what they do really matters, that they count, and that they can actively participate in and have something important to offer society. This

---

[17] *Anna Davies / Devin Fidler / Marina Gorbis*, Future Work Skills 2020, Phoenix 2011, 3.
[18] Vgl. https://bildungsluecken.net/762-schulentwicklung-warum-4k-als-leitidee-nicht-reichen [Abruf: 04.01.2020].
[19] *Klaus Zierer*, Lernen 4.0 (s. Anm. 5), 30.

is also the best way – in fact, it is the only way – to make a healthy society."[20]

5 Fachrichtung Design- und Digitalisierungsmanagement

Die HLW Steyr hat Erfahrung mit der Erstellung innovativer Lehrpläne. Vor dreißig Jahren wurde mit der fünfjährigen Fachrichtung für Kultur- und Kongressmanagement Neuland betreten und eine heute fest in der Bildungslandschaft des humanberuflichen Schulwesens verankerte Ausbildung kreiert, welche die erfolgreiche Fachrichtung Gesundheitsmanagement ergänzt.

Mit der Erweiterung des Portfolios in Richtung Digitalisierung bietet die HLW Steyr nunmehr ein Bildungsangebot in drei zukunftsweisenden Fachrichtungen (Kultur, Gesundheit und Digitalisierung), welche sich gegenseitig befruchten. Mit der dreijährigen Fachschule für Gesundheit und Soziales und der angeschlossenen Schule für Sozialbetreuungsberufe (Altenarbeit und Behindertenarbeit) steht seit jeher der Mensch mit all seinen Bedürfnissen im Mittelpunkt der Ausbildung.

Ausgangspunkt der Überlegungen für die neue Fachrichtung „Design- und Digitalisierungsmanagement" stellt eine langjährige Zusammenarbeit mit den IT-Experts Austria, als Vernetzungsplattform der Steyrer IT-Betriebe, dar. Gemeinsam wurden und werden immer wieder im Kontext der Zusammenarbeit das Bildungsangebot in der Region im Hinblick auf Employability der Absolventinnen und Absolventen sowie die Bedürfnisse der Wirtschaftsbetriebe analysiert und entsprechend adaptiert.

In einem gemeinsamen Entwicklungsprozess, konzipiert mit Methoden des Design Thinkings[21], machten sich Schülerinnen und Schüler, Eltern, Lehrerinnen und Lehrer sowie Expertinnen und Experten aus Wirtschaft und Industrie auf den Weg der Customer Journey[22], um nach

> **Design Thinking** als moderner Ansatz kreativer Problemlösung ist ein am Menschen orientierter (human centered) Ansatz zur Entwicklung innovativer Produkte. Wesentliches Merkmal ist der Austausch- und Entwicklungsprozess in interdisziplinären Teams. Die Schnittmenge bilden die drei gleichberechtigten Aspekte *Mensch*, *Wirtschaft* und *Technik*. Ausgangspunkt im Standardsetting des Design Thinking Prozesses ist das Verstehen des Problemfeldes und eine Auseinandersetzung mit der Zielgruppe. Aus der gemeinsamen Wissensbasis können dann Ideen entwickelt werden, welche anhand von Prototypen getestet und weiterentwickelt werden.
>
> **Service Design** erweitert den Ansatz des Design Thinkings, indem es die gesamte Dauer der Kundenbeziehung in den Mittelpunkt stellt und dabei auch die Mitarbeiterzufriedenheit berücksichtigt. Der Blick wird dabei verstärkt auf innerbetriebliche Prozesse und Dienstleistungen gelegt.

---

[20] *James Paul Gee*, Teaching, Learning, Literacy in Our HIGH-RISK HIGH-TECH World. A Framework for Becoming Human, New York 2017, 161.
[21] Ein zentraler Schritt ist dabei, sich in die Lage des Kunden als auch in die Situation der Schülerinnen und Schüler als auch der Betriebe zu versetzen.
[22] Customer Journey, ein Begriff aus dem Marketing, bezeichnet den Weg des Konsumenten, bevor er sich für den Kauf eines Produktes entscheidet. Im konkreten Fall diente die Customer Journey

knapp einem Jahr einen fertigen Lehrplan einreichen zu können. Das ambitionierte Ziel war und ist, eine (Aus-)bildung für die Zukunft anzubieten, welche solides Wirtschaftswissen, digitale Technologien und besonders die Werte des humanberuflichen Schulwesens kombiniert.

Die zentralen Inhalte, vor allem aber die Unterrichtsstruktur des Curriculums orientieren sich dabei an den erwähnten Herausforderungen der digitalen Transformation für die Bildung, wie sie oben dargelegt wurden. Im Fokus steht – neben technischen Grundfertigkeiten – die Entwicklung der Jugendlichen zu selbstbewussten und reifen jungen Erwachsenen (Persönlichkeitsbildung). Bewusst setzt der Lehrplan daher bei den Schülerinnen und Schülern sowie ihren Potenzialen an und will entsprechend dem Leitgedanken der Schule „Raum für Entfaltung" bieten.

Die Unterrichtsinhalte der einzelnen Fachbereiche vermitteln nebst facheinschlägigem Wissen in ihrer überfachlichen Gesamtheit und Zusammenschau ein vernetztes Denken:[23]

– Kompetenzen in den Bereichen Digitalisierung, Kommunikations- und Medienwirtschaft, Öffentlichkeitsarbeit und Marketing sowie Informationstechnologie (Medienkompetenz);
– Fähigkeiten zur Partizipation in einer digitalisierten Arbeits- und Lebenswelt (Digital Awareness);
– kreatives und innovatives Gestaltungsvermögen;
– Kompetenzen im Bereich des wertschätzenden Umgangs mit Mitmenschen;
– Kompetenzen zur Steuerung der eigenen Resilienz[24];
– Fähigkeiten, die digitale Transformation in Unternehmen und Gesellschaft mitzugestalten;

Konkret äußert sich dies in der Unterrichtsplanung, wo die Voraussetzung für **fächerübergreifendes Denken und Verstehen** durch die Zusammenarbeit und Absprache aller Lehrenden einer Klasse oder des Bildungsganges bei der Planung, Umsetzung und Evaluierung des Unterrichtsprozesses gegeben ist. Grundlegendes Element der Unterrichtsplanung stellt die **Vernetzung** von Fach- und Methodenkompetenz sowie von personalen und sozialen Kompetenzen aller Unterrichtsgegenstände dar.

Im Rahmen des Unterrichtes soll analog zur zukünftigen Arbeitswelt eingeübt werden, auf geänderte Situationen flexibel zu reagieren und neue Strategien zu entwickeln, sowie strukturiert, prozess- und ergebnisorientiert gemeinsam in von Diversität geprägten Teams zu arbeiten. Die dabei notwendigen unterschiedlichen Arbeitsmethoden, Kreativitätstechniken (Design Thinking / Service Design) und Medien werden entsprechend situationsgerecht eingesetzt.

In die Unterrichtsgestaltung werden situative Aufgabenstellungen eingebaut, die der beruflichen Realität entnommen werden (Problem-Based Learning). In den höheren Jahrgängen werden diese Case Studies direkt vor Ort in den Unternehmen der Kooperationspartner durchgeführt (Real Life Case Studies). Unbehelligt durch die

---

der Visualisierung des Entwicklungsprozesses und der Einbeziehung aller notwendigen Stakeholder (Wirtschaft, BMBWF, Eltern, Lehrerinnen und Lehrer, Schülerinnen und Schüler …).
[23] Vgl. Lehrplan, 4 (auszugsweise).
[24] Vgl. dazu auch die Handlungsfelder digitaler Resilienz bei *Thomas Steinmaurer*, Digitale Resilienz im Zeitalter der Datafication, in: *Michael Litschka / Larissa Krainer* (Hg.), Der Mensch im digitalen Zeitalter (s. Anm. 8), 31–47, hier: 34.

digitale Transformation gilt: „Nur 10 Prozent unseres Know-hows lernen wir durch Bücher, in Klassenzimmern, durch Trainings oder in Online-Kursen. 20 Prozent lernen wir durch Feedback und Interaktion mit anderen und 70 Prozent beim konkreten Ausprobieren und Anwenden […]."[25]

Angestrebt wird ein Mix an motivierenden, lernzieladäquaten Unterrichtsmethoden, wobei die Vermittlung von Expertinnen- und Expertenwissen zentrale Bedeutung hat. Garantiert wird dies, neben der Fachexpertise der Lehrenden im Bereich der Digitalisierung, durch den Einsatz von externen Referentinnen und Referenten aus der Praxis. Dies gewährleistet auch **praxisorientierte Aufgabenstellungen**, welche in einem problem- und handlungsorientierten Unterricht (Projekte, Fallstudien, Fachpraxis und Simulationen) die Lernenden zu logischem, kreativem und vernetztem Denken sowie zu verantwortungsbewusstem Entscheiden und Handeln führen.

Herzstück der Ausbildung ist der **Cluster Design- und Digitalisierungsmanagement**, welcher geblockt durchgeführt wird und die zentralen Kompetenzen an der Schnittstelle von Wirtschaft und Technik vermitteln soll. Die Blockung unterstützt dabei die Vernetzung der Lerninhalte und bietet zudem die Möglichkeiten, zukünftige Arbeitsprozesse (New Work) abzubilden und einzuüben. Einen wesentlichen Teil nehmen dabei Kompetenzen aus dem Bereich des Sozialmanagements ein, welche im sogenannten „Meetingspace" erprobt werden können. Hierzu zählen Zeit- und Selbstmanagement, Stressbewältigung, Teamarbeit, Habit Tracking[26] und digitales Multiskilling[27], sowie kritisches Denken und Konfliktmanagement.

Weiterführende Literatur:
Sven Enger, Alles auf Null. So viel Mensch braucht die Digitalisierung, Berlin 2019: Der Autor bietet einen gelungenen Überblick zur historischen Entwicklung und Einschätzung zu zukünftigen Herausforderungen der Digitalisierung. Er plädiert für einen kritischen aber optimistischen Zugang und sieht in Sinn und Menschlichkeit die notwendigen Grundlagen einer gelingenden digitalen Transformation.

James Paul Gee, Teaching, Learning, Literacy in Our HIGH-RISK HIGH-TECH World. A Framework for Becoming Human, New York 2017: Der bekannte emeritierte Professor der Arizona State University für Pädagogik erarbeitet basierend auf einer profunden Gesellschaftsanalyse die notwendigen Skills für eine gelingende Pädagogik in Zeiten der Digitalisierung.

Michael Litschka / Larissa Krainer (Hg.), Der Mensch im digitalen Zeitalter. Zum Zusammenhang von Ökonomisierung, Digitalisierung und Mediatisierung, Wiesbaden 2019: Der Band aus der Reihe „Ethik in mediatisierten Welten" bietet eine interdisziplinäre Zusammenschau von Mediatisierung, Digitalisierung und Ökonomisierung im Fokus einer ethischen Reflexion.

---

[25] *Bettina Volkens / Kai Anderson*, Digital human (s. Anm. 7), 80.
[26] Habit Tracking bedeutet, sein Verhalten zu analysieren mit dem Ziel, sich selbst besser kennenzulernen und/oder die wünschenswerten Gewohnheiten in das Leben zu integrieren. Dies kann durch ein „tracking" (Nachverfolgen) gelingen. Entsprechende Methoden (analog wie digital) werden eingeübt.
[27] Multiskilling bezeichnet die Fähigkeit, bei Spezifizierung auf einen Aufgabenbereich gleichzeitig auch für andere Bereiche sensibel zu sein, oder wie es der ehemalige CEO von Toyota mit

Die technischen Kompetenzen fördern Basiswissen zu Coding, Robotik, Foto- und Videobearbeitung, Print- und Webdesign sowie 3D-Design und Datenbanken. Die Letzteren können wahlweise nach Interesse vertieft werden. Neben der Einübung in die Methodik des Service Design nimmt die Ausbildung im Bereich Prozessmanagement einen wesentlichen Teil ein. Damit wird auch dem Umstand Rechnung getragen, dass die digitale Transformation in Unternehmen in erster Linie einer prozessualen Steuerung bedarf.

Das Future Lab im V. Jahrgang bildet ein Novum in der österreichischen Lehrplankultur. Aufgrund der Unvorhersagbarkeit, welche konkreten Problemstellungen in den nächsten Jahren anfallen, wurde der Lehrplan hier offen formuliert und bietet so Spielraum, auf aktuelle Notwendigkeiten eingehen zu können. Die geforderte Agilität und Flexibilität als Kompetenz zukünftigen Arbeitens wird hier in der Lehrplangestaltung vorweggenommen.

In allen Unterrichtsgegenständen wird die Dokumentation und Reflexion des stufenweisen Kompetenzerwerbs und damit die Fähigkeit zur Selbsteinschätzung seitens der Lernenden durch geeignete Methoden wie z. B. ePortfolio oder Lerntagebücher mit entsprechender Unterstützung durch digitale Tools gefördert.

Die Schülerinnen und Schüler sollen mittels dieses Lehrplanes, vor allem aber durch entsprechend aus- und fortgebildete Lehrpersonen auf die eingangs beschriebenen Herausforderungen der zukünftigen Lebens- und Arbeitswelt bestens vorbereitet und so befähigt werden, als „selbständige und selbsttätige, lebenstüchtige und [...] wert- und tugendhafte Persönlichkeiten"[28] die digitale Transformation aktiv mitzugestalten.

Nähere Informationen unter: www.hlw-steyr.at

Der Autor: *Dir. Mag. Ewald Staltner MAS MSc, geb. 1971, Studium der Fachtheologie und Selbständigen Religionspädagogik an der Kath. Privat-Universität Linz; Masterstudien im Bereich E-Learning – E-Teaching an der Donau Universität Krems; Absolvent der Leadership Academy des BMBWF; Lehrer seit 1999; seit dem Schuljahr 2016/17 Schulleiter an der HLW & SOB Steyr; Publikationen: Mitarbeit bei Michael Wagner / Sonja Gabriel, Didaktische Szenarien des Digital Game Based Learning. Handreichung für Lehrkräfte. Forschungsprojekt der Donau-Universität Krems im Auftrag des bm:ukk (2010); Online Language Learning, in: Proceedings of the Netties 2003, Nicosia, 45–52; Mitarbeit an diversen Schulbüchern zur Wirtschaftsinformatik.*

---

einer „T"-Qualifikation zum Ausdruck bringt: „Der vertikale Strich steht für die Anforderung, dass die Angestellten das, was sie tun, intensivieren und vertiefen müssen. Der horizontale Strich weist darauf hin, dass sie auch andere Tätigkeiten erlernen müssen."

[28] *Sven Enger*, Alles auf Null (s. Anm. 4), 175.

Viera Pirker

Digitalität als ‚Zeichen der Zeit'?

◆ Die „Zeichen der Zeit" zu erkennen, sie zu deuten und auf diese hin zu forschen, verpflichtet sich die Theologie im Sinne des II. Vatikanischen Konzils. Unter diesem Gesichtspunkt nimmt die Autorin die wissenschaftliche Theologie angesichts des kulturverändernden Kontextes von Digitalität in die Verantwortung. Sie plädiert für eine dringend notwendige, anthropologisch zentrierte theologische Reflexion zur digitalen Transformation unserer Gesellschaft und für eine verstärkt adaptive und weniger reaktive Neubewertung der Digitalität im Lichte der theologischen Ethik, die in der ganzen Breite der theologischen Disziplinen eine Anwendung finden sollte. (Redaktion)

Im medienethischen Impulspapier der Deutschen Bischofskonferenz 2011 werden digitale Medien als ‚Zeichen der Zeit' gedeutet, da sich in ihnen spezifische Merkmale manifestieren, die Kommunikation und Lebenswelt für die Menschen nachhaltig verändern.[1] Inzwischen haben sich die Effekte der Digitalität über Kommunikation und Mediengebundenheit hinaus geweitet und zeigen sich in einer grundlegend kulturverändernden Dynamik. Wenn Digitalität im Horizont der Pastoralkonstitution als ‚Zeichen der Zeit' verortet wird, ergeben sich dann daraus konkrete theologische Perspektiven? Die folgende Analyse von Digitalität nimmt ihren Ausgangspunkt bei der kultur- und medienwissenschaftlichen Einordnung von Felix Stalder. Die darin gewonnenen Erkenntnisse werden mit theologischen und ekklesiopraktischen Felderschließungen zusammengeführt.

1 Was kennzeichnet ‚Zeichen der Zeit'?

In *Gaudium et Spes* bezeichnen die *signa temporum* „Zeichen Gottes in den Ereignissen der Welt"[2]. Sie bilden eine ‚Basisstrategie' der Pastoralkonstitution, auch wenn der Begriff nur ein einziges Mal darin vorkommt.

„Zur Erfüllung dieses Auftrags obliegt der Kirche allzeit die Pflicht, nach den Zeichen der Zeit zu forschen und sie im Licht des Evangeliums zu deuten. So kann sie dann in einer jeweils einer Generation angemessenen Weise auf die bleibenden Fragen der Menschen nach dem Sinn des ge-

---

[1] *Sekretariat der Deutschen Bischofskonferenz* (Hg.), Virtualität und Inszenierung. Unterwegs in der digitalen Mediengesellschaft. Ein medienethisches Impulspapier (Die deutschen Bischöfe – Publizistische Kommission 35), Bonn 2001, 9–17, online: https://www.dbk-shop.de/media/files_public/qoimlcvy/DBK_1235.pdf [Abruf: 03.02.2020].

[2] *Charles Möller*, Pastoralkonstitution über die Kirche in der Welt von heute: Die Geschichte der Pastoralkonstitution, in: *Heinrich Suso Brechter* (Hg.), Das Zweite Vatikanische Konzil. Konstitutionen, Dekrete und Erklärungen. Lateinisch und Deutsch (Kommentare 3), Freiburg i. Br-Basel-Wien 1968, 242–279, hier: 266.

genwärtigen und des zukünftigen Lebens und nach dem Verhältnis beider zueinander Antwort geben. Es gilt also, die Welt, in der wir leben, ihre Erwartungen, Bestrebungen und ihren oft dramatischen Charakter zu erfassen und zu verstehen." (GS 4)

Nicht die Kirche definiert die ‚Zeichen der Zeit', sondern sie findet diese in der Welt vor, auf die hin ihr Forschen, Deuten, Antwort geben, Erfassen und Verstehen gerichtet ist.[3] Sie „besitzen […] den Wert einer Kategorie, um Gott auf die Spur zu kommen"[4], und sind daher nicht beliebig. Hans-Joachim Sander konturiert sie genauer mit vier Attributen: „In den Zeichen der Zeit treten Menschen aus dem Strom der Ereignisse heraus, die um die Anerkennung ihrer Würde ringen müssen; die Zeichen der Zeit sind deshalb auch nicht irgendwelche Zeiterscheinungen, sondern sozial, politisch, kulturell und religiös markiert."[5] Sie verdeutlichen von außen her, was das Licht des Evangeliums von innen her erhellt, und sie fungieren als Gelenk zwischen Präsens und Eschaton: Das Zeitliche und das Ewige, das Heutige und das Immerwährende sind keine einander ausschließenden, sondern aufeinander zu beziehenden Dimensionen, die nicht gegenseitig ausgespielt werden dürfen. Die ‚Zeichen der Zeit' „markieren in der Geschichte der Menschen Begebenheiten, Ereignisse und Tatsachen, von denen her ein Blick auf großflächige Entwicklungen in Sachen Humanität und Inhumanität möglich wird. In ihnen kommen die Berufung der Menschen, Menschen zu werden, und sich vor Gott sehen lassen können, und die Gefährdung der Menschen, zu Unmenschen zu werden, zusammen."[6] Diese Beschreibung impliziert damit neben der anthropologischen auch eine ethische Dimension und öffnet sich letztlich hin auf die Gottesfrage.

2 Digitalität als Kontext

In einem an technologischem Fortschritt orientierten Denken, das auf Automatisierung hin gerichtet ist, bezeichnet ‚Digitalisierung' den Prozess der Übersetzung von analogen Werten in digitale Werte, den darauf aufbauenden Prozess der Vernetzung sowie die in neuen Geschäftsmodellen anwendbaren digitalen Werte.[7] Darauf aufbauend beschreibt der Züricher Kultur- und Medienwissenschaftler Felix Stalder die „Kultur der Digitalität"[8] als eine die gesamte Gesellschaft und das Handeln in ihr prägende, umfassende Veränderungsdynamik. Digitalität erweitert die soziale Basis der Kultur:[9] Durch Kommunikations- und Publikationspraktiken expandiert die Wissensökonomie ins Unermessliche. Zudem haben sich neue soziale Dynamiken entwickelt, in denen Sprachloses Sprachmacht

---

[3] *Hans-Joachim Sander*, Theologischer Kommentar zur Pastoralkonstitution über die Kirche in der Welt von heute – Gaudium et Spes, in: *Peter Hünermann / Bernd-Jochen Hilberath* (Hg.), Herders Theologischer Kommentar zum Zweiten Vatikanischen Konzil. Bd. 4, Freiburg i.Br.–Basel–Wien 2005, 580–886, hier: 623.
[4] Ebd., 717.
[5] Ebd.
[6] Ebd., 718.
[7] *Judith Klaiber*, Digitalisierte Arbeit. Was Internet of Things, Artifical Intelligence, Blockchain, Cyborgs und Co. mit Pastoraltheologie zu tun haben, in: Pastoraltheologische Informationen 38 (2018), 59–76, hier: 61 f.
[8] *Felix Stalder*, Kultur der Digitalität, Berlin 2016.
[9] Ebd., 24–58.

gewinnt, in denen alte Unterteilungen von Zentrum und Peripherie, von Macht und Ohnmacht nicht aufrechterhalten werden können. Durch die Kultur der Digitalität werden marginalisierte Perspektiven erfasst, gemeinschaftlich geformt und wirken auf Machtstrukturen zurück. Konzepte der Heteronormativität erodieren und postkoloniale Perspektiven werden sichtbar: Um solche Dynamiken wird online heftig gestritten.

Stalder konzentriert die Kultur der Digitalität wesentlich in drei Formen, welche trotz einer „verwirrenden Vielfalt an Bestrebungen, Konflikten und Widersprüchen dieser kulturellen Umwelt als Ganze ihre spezifische Gestalt verleihen"[10]:

(1) **Referenzialität**[11] bezeichnet die Vielfalt an Bezügen und Bezüglichkeiten, die individuell und automatisch hergestellt werden können. Hier ergeben sich immer wieder neue Zusammenhänge und Interpretationslinien, die ständig anders verknüpft werden. In häufig nur temporären Synthesen wird eine neue Authentizität erschaffen. Kulturelle Objekte, die in diese Referenzialität aufgenommen werden, zeichnen sich dadurch aus, dass sie verfügbar, erkennbar und zugänglich sind. Urheberrechtlich kritisch, doch praktisch zentral ist, dass sie offen dafür sind, dass und „indem sie verändert, angepasst und transformiert werden"[12]. Stalder sieht hier durchaus eine Vergleichbarkeit mit dem Buchdruck, der seinerseits von der Handschrift abstrahierte, Schrift dadurch als „standardisierte, verlustfrei repetierbare Zeichen"[13] realisierte und so eine neue, vereinheitlichte Form der Zitierbarkeit schuf. Der Buchdruck als erster Motor der Wissensgesellschaft ist abgelöst von einer ‚Informationsflut 2.0' mit der Digitalisierung des Wissens, das über die Speicherkapazitäten für Texte hinaus auf die Codierung, Bearbeitung und automatisierte Auffindbarkeit von visuellen Daten, also Bildern und Videos, erweitert ist. „Kulturelle Werke aller Art werden in einem umfassenden, praktischen Sinn frei verfügbar, trotz bestehender rechtlicher und technischer Einschränkungen."[14] Online stehen sämtliche Werke in Äquidistanz zueinander: Sie sind nur eine Suchabfrage in einem Netzwerk voneinander entfernt, ihre Bedeutung wird dadurch aber zugleich unsicherer. Stalder nennt dies die „neue digitale Unordnung"[15]. Die Referenzialität erzeugt daher Strategien bzw. Handlungstypen, die dem Kuratieren gleichkommen: ein vertrauenswürdiges Individuum nimmt durch das Teilen in den sozialen Massenmedien einen Filter und eine Bedeutungszuweisung vor. „So geschieht eine Validierung des im Übermaß Vorhandenen durch die Verbindung mit dem ultimativ Knappen, der eigenen Lebenszeit, dem eigenen Körper."[16] Mit Hinweisen, Verbinden und Verändern schreiben sich Menschen auf dem Weg der Referenzialität in die Welt ein. Die Grundfrage ist hierbei, wie etwas wirklich Neues, ein echter Anfang entstehen kann. Angewendet auf die Konturierung Sanders zu

---

[10] Ebd., 95.
[11] Ebd., 96–128.
[12] Ebd., 99.
[13] Ebd., 101.
[14] Ebd., 112.
[15] Ebd., 115, mit Verweis auf *David Weinberger*, Das Ende der Schublade. Die Macht der neuen digitalen Unordnung, München 2008.
[16] *Felix Stalder*, Kultur der Digitalität (s. Anm. 8), 118.

den ‚Zeichen der Zeit' lässt sich Referenzialität besonders als eine neue *kulturelle* Markierung verstehen.

(2) **Gemeinschaftlichkeit**[17]: Die Komplexität der Umwelt verhindert die Orientierung in ihr. Gemeinschaftliche Erfahrungen und Praktiken entstehen im Modell der *Community of Practice*. Dieses gründet auf der Beobachtung, „dass professionelles Lernen [...] nicht als einseitiger Wissens- oder Fertigkeitstransfer stattfindet, sondern sich wesentlich als offener Austausch zwischen Personen mit unterschiedlichen Wissens- oder Erfahrungsniveaus vollzieht, häufig außerhalb formaler Lernumgebungen"[18]. Die Community ist daher mehr als ein Sozialraum, sondern bildet eine Voraussetzung für Generierung und Weitergabe von Wissen, und sie erzeugt zugleich die Konstituierung und interpretative Unterstützung dessen, was in ihr verhandelt wird. Unter den Bedingungen der Digitalität geschieht die Verfertigung der Praxisgemeinschaften vor allem durch Kommunikation und Affirmation. „Das gemeinsame kontinuierliche Lernen, Einüben und Orientieren, der Austausch zwischen ‚Novizen' und ‚Experten' auf dem gemeinsamen Feld [...] dienen dabei dazu, den Rahmen der geteilten Bedeutung aufrechtzuerhalten, das konstituierte Feld zu erweitern, neue Mitglieder zu rekrutieren und den Interpretations- und Handlungsrahmen sich verändernden Bedingungen anzupassen."[19] Dies geschieht in informellen, auf Freiwilligkeit und Autonomie basierenden Organisationsformen, in digital basierten Netzwerken. In Sanders Kategorien der ‚Zeichen der Zeit' prägt sich Gemeinschaftlichkeit als *soziale*, aber auch *politische* und *religiöse* Markierung ein.

(3) **Algorithmizität**[20] bezeichnet technologische Prozesse, die mit sozialen Prozessen in einem engen Wechselverhältnis stehen. Stalder konturiert den Algorithmus als „eine Handlungsanleitung, wie mittels einer endlichen Anzahl von Schritten ein bestehender Input in einen angestrebten Output überführt werden kann: Mithilfe von Algorithmen werden vordefinierte Probleme gelöst."[21] Algorithmen werden zunehmend dynamisch und adaptieren viele verschiedene Aspekte. Auf Algorithmizität basieren Verfahren des maschinellen Lernens (auch mit dem Begriff ‚Künstliche Intelligenz' diskutiert), die ihre Entscheidungsregeln eigenständig entwickeln, indem sie nach Mustern in menschlichen Nutzungspraktiken und (Verhaltens-)Daten suchen. In zunehmend komplexer Strukturierung greifen sie auf vermeintlich kreative Bereiche aus, beispielsweise in das Verfassen von automatischen Texten oder in die Analyse von Bildern. Suchmaschinen agieren einerseits referenziell, inzwischen aber auch personalisiert und kontextualisiert. So kann beispielsweise Google eine suchende Person in verschiedenen Dimensionen analysieren: als ‚Wissensperson' (Such- und Rezeptionsverhalten), als ‚physische Person' (Aufenthaltsort, Berührung des Smartphones) und als ‚soziale Person' (Interaktionen, Empfehlungen). Diese Daten werden konsequenterweise zu einem eigenen Informationskosmos für die singulären Nutzerinnen

---

[17] Ebd., 129–163.
[18] Ebd., 135.
[19] Ebd., 137 f.
[20] Ebd., 164–202.
[21] Ebd., 167.

und Nutzer zusammengeführt. „Die Welt wird nicht mehr repräsentiert, sie wird für jeden User eigens generiert und anschließend präsentiert."[22] Mit der Algorithmizität wird eine mathematische, nicht primär anthropologische Kategorie beschrieben, die sich auf Sanders Kategorien der ‚Zeichen der Zeit' nicht unmittelbar abbilden lässt, es sei denn, man analysiert die dahinter stehenden *sozialen*, *politischen* und *ökonomischen* Intentionen und Interessen – Algorithmen sind programmiert –, sowie Risiken des Missbrauchs.

3 Theologie und Digitalität

Sozial, politisch, kulturell und religiös hat die Kultur der Digitalität bereits großflächige Veränderungen erzeugt und formt weiterhin und zunehmend menschliche Praktiken. Theologie ist dazu herausgefordert, die mit diesem ‚Zeichen der Zeit' verbundenen Berufungen und Gefährdungen wahrzunehmen, ihre Position zu bedenken, und so unabhängig wie möglich eigene Perspektiven darin einzuschreiben.[23] Dabei helfen die Kategorien des II. Vatikanischen Konzils.

3.1 Wissenschaftliche Theologie: reaktiv

Wissenschaftliche Theologie im deutschsprachigen Raum versteht Digitalität bislang tendenziell eher als Methode denn als Kulturveränderung und agiert vorrangig reaktiv.[24] Eine eigenständige *Digital Theology*, die sich derzeit in vier Bereiche gliedern lässt, ist im Entstehen begriffen:[25]

1. *Die Nutzung digitaler Technologie, um Theologie als traditionelles akademisches Fach zu kommunizieren und zu unterrichten* – auf diesem Feld sind bereits viele Schritte getan, beispielsweise mit der Einführung von Online-Seminaren, auch durch die selbstverständliche Arbeit mit digitalen Technologien in der universitären Lehre.

2. *Theologische Forschung, die durch Digitalität und digitale Kultur ermöglicht wird* – neue Datenzugänge, auch Umgang mit Big Data prägen und verändern die theologische Forschung in Zugang, Praxis und Ergebnis. Für die Praktische Theologie eröffnen sich zudem neue Möglichkeiten der Beforschung und Begleitung religiöser Praxis im digitalen Raum, in dem eine Diversifizierung und Demokratisierung des Religiösen zu beobachten ist. Nicht allein

---

[22] Ebd., 189.
[23] Weiterführend: *Viera Pirker*, Das Geheimnis im Digitalen. Anthropologie und Ekklesiologie im Zeitalter von Big Data und Künstlicher Intelligenz, in: Stimmen der Zeit 144 (2019), 133–141; *dies.*, Digitalität wirkt Wandel, in: EZW (2019); *dies.*, „Du sollst Dir kein Bildnis machen": Die Gottesfrage in Instagram, in: *Mirjam Schambeck / Winfried Verburg* (Hg.), Roadtrips zur Gottesfrage. Wenn es im Religionsunterricht um Gott geht, München 2019; *dies.*, Fragilitätssensible Pastoralanthropologie. Impulse aus Praktiken der (Selbst-)Inszenierung in Social Media, in: Zeitschrift für Pastoraltheologie 39 (2019), 43–58.
[24] Mit Ausnahmen: *Ilona Nord / Swantje Luthe* (Hg.), Social Media, christliche Religiosität und Kirche. Studien zur Praktischen Theologie mit religionspädagogischem Schwerpunkt (POPKULT 14), Jena 2014; *Johanna Haberer*, Digitale Theologie. Gott und die Medienrevolution der Gegenwart, München 2015; *Ilona Nord / Hanna Zipernovszky* (Hg.), Religionspädagogik in einer mediatisierten Welt (Religionspädagogik innovativ 14), Stuttgart 2017.
[25] *Peter Phillips / Kyle Schiefelbein-Guerrero / Jonas Kurlberg*, Defining Digital Theology. Digital Humanities, Digital Religion and the Particular Work of the CODEC Research Centre and Network, in: Open Theology 5 (2019), 29–43, 37–40.

theologisch gebildete Menschen kommunizieren und praktizieren Religion online, der *sensus fidelium* entwickelt sich hier im öffentlichen Raum auf eigenen Wegen, an neuen *loci theologici*.

3. *Zielgerichtetes, nachhaltiges und reflexives, theologisch inspiriertes Engagement mit Digitalität und digitaler Kultur* – dies geschieht bidirektional: Theologie reagiert auf Digitalität, lässt sich von dieser aber auch befruchten und verändern. Religionswissenschaftliche Forschung im Kontext einer „digital religion"[26] hat bereits als wesentliche Analysedimensionen herausgearbeitet, wie sich Praktiken von Ritual, Identität, Gemeinschaft, Autorität, Authentizität und Religion verändern. Theologische Forschung und Bewertung kann darauf zurückgreifen und mit spezifischen Analyseperspektiven erweitern. Darüber hinaus leistet mehr digitale Präsenz von theologischer Forschung einen Beitrag zu einer öffentlichen Theologie: Insbesondere in Fächern, die aufgrund starker Gesellschaftsbezogenheit eine niedrige Halbwertszeit haben, sollten offenere und leicht zugängliche Publikationsformate und diskursive Beteiligungen in Social Media (aller diesbezüglichen Probleme zum Trotz) selbstverständlich werden.

4. *Theologische Neubewertung der Digitalität im Licht der theologischen Ethik* – Welchen Einfluss nehmen Technologien auf die Gesellschaft als Ganze? Eine kritische Abwägung und Begleitung kann theologisch-ethisch erfolgen, welche die Diskussion darüber begleiten und inspirieren kann, welche ethischen Implikationen, religiösen Vorannahmen und Teleologien der Technologie innewohnen und welche ihr einzuschreiben sind. Doch auch wenn sich die ethische Bewertung auch in anderen Feldern als gegenwärtiger Trend der Stunde erweist,[27] scheint eine theologische Neubewertung in der Breite der theologischen Fächer erforderlich. Denn sie birgt Konsequenzen für Pastoral, für Religionspädagogik und die Betrachtung religiöser Lehr-Lern-Prozesse, für Gemeindegestaltung, für Dogmatik, insbesondere für die offene Frage der Eschatologie, die angesichts der Dystopien des Posthumanismus neu in den Blick rückt.

3.2 Kirchliche Praxis: adaptiv

Auf der praxeologischen Ebene, auch in der Organisation des kirchlichen Alltagshandelns, agieren die christlichen Kirchen inzwischen adaptiv. Die Kulturveränderung wird wahrgenommen, hat aber nur an wenigen Orten bereits eine strukturelle Ebene erreicht. Wie leicht sind Informationen zugänglich? Was wird gefördert, wer und wie wird gefördert? Wie gehen Vernetzung, Gegenwart und Verkündigung? Die Deutsche Bischofskonferenz hat kontinuierlich mitgedacht, wesentliche medienethische Impulspapiere veröffentlicht[28] und begleitet mit der ‚Clearingstelle Medienkompe-

---

[26] Vgl. *Heidi A. Campbell*, Introduction: The rise of the study of digital religion, in: dies. (Hg.), Digital Religion: Understanding Religious Practice in New Media, New York 2012, 1–21, hier: 12–16.

[27] Vgl. exemplarisch *Sarah Spiekermann*, Digitale Ethik. Ein Wertesystem für das 21. Jahrhundert, München 2019; *Petra Grimm / Tobias O. Keber / Oliver Zöllner* (Hg.), Digitale Ethik. Leben in vernetzten Welten (Kompaktwissen XL), Ditzingen 2019; *Volker Jung*, Digital Mensch bleiben, München 2018.

[28] *Sekretariat der Deutschen Bischofskonferenz* (Hg.), Virtualität und Inszenierung (s. Anm. 1); *Sekretariat der Deutschen Bischofskonferenz* (Hg.), Medienbildung und Teilhabegerechtigkeit. Impulse der Publizistischen Kommission der Deutschen Bischofskonferenz zu den Herausfor-

tenz' aktiv die medienpädagogische Ausbildung und Praxis, auch über den kirchlichen Kontext hinaus. Im Rahmen der EKD bildet „Kirche und Digitalisierung" derzeit ein Schwerpunktthema.[29] Dazu gehört die Einrichtung von Internet- und Social-Media-Pfarrstellen, ebenso wie die Finanzierung von einzelnen YouTube-Kanälen im sechsstelligen Bereich. Hier entstehen neue und diverse theologische Diskursräume, Seelsorgeangebote, Informationsplattformen und Kontaktmöglichkeiten über die Gottesdienstgemeinden hinaus. Gemeinschaftlichkeit wird Online gemäß dem Grundsatz ‚Netzwerk schlägt Hierarchie' formuliert. Beispielhaft arbeitet das beim Comenius-Institut angegliederte religionspädagogische Institut für die Online-Welt ‚RPI Virtuell' nach diesem Prinzip. Die Plattform hat sich in 15 Jahren des Bestehens ganz in Richtung des Netzwerk-Denkens entwickelt. Sie verfolgt den Ansatz der *Open Educational Resources*, und implementiert so die kreative Kultur der Gemeinschaftlichkeit. Beispielhaft gemeinschaftlich nutzen auch Netzwerke von Betroffenen sexueller Gewalt durch Kleriker die digitale Öffentlichkeit: Sie bringen ihre Stimme direkt zu Gehör und prägen damit die notwendige Veränderung kirchlichen Handelns entscheidend mit. Exemplarisch sei die Organisation *La Parole Libérée* in Frankreich genannt, die online eine offene und transparente Kommunikation praktiziert; Verschweigen ist nicht mehr möglich.

3.3 Individuelles Handeln: gegenwärtig

Die Kultur der Digitalität zeigt sich im Handeln von Individuen. Hier unterscheiden sich Christinnen und Christen nicht von den gesellschaftlichen Praktiken:[30] Sie sind digital so sichtbar und präsent wie alle anderen auch. Auch Hochreligiöse nutzen digital geprägte Beziehungen, Kommunikationsstrukturen, Alltagspraktiken.[31] Online und offline fordert Religiosität vom Einzelnen heute mehr Entschiedenheit und Sichtbarkeit,[32] und dies wird auch in referenziellen Systemen, beispielsweise in der Nutzung von spezifischen visuellen Codes umgesetzt. Eine eigene christliche Meme-Kultur wird ebenso gepflegt, wie sich muslimische Frauen Vorbilder für #hijabfashion suchen und katholisch Rosenkranz auf Instagram gebetet wird.

Menschen, die sich einer spezifischen religiösen Mission verschreiben, sind online präsent und nutzen konsequent Praktiken und Visualitäten. Sie zeigen ihren Glauben aktiv online, zunehmend auch missionarisch als ‚Christfluencer'. Auch in Deutschland bilden sich inzwischen gut sichtbare ökumenisch-charismatische Querfronten, beispielsweise zwischen der EKD geförderten Jana Highholder und dem Augsburger Gebetshaus-Gründer Johannes Hartl, sowie mit Akteurinnen und Akteuren der International Christian Fellowship-Freikirchen.[33] Diese teilweise mit Influencerpraktiken operierenden Perso-

---

derungen der Digitalisierung (Arbeitshilfen 288), Bonn 2016, online: https://www.dbk-shop.de/media/files_public/cwfckdmien/DBK_5288.pdf [Abruf: 03.02.2020].

[29] Vgl. https://www.ekd.de/kirche-und-digitalisierung-33392.htm [Abruf: 05.11.2019].
[30] Vgl. *Maria Herrmann*, „Aber das ist doch nicht echt!" Komplexität und Virtualität als Impulse gegenwärtiger Kirchenbildung, in: Zeitschrift für Pastoraltheologie 39 (2019), 19–31, hier: 19.
[31] *Tobias Faix / Tobias Künkler*, Generation Lobpreis und die Zukunft der Kirche. Das Buch zur empirica Jugendstudie 2018, Neukirchen-Vluyn 2018.
[32] *Isolde Charim*, Ich und die Anderen. Wie die neue Pluralisierung uns alle verändert, Wien 2018.
[33] Theologische Kritik zum Ansatz des Gebetshauses bei: *Ursula Nothelle-Wildfeuer / Magnus Striet* (Hg.), Einfach nur Jesus? Eine Kritik am „Mission Manifest", Freiburg i. Br.–Basel–Wien 2018.

nen prägen Kulturen und Konzepte, theologische Optionen und Strömungen im öffentlichen Raum. Katholischerseits machen viele Ordensleute und andere Hauptamtliche ihre Berufung und ihren Alltag im Netz sichtbar, ebenso die in Social Media zunehmend mit #digitalekirche präsenten evangelischen Pfarrerinnen und Pfarrer.

Gemeinschaftlichkeit und Referenzialität lassen sich leicht auf kirchliche Erfahrungsräume hin abbilden. Doch lässt sich auch die Algorithmizität theologisch wenden? Heidi A. Campbell und Stephen Garner verknüpfen Netzwerktheorie mit Theologie im Interesse, religiöse Gemeinschaften und Gruppen mit einem strukturierenden Rahmen für die Entwicklung lokaler Theologien der Neuen Medien auszustatten. Der Begriff des Netzwerks hat sich zu einer wichtigen Metapher digitaler Kultur entwickelt.[34] Eine als *Networked* verstandene *Theology* reflektiert und inkludiert die Bedingungen der mediatisierten und technologisch durchdrungenen Gegenwart, wie sie auch Felix Stalder beschrieben hat, zumal diese ohnehin einwirkt auf Religion und religiöse Praktiken. Campbell und Garner formen für den kritischen Umgang mit digitaler Technologie spirituelle Wertekategorien aus, die auf die Entwicklung von Programmen und Praktiken ebenso wie auch auf die Programmierung von Algorithmen angewendet werden können. Sie entwickeln diese Kategorien, indem sie die jesuanische Grundfrage nach dem Nächsten aus der Erzählung vom Barmherzigen Samariter als Quelle und Ziel der individuellen Verantwortung auch auf mediale und technologische Realitäten anwenden.[35] Hier ergeben sich drei Grundwerte und zwei dynamische Richtungen: Gerechtigkeit, Barmherzigkeit und Bescheidenheit, immer verbunden mit der Liebe zu Gott und zu den Nächsten.[36] Am Blick auf die Algorithmizität wird deutlich, dass das entscheidende christliche Handeln nicht in einer referenziellen oder gemeinschaftlichen, bekennenden oder missionarischen Präsenz auf verschiedenen Plattformen liegt, sondern in einer grundsätzlichen Werteorientierung, die digitale und mediale Praktiken in ihre eigene Tiefe hinein befragt.

Weiterführende Literatur:
Byung-Chul Han, Im Schwarm. Ansichten des Digitalen, Berlin 2013: tiefgreifende philosophische Grundlegung, hellsichtig und ein wenig misanthrop zugleich.
Heidi A. Campbell / Stephen Garner, Networked Theology: Negotiating Faith in Digital Culture, Grand Rapids 2016: ekklesiopraktischer Versuch, Netzwerk-Theologie in eine Praxeologie zu wandeln.
Catrin Misselhorn, Grundfragen der Maschinenethik, Ditzingen 2018: Grundlegung der maschinenethischen Fragen – rund um maschinelles Lernen, Künstliche Intelligenz, und ethische Implikationen.

---

4 Digitalität als ‚Zeichen der Zeit'

Digitalität entwickelt aus sich heraus eine Sogwirkung, und ekklesiopraktisch hat

---

[34] *Heidi A. Campbell / Stephen Garner*, Networked Theology: Negotiating Faith in Digital Culture, Grand Rapids 2016, 3–10.
[35] Ebd., 79–96.
[36] Ebd., 115–174. Ein vergleichbares Konzept, das auf ethische Wertebegründungen zurückgeht, findet sich bei *Sarah Spiekermann*, Digitale Ethik (s. Anm. 27), 170–196.

sich die damit einhergehende Kulturveränderung wahrnehmbar verbreitet. Sozial, politisch, kulturell und religiös als ‚Zeichen der Zeit' verstanden, fordert Digitalität das theologische Forschen, Deuten, Antwort geben, Erfassen und Verstehen weiterhin heraus. Die Perspektiven Stalders öffnen den Blick auf soziale Praktiken, erreichen aber wesentliche theologische Dimensionen. Der Beziehungsraum wird intersubjektiv gestaltet und zugleich in alle Richtungen entgrenzt, Sozialität und Kommunikation verändern sich grundlegend. Dies bleibt nicht ohne Rückwirkung auf den Menschen, der durch Digitalität in eine spektrale Existenz[37] gezogen wird. Handelt er in den Strukturen der Digitalität als allmächtig Herrschender oder als ökonomisch Unterworfener? Für die christliche Anthropologie werden die hier entstehenden Erkundungs- und Erschließungspraktiken zum Thema Geschöpflichkeit, Leib und Seele, Sterblichkeit, und dem Verhältnis von Immanenz und Transzendenz neu virulent. Gegenwart und Zukunft sind digital und analog, virtuell und real zugleich. Das Verhältnis und die christliche Deutung des Zueinanders von Präsens und Eschaton haben sich damit aber nicht grundlegend gewandelt.

Die Autorin: *Dr.^{in} theol. Viera Pirker, geb. 1977, Studium der Katholischen Theologie und Pastoralpsychologie in Tübingen, Jerusalem und Frankfurt (Sankt Georgen), 2013–2016 Referentin für die Weiterbildung von Religionslehrerinnen und Religionslehrer am PZ Hessen, seit 2016 Universitätsassistentin (post-doc) am Institut für Praktische Theologie der Universität Wien. Ausgewählte Publikationen: fluide und fragil. Identität als Grundoption zeitsensibler Pastoralpsychologie (Zeitzeichen 31), Ostfildern 2013; Katholisch, weiblich, Instagram. Einblicke in plattformspezifische Praktiken, in: Communicatio Socialis 52 (2019), 96–112; Das Geheimnis im Digitalen. Anthropologie und Ekklesiologie im Zeitalter von Big Data und Künstlicher Intelligenz, in: Stimmen der Zeit 144 (2019), 133–141; GND: 1031480315.*

---

[37] Vgl. *Gregor M. Hoff*, Ein ortloser Ort? Zur fundamentaltheologischen Herausforderung digitalisierter Lebensräume, in: Zeitschrift für Pastoraltheologie 39 (2019), 59–71.

Michael Fuchs

Digitalisierung – Eine Zeitdiagnose

♦ Ausgehend von den Ideenkreisen in Max Schelers Anthropologie werden in diesem Beitrag Gesichtspunkte eines durch die Digitalisierung veränderten „Menschenbildes" skizziert. Zu den diesbezüglich relevanten Veränderungen zählt der Autor unter anderem, dass die Option einer radikal verlängerten Lebensspanne langsam in das Bewusstsein der gebildeten Öffentlichkeit übergeht, und zwar eben nicht nur durch biotechnologische Verfahren, sondern auch durch solche der Digitalisierung. Entwickelt werden Szenarien der Vernetzung, der Steigerung und Selbsttranszendenz sowie der Ersetzung. Vor dem Hintergrund dieser völlig unterschiedlichen Entwicklungsrichtungen erinnert der Autor an das Anliegen einer einheitlichen Idee des Menschen, auch an die Sonderstellung des Menschen, die auf dessen besonderer Form der Selbstreflexion und der Moralität beruhe. Was für die Differenz zwischen uns selbst und Individuen anderer Spezies festzuhalten ist, gelte erst recht im Verhältnis zwischen uns und unseren Erzeugnissen – und müsse auch unser Verständnis und Urteil über selbstlernende Systeme technischer Provenienz bestimmen. (Redaktion)

„Fragt man einen gebildeten Europäer", so beginnt Max Scheler 1928 seine epochemachende Abhandlung ‚Die Stellung des Menschen im Kosmos', „was er sich bei dem Worte ‚Mensch' denke, so beginnen fast immer *drei* unter sich ganz unvereinbare Ideenkreise in seinem Kopfe miteinander in Spannung zu treten. Es ist einmal der Gedankenkreis der jüdisch-christlichen Tradition von Adam und Eva, von Schöpfung, Paradies und Fall. Es ist zweitens der griechisch-antike Gedankenkreis, in dem sich zum ersten Mal in der Welt das Selbstbewußtsein des Menschen zu einem Begriff seiner Sonderstellung erhob in der These, der Mensch sei Mensch durch Besitz der ‚Vernunft', logos, phronesis, ratio, mens – logos bedeutet hier ebensowohl Rede wie Fähigkeit, das ‚Was' aller Dinge zu erfassen; eng verbindet sich mit dieser Anschauung die Lehre, es liege eine übermenschliche Vernunft auch dem ganzen All zu Grunde, an der der Mensch, und von allen Wesen er allein, teilhabe. Der dritte Gedankenkreis ist der auch längst traditional gewordene Gedankenkreis der modernen Naturwissenschaft und der genetischen Psychologie, es sei der Mensch ein sehr spätes Endergebnis der Entwicklung des Erdplaneten – ein Wesen, das sich von seinen Vorformen in der Tierwelt nur in dem Komplikationsgrad der Mischungen von Energien und Fähigkeiten unterscheide, die an sich bereits in der untermenschlichen Natur vorkommen. Diesen drei Ideenkreisen fehlt jede Einheit untereinander. So besitzen wir denn eine naturwissenschaftliche, eine philosophische und eine theologische Anthropologie, die sich nicht umeinander kümmern – eine einheitliche Idee von Menschen aber besitzen wir nicht."[1]

Fragt man heute eine gebildete Europäerin / einen gebildeten Europäer, was sie / er sich bei dem Worte ‚Mensch' denke, so spielen die drei genannten Ideenkreise nach wie vor eine Rolle. Möglicherweise haben sich die Gewichte verschoben. Vielleicht würde man auch die einzelnen Ideenkreise mit anderen Begriffen beschreiben. Ob sehr viele den Gedanken einer Teilhabe der individuellen Vernunft an einer allgemeinen, vielleicht gar weltumspannenden Vernunft vortragen würden, mag man bezweifeln. Die Schöpfungs- und Paradiesgeschichte hat für viele Europäerinnen / Europäer an Strahlkraft verloren, auch wenn sie durchaus bei den Gebildeten noch in Erinnerung ist. Doch ist dies nicht alles, was sich verändert hat. Mindestens zwei oder drei Ideenkreise sind hinzugetreten. Neben die Konzepte logos, Schöpfung, Schuld und Evolution sind Ausdrücke wie Cyborg, Superintelligenz, Singularität, mind uploading und Selbstoptimierung getreten. Sie begegnen in verschiedenen Diskursen, in der Literatur, im Film und in der bildenden Kunst. Und es sind Konzepte, welche die gebildete Europäerin / der gebildete Europäer auch dann verwenden kann, wenn sie / er nicht einer dezidierten Konzeption eines Trans- oder Posthumanismus folgt. Jedenfalls lassen sich all diese Konzepte nicht oder nur schwer in Schelers Ideenkreise fügen und dennoch haben sie viel mit unserer Vorstellung vom Menschen zu tun.

Was hat sich seit Schelers Tagen verändert? Zum einen sind wir heute mit realistischen Szenarien der Steigerung menschlicher Fähigkeiten konfrontiert. Diese Steigerung wird weniger durch klassische Methoden wie Erziehung, Bildung, diszipliniertes Studium oder hartes Training erwartet, sondern durch in der Medizin und zur Krankheitsbekämpfung entwickelte Technologien. Doping kennen wir nicht nur vom Wettkampfsport. Die Steigerung unserer physischen und mentalen Möglichkeiten durch Pharmaka oder andere medizintechnische Interventionen hat längst ganz andere Lebensbereiche erreicht. Tests auf leistungssteigernde Substanzen bei Studierenden in Prüfungssituationen und die Auswertung von Daten der Krankenversicherungen über die Verschreibung von Psychopharmaka an Gesunde sind deutliche Indizien. Zum zweiten sind die Konzeption und der Einsatz künstlicher selbstlernender Systeme zu nennen. Solche Systeme können uns helfen, zum Beispiel in der Krankheitsdiagnostik oder bei einem zukünftigen sichereren System individueller Mobilitäten. Die künstlichen Systeme können auch anspruchsvolle Gegner im Schachspiel sein. Zudem können wir sie gegeneinander antreten lassen, bei Brettspielen, im Poker oder im Wissensquiz. Schließlich ist drittens die Digitalisierung zu nennen, die in ihren Konsequenzen alle Lebensbereiche zu erfassen und zu verändern scheint. Sie besagt nicht nur die Umwandlung analoger in digitale Formate der Datenspeicherung, sondern vor allem die Möglichkeit und Wirklichkeit, solche Daten in großer Menge über Netzwerke weltweit bereitzustellen und abrufbar zu machen.

Auch wenn diese Neuerungen ineinander greifen und sogar von einer Konvergenz der verschiedenen Theorien und Technologien gesprochen wird,[2] rufen die

---

[1] *Max Scheler*, Die Stellung des Menschen im Kosmos, Bonn ¹⁵2002, 9.
[2] Es geht um eine Veränderung und eine geänderte Verhältnisbestimmung von Nano-, Bio-, Informations- und Kommunikationstechnologien. „Unter dem Begriff ‚Konvergenz' wird eine

genannten Konzepte gerade im Hinblick auf das Wort Mensch nicht einen zusätzlichen Gedankenkreis auf, sondern mehrere. Beginnen wir mit dem Stichwort der Digitalisierung.

1 Szenarien der Vernetzung

Die KI-Expertin und Juristin Yvonne Hofstetter formuliert in einem Aufsatz zu „Die Digitalisierung und ihre Folgen für das Menschenbild" wie folgt: „Wenn man mich fragt, was Digitalisierung ist, erkläre ich es so: Wir sind gerade dabei, unsere Welt in einen Riesen-Computer zu verwandeln. Wir machen uns alle gleichsam zu Teilchen einer Riesen-Platine. Dazu vernetzen wir uns global […]."[3] Nach dieser Idee wird der Mensch Teilmoment an einem Netzwerk, in dem die Verbindung ontologisch prioritär ist. Die Vernetzung hebt den Substanzcharakter, die Selbstständigkeit der Individuen auf. Hofstetters These wirkt etwas überzogen, findet aber durchaus eine Grundlegung in verschiedenen soziologischen Ansätzen, die dem System Priorität einräumen und als ihre Grundkategorien nicht Individuen, sondern Kommunikation oder Regelkreisläufe ansetzen.[4] Hofstetters Bild des Riesen-Computers erinnert gute Marx-Kenner wahrscheinlich auch an dessen Beschreibungen der Maschinerie, in denen der Arbeiter nicht mehr Subjekt einer Handhabung von Werkzeugen, sondern unselbstständiger Teil der Bewegung eines riesigen Arbeitsmittels ist.[5]

2 Szenarien der Steigerung und Selbsttranszendenz

Die weiteren Begriffe lassen sich weder den Scheler'schen Ideenkreisen noch dem Gedanken der Aufhebung menschlicher Individualität und Selbstständigkeit in ein Superindividuum oder ein Netzwerk zuordnen. Sie gehen von der Kraft und Leistungsstärke menschlicher Intelligenz und menschlich begründeter Technologie aus. Die Steigerung dieser Talente und die Optimierung ihrer Produkte können allerdings zwei sehr unterschiedliche Resultate zeitigen. Einerseits kann die Steigerung unserer Talente ein Maß annehmen, das zwar an logos, ratio und mens erinnert, diese

---

Zunahme von Synergieeffekten bis hin zu einem Zusammenwachsen dieser Felder prognostiziert und die politische Förderung von Forschung und Entwicklung (FuE) in den Überschneidungsbereichen gefordert." (*Christopher Coenen*, Konvergierende Technologien und Wissenschaften. Der Stand der Debatte und politischen Aktivitäten zu »Converging Technologies« [TAB Büro für Technikfolgenabschätzung beim Deutschen Bundestag – Hintergrundpapier Nr. 16], Berlin 2008, 3).

[3] *Yvonne Hofstetter*, Die Digitalisierung und ihre Folgen für das Menschenbild., in: Severin J. Lederhilger (Hg.), Gott und die digitale Revolution (Schriften der Katholischen Privat-Universität Linz 6), Regensburg 2019, 97–113, hier: 98.

[4] *Niklas Luhmann*, Soziale Systeme. Grundriß einer allgemeinen Theorie, Frankfurt a. Main 1984.

[5] Marx' Beschreibungen gehen aus von Andrew Ures Darstellung des Fabriksystems im Vereinigten Königreich (*Andrew Ure*, The Philosophy of Manufactures: or, An Exposition of the Scientific, Moral, and Commercial Economy of the Factory System of Great Britain, London 1835). Vgl. *Karl Marx*, Das Kapital, 1. Der Produktionsproceß des Kapitals (Marx-Engels Werke, Bd. 23), Berlin 1979, sowie *ders.*, Fragment über Maschinen, in: *ders.*, Grundrisse der Kritik der politischen Ökonomie (Marx-Engels Werke, Bd. 42), Berlin ²2005, 590–609; dazu auch *Oliver Müller*, Marx und die Philosophie der Technik, in: Allgemeine Zeitschrift für Philosophie 43 (2018), 323–351.

jedoch letztlich hinter sich lässt und eine neue Stufe der Evolution erklimmt. Es ist dann der Mensch, der sein eigenes Potenzial nutzt, um die Stufe des Menschseins zu überschreiten. Nicht nur das griechische Epos, auch die klassische Philosophie hatte dagegen die Endlichkeit menschlicher Vernunft stets mitgedacht. In dieser Konzeption hat die individuelle Vernunft teil an der allgemeinen Vernunft, sie ist ihr ähnlich und zugleich unähnlich. Vor allem betont die griechische Vorstellung vom Menschen seine Sterblichkeit und zeitliche Endlichkeit. Homer spricht schlicht von den Sterblichen, wenn er die Menschen meint; Alkmaion, der Arzt und Philosoph, stellt lapidar fest, die Menschen seien sterblich, weil sie nicht in der Lage seien, das Ende an den Anfang zu knüpfen.[6] Auch wenn für die antiken Menschen die Sterblichkeit als konstitutiv für die conditio humana erscheint, gibt es doch Rebellion gegen sie. Die griechischen Mythen wollen zeigen, dass diese Rebellion nicht erfolgreich ist und mit harten Strafen bedroht wird. Inzwischen jedoch gibt es manche Resultate der theoretischen und experimentellen Biogerontologie, die solcher Rebellion ein wissenschaftliches Fundament geben könnten. Dabei ergibt sich ein Spektrum von Zielszenarien. Es reicht über eine Modifikation der menschlichen Seneszenz, eine Verlangsamung des Alterns bis hin zu der durch einige Wissenschaftlerinnen und Wissenschaftler propagierten Sistierung des Alterns und die Option einer potenziellen Unsterblichkeit. Die Menschen blieben zwar verletzlich und insofern sterblich, diese Sterblichkeit wäre aber allein auf äußere, gewaltsame Ursachen zurückzuführen, nicht auf eine innere Anlage. Die Debatte über die Wünschbarkeit einer solchen Option oder solcher Optionen bleibt polarisiert und tritt insofern auf der Stelle. Auch die Benennung der polarisierten Parteien als „Liberale" und als „Biokonservative" dient kaum zur argumentativen Auflösung des Streites und der Polarisierung. Hier kommt es auch nicht darauf an, die Argumente nachzuzeichnen und ihre Plausibilität zu beurteilen. Für die Frage nach dem veränderten Menschenbild ist vielmehr allein schon relevant, dass die Option einer radikalen Verlängerung der Lebensspanne, so diffus sie auch derzeit noch ist, langsam in das Bewusstsein der gebildeten Öffentlichkeit übergeht.

Fokussiert man sich auf das Stichwort der Digitalisierung, dann kommt allerdings weder die Strategie der kalorischen Restriktion, noch ein gentechnischer Eingriff und auch nicht eine Verjüngung durch Stammzellen als Strategie der radikalen Lebensverlängerung in den Blick, sondern vielmehr das Stichwort des minduploading. Schon 1971 schlug der amerikanische Biogerontologe George M. Martin vor, eine Zwischenlösung für die Unsterblichkeitsfrage anzusteuern. Sie bezieht sich auf eine Konservierung der Zellen, in denen der Denkprozess des Menschen stattfindet.[7] Inzwischen werden viele Überlegungen angestellt, wie Informationen auf digitalen Medien gespeichert werden können und schichtenweise Scans von ganzen Gehirnen erstellt werden könnten. Den biogerontologischen Szenarien treten Projekte der Simulation von Hirnfunktionen und Gehirnen zur Seite, ebenso wie Bemühungen, solche Versuche im Rahmen

---

[6] *Hermann Diels/Walther Kranz*, Die Fragmente der Vorsokratiker (3 Bände), Dublin–Zürich ⁶1952, Bd. 1, Kap. 24, 210–216.

[7] *George M. Martin*, On Immortality. An Interim Solution, in: Perspectives in Biology and Medicine 14/2 (1971), 339–340.

der seit John Locke geführten philosophischen Debatte um die diachrone personale Identität zu verorten. Nicht immer fällt es leicht, science fiction, Forschungsmarketing und seriöse Wissenschaft klar voneinander zu unterscheiden. Für die philosophische Anthropologie und auch für jede lebensweltliche Vergewisserung über das menschliche Selbstverständnis drängt sich aber die Frage auf, wie sich eine solche Datenkopie zu unserer leibseelischen Existenz verhält, ob diese Form der Konservierung in irgendeiner sinnvollen Weise als Fortexistenz unserer selbst betrachtet werden könnte. So mag für manche dieses Szenario der Selbststeigerung in ein Szenario der Selbstersetzung umschlagen.

3 Szenarien der Ersetzung

Wird die Zukunft uns noch brauchen? Technische Resultate können eine Gestalt annehmen, in der die Produkte in ihren Fähigkeiten und Fertigkeiten die Fähigkeiten und Fertigkeiten ihrer Produzenten überragen. In der Literatur der Neuzeit und Moderne sind es technische Geschöpfe des Menschen, die ihn bedrohen, etwa durch Gewalt. Der zeitgenössische Posthumanismus diskutiert eher den Effekt, dass das Geschöpf den Produzenten überflüssig macht oder ihn intellektuell marginalisiert. Dass das Szenario der Ersetzung unterschiedliche Wertungen erfahren kann, hat die sogenannte Joy-Kurzweil-Debatte deutlich werden lassen, die unter erheblicher öffentlicher Aufmerksamkeit zwischen Bill Joy[8] und Ray Kurzweil geführt wurde. Für Joy birgt die beschleunigte technologische Entwicklung das Potenzial, dass sich Menschen nicht nur in bestimmten Funktionen durch Maschinen oder Roboter ersetzen lassen oder als Arbeiter ihre Bedeutung verlieren, sondern dass sich der Mensch insgesamt durch seine Kreation abschaffen könnte. Joys Aufsatz von 2000 reagiert auf die Zukunftsvisionen von Ray Kurzweil, der die Beschleunigung in der KI-Forschung und beim deep learning mit der Kreation einer Superintelligenz in Verbindung bringt und auch den Begriff der Singularität verwendet.[9] Interessanterweise reagiert Kurzweil auf Joys Analyse zustimmend, nicht aber in der Schlussfolgerung, angesichts einer solchen Gefahr vorsichtiger mit weiteren technologischen Schritten umzugehen.[10] Deutlich wird dabei, dass die Begriffe der Ersetzung und der Ersetzbarkeit zusätzliche Klärung verlangen.[11]

Während der Cyborg als Hybridwesen aus Mensch und Computer noch in der Linie der Steigerung des Menschen zum transhumanen Supermenschen steht und auch das mind-uploading als Fortsetzung

---

[8] *Bill Joy*, Why the future doesn't need us. Our most powerful 21st-century technologies – robotics, genetic engineering, and nanotech – are threatening to make humans an endangered species, in: Wired 8/4 (2000).

[9] Der Ausdruck wird zumeist für eine starke Beschleunigung der Technologie- oder Intelligenzentwicklung verwendet. Ob zurecht oder zu unrecht erwecken die Autorinnen und Autoren den Eindruck, sie schlössen hiermit an das Konzept der Singularität in der Mathematik und der Kosmologie an.

[10] *Ray Kurzweil*, Der Code des Goldes. Meine Antwort auf Bill Joy, in: *Frank Schirrmacher* (Hg.), Die Darwin AG. Wie Nanotechnologie, Biotechnologie und Computer den neuen Menschen träumen, Köln 2001, 72–77.

[11] Dazu bereits *Dieter Sturma*, Ersetzbarkeit des Menschen? Robotik und menschliche Lebensform, in: Jahrbuch für Wissenschaft und Ethik 9 (2004), 141–162.

menschlicher Existenz vorgestellt wird, sind die Begriffe Superintelligenz und Singularität durch die Vorstellung geprägt, dass sich der Mensch durch seine eigenen Hervorbringungen ersetzen lässt. Computer und selbstlernende Systeme, so die Vorstellung, werden in einer komplexen Weise so intelligent, dass sie den Menschen überragen, an den Rand drängen und vielleicht beseitigen. Die philosophische Anthropologie müsste aber fragen: Verlieren wir durch unser Erzeugnis die bislang beanspruchte Sonderstellung in der Ordnung der Wesen oder verlieren wir unsere Existenz? Hängt unsere Existenzberechtigung an der Sonderstellung? Und ist nicht der Verzicht auf die Sonderstellung voreilig?

4 Szientismus und menschliche Zukunft

Vielleicht mag man einwenden, diesen drei Gedankenkreisen mangele die Eigenständigkeit. Sie alle seien abkünftig in Bezug auf den dritten Scheler'schen Gedankenkreis, sie bildeten zusammen mit den Hinweisen, die schon Max Scheler gibt, ein kohärentes naturwissenschaftliches Weltbild. Jedoch sollte man sich die Divergenz vor Augen halten.

Der zunächst genannte Ansatz gibt die Ontologie auf, die allen drei Scheler'schen Nennungen zugrunde liegt. Ganz gleich, ob man die Bewohnerinnen und Bewohner der Welt als Mitglieder einer Kette von Wesen ansieht, die aus einem Ursprung hervorgebracht werden oder als Formen des Lebens, die schon immer als Individuen in einer bestimmten Spezieszugehörigkeit existieren, so wird doch bei aller Angewiesenheit des Einzelnen auf die Gruppe und die Gemeinschaft der Selbststand, die individuelle Zweckhaftigkeit und relative Autonomie nicht in Frage gestellt. Auch für die naturwissenschaftliche Vorstellung, die maßgeblich durch die Evolutionstheorie bestimmt ist, kommen Individuen als Einheiten der Selektion zumindest in Frage. In der klassischen Konzeption der Evolutionstheorie bei Charles Darwin steht sogar außer Frage, dass die Einheit der Selektion das einzelne Lebewesen ist. Max Scheler kann dies in seiner

---

Weiterführende Literatur:
Severin J. Lederhilger (Hg.), Gott und die digitale Revolution (Schriften der Katholischen Privat-Universität Linz 6), Regensburg 2019: Im Anschluss an die 20. Ökumenische Sommerakademie in Oberösterreich, die im Juli 2018 im Stift Kremsmünster stattfand, setzt sich der Band mit jenen Herausforderungen auseinander, welche die digitale Revolution für die kirchliche Praxis, für das Selbstverständnis der Religionen und für eine ethisch reflektierte gesellschaftliche Praxis beinhaltet.

Janina Loh, Trans- und Posthumanismus zur Einführung, Hamburg 2018: Loh behandelt den Transhumanismus und Posthumanismus als zwei verschiedene Strömungen, die jeweils Diskurse aus der Philosophie, den Sozial- und Kulturwissenschaften, den Neurowissenschaften, der Informatik, der Robotik und KI-Forschung vereinen. Ungewöhnlich für eine Einführung ist die starke Selbstpositionierung zugunsten eines „kritischen Posthumanismus". Dennoch ist das Buch als ein orientierender Überblick hilfreich, weil es verschiedene Beiträge zur Enhancement-Debatte, zur philosophischen Anthropologie, zur Technikphilosophie und zur Gendertheorie nachvollziehbar in ein Einteilungsschema bringt.

Rekonstruktion des szientischen Standpunkts voraussetzen.

Anders als das Netzwerkszenario ist das Szenario der Selbsttranszendenz gerade durch einen starken Individualismus gekennzeichnet. Ein solcher Individualismus liegt auch dem Szenario der Ersetzung zugrunde, hier allerdings mit der Besonderheit, dass das Werkzeug vom Erzeugnis zum Subjekt wird, das die Individualität des Erzeugers bedroht.

Wenngleich also alle drei neuen Gedankenkreise in ihrer Affirmation technischer Neuerung und wissenschaftlicher Weltdeutung zusammenkommen, so sind doch die drei Szenarien äußerst divergent. Ob wir uns in einem Netz verlieren oder auflösen, ob wir unser Subjektsein steigern bis über die vertrauten Vorstellungen von der conditio humana hinaus oder ob wir uns durch unsere eigenen technischen Produkte in unserer Stellung oder gar unserer Existenz gefährden, das sind nicht nur Nuancen eines technizistischen Zukunftsszenarios, sondern völlig divergente Entwicklungsrichtungen. So besitzen wir also neben den tradierten naturwissenschaftlichen, philosophischen und theologischen Anthropologien, technoszientifische Bilder vom Menschen und seiner Zukunft, die in ihrer Gegensätzlichkeit noch nicht zureichend wahrgenommen worden sind und durch die wir das Ziel einer *einheitlichen Idee* von Menschen aus dem Auge verloren haben. Will man dieses gewinnen, so ist wohl ein Verständnis für unsere individuelle Selbstständigkeit und unsere gleichzeitige Bezogenheit auf andere Individuen erforderlich. Zudem sollte die Begeisterung für technische Erzeugnisse unsere Selbstwahrnehmung als Erzeugerinnen und Erzeuger dieser Technik nicht vernebeln. Denn es ist keinesfalls die egoistische Perspektive auf unsere eigene Spezies, die eine Sonderstellung der Menschen gegenüber anderen Spezies mit kognitiven Vermögen nahelegt, sondern die Differenz aufgrund einer besonderen Form der Selbstreflexion und einer Moralität, die sich durch ein praktisches Selbstverhältnis in Gestalt eines individuellen Gewissens ausweist. Diese Differenz gilt erst recht im Verhältnis zwischen uns selbst und unseren Erzeugnissen. Wird man sich dieser Differenz bewusst, dann können selbstlernende Systeme technischer Provenienz nur in ihrer Werkzeugfunktion begriffen und beurteilt werden.

Der Autor: *Michael Fuchs, Philosoph, ist Vorstand des Instituts für Praktische Philosophie/Ethik der Katholischen Privat-Universität Linz und Modulsprecher für „Medizin und Ethik" der Johannes Kepler Universität Linz; seine Forschungsschwerpunkte im Bereich der Bioethik sind Enhancementtechniken, Forschung am Menschen und Fragen der kollektiven Urteilsbildung; Publikationen: Prinzipien der Individuation. Über das relationale Einzelsein der Lebewesen. Münster 2015; zusammen mit Alexander Lang, Armin Spök, Malte Gruber, Dominik Harrer, Caroline Hammer, Florian Winkler, Lukas Kaelin, Helmut Hönigmayer, Andrea Sommer, Milena Wuketich, Erich Griessler, Genome Editing – Interdisziplinäre Technikfolgenabschätzung, in: TA-SWISS Publikationsreihe (Hg.): TA 70/2019, Zürich; zusammen mit Dorothea Greiling und Michael Rosenberger (Hg.), Gut versorgt? Ökonomie und Ethik im Gesundheits- und Pflegebereich (Bioethik in Wissenschaft und Gesellschaft 6), Baden-Baden 2019, 109–125; GND: 132565196.*

Gudrun Becker

Die Linzer Synagogen – Eine Zeitreise

Tag des Judentums 2019

Die Synagoge der Israelitischen Kultusgemeinde Linz befindet sich in der Bethlehemstraße 26 – von der Straße etwas zurückgesetzt, der Blick darauf inzwischen von Bäumen und Sträuchern verdeckt. Im Frühjahr des Jahres 2018 feierte die *Israelitische Kultusgemeinde Linz* das fünfzigjährige Bestehen dieser *Neuen* Synagoge in der Bethlehemstraße. Nur wenige Monate später, im November 2018, gedachte man der Reichspogromnacht und somit der Zerstörung der *Alten/Ersten* Synagoge in Linz vor genau 80 Jahren. Dies haben wir im *christlich-jüdischen Komitee OÖ* zum Anlass genommen, uns am *Tag des Judentums* mit diesen beiden Synagogen, aber auch mit den Bethäusern, Betstuben und anderen Orten jüdischen Glaubens und Lebens in Linz im Lauf der Geschichte zu beschäftigen. Das Ergebnis war ein Abend, an dem die Teilnehmenden zu einem virtuellen Stadtrundgang eingeladen waren, bei dem an fünf Stationen mithilfe von Dialogsequenzen, historischen Vorträgen und persönlichen Erinnerungen die Bedeutung der Orte für jüdisches Leben in Linz dargelegt wurde.

Der erste Stopp wurde am *Alten Markt* in der Linzer Altstadt eingelegt. Aus der Zeit zwischen 1300 und 1420 stammen Belege für die ersten Beträume und eine Synagoge dort. Da in der ersten Hälfte des 13. Jahrhundert ein neuer Platz (heutiger Hauptplatz) für Märkte angelegt worden war, wurde es Juden und Jüdinnen erlaubt, sich in der Altstadt (im Gebiet des heutigen *Alten Marktes*) anzusiedeln, wo bis dahin

Die Synagoge der Israelitischen Kultusgemeinde Linz, Bethlehemstraße 26

Fotos: IKG Linz / Dr.ⁱⁿ Charlotte Herman

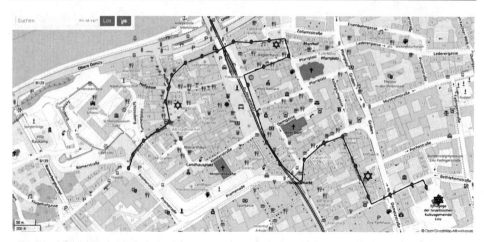

Orte jüdischen Betens in Linz © OpenStreetMap

Märkte abgehalten wurden. „Aus dem Jahr 1335 stammen erste Berichte über eine Synagoge in einem zum Haus Hahnengasse 10 gehörigen Gebäude. Diese ‚Judenschul' war Zentrum eines keineswegs geschlossenen Viertels, in dem sich Juden vor allem in der Hofgasse, Hahnengasse und Altstadtgasse ansiedelten."[1]

1420 wurden auf Befehl Herzog Albrechts V. alle Jüdinnen und Juden in ganz Österreich gefangengenommen, vertrieben, misshandelt oder zwangsgetauft und alle verbleibenden 1421 schließlich zum Tode verurteilt. Als Grund wurde u. a. eine angebliche Hostienschändung in Enns angeführt. So wurden auch in Linz Wohnungen und Synagoge beschlagnahmt und Juden und Jüdinnen vertrieben. Nach 1420 verliert sich weitgehend die Spur jüdischen Lebens in Linz.

Am Abend selbst vermittelten die beiden Fremdenführer Casimir Paltinger und Wolfram Starczewski mithilfe fiktiver Dialogsequenzen ein Zeitgefühl für die Jahre zwischen 1300 und 1420 und stellten die ambivalente Rolle der Juden in Linz dar – Händler, Geldgeber, Gebildete, Verachtete und Sündenböcke.

Mit dem Beginn der Regentschaft Joseph II. 1780 brechen andere – und für Juden und Jüdinnen auch etwas bessere – Zeiten in Österreich an. Die nachfolgenden Artikel von Günter Merz und Verena Wagner beleuchten die Orte jüdischen Lebens und Glaubens zum einen in der Adlergasse und zum anderen in der Mariengasse und in der Bethlehmstraße bis 1938.

Von den „Übergangs"-Beträumen zwischen 1946 und 1968 im Gemeindehaus an der Bethlehemstraße erzählte daran anschließend Frau Dr.in Charlotte Herman, Präsidentin der Israelitischen Kultusgemeinde Linz. Noch heute sind dort in einem kleinen Museum die Bänke und der Thoraschrein der damaligen Zeit zu sehen. Außerdem wird dort der Schlüssel der *Alten Synagoge* aufbewahrt – das einzige, was davon noch erhalten ist. Auf dem Vorhang des Thoraschreins ist in hebräischer Schrift „Lager Asten" zu lesen. Die-

---

[1] *Verena Wagner*, Die ersten Synagogen und Betstuben in Linz, in: *dies.*, Jüdisches Leben in Linz 1849–1943. Institutionen, Linz 2008, 535–541, hier 535.

Bänke und Torahschrein des „Übergangs"-Bethauses im Gemeindehausmuseum in der Bethlehemstraße

ser stammt aus ebendiesem Lager, einem Flüchtlingslager nach dem Krieg, wie Frau Herman berichtete.

Die Zeit nach 1945 ist geprägt vom Wiederaufbau der jüdischen Gemeinde in Linz, der Gründung des jüdischen Dokumentationszentrums durch Simon Wiesenthal, der bis 1965 Vizepräsident der Gemeinde war, und der Planung einer neuen Synagoge. Die Gemeinde bestand nach dem Krieg nicht aus zurückgekehrten Personen, die vertrieben worden waren, sondern hauptsächlich aus Juden und Jüdinnen, die aus Konzentrationslagern befreit worden waren und oft nicht die Absicht hatten, in

Feierliche Einweihung der neuen Synagoge 1968

Linz oder Oberösterreich zu bleiben. Die *Neue – heutige – Synagoge*, die von Architekt Fritz Goffitzer geplant und im Inneren mit Fresken von Fritz Fröhlich ausgestaltet wurde, wurde am 2. April 1968 feierlich eingeweiht. Fr. Herman nahm selbst als Kind an der Einweihung teil.

Einen bleibenden Platz in der heutigen Synagoge haben die Linzer jüdischen BürgerInnen, die während des nationalsozialistischen Regimes ermordet wurden und die namentlich auf Gedenktafeln angeführt sind.

Gedenktafel in der neuen Synagoge Linz

Die Autorin: *Mag.ᵃ theol. Gudrun Becker, seit 2017 Referentin für Ökumene und Judentum der Diözese Linz, Diplomstudium Kath. Theologie an der Kath. Privat-Universität Linz, derzeit Dissertantin am Zentrum Theologie Interkulturell und Studium der Religionen (Universität Salzburg); Gott und Menschen in Kommunikation. Offenbarungsmodelle in Christentum und Islam, in: Kommunikation und Medien zwischen Kulturindustrie, Lebenswelt und Politik, hg. Franz Gmainer-Pranzl und Ricarda Drüeke (im Erscheinen).*

Günter Merz

Von Kaisers „Gnaden" – Geduldet, aber nicht gewollt

Adlergasse 10

Am 29. November 1780 starb Kaiserin Maria Theresia. Für religiöse Minderheiten war sie nicht die fürsorgliche Landesmutter, als die sie manchmal glorifiziert wird, sondern eine fanatische, unbarmherzige Herrscherin.[1] Mit ihrem Tod endete jene Epoche, in der Menschen in den habsburgischen Ländern aus religiösen Gründen verfolgt oder gewaltsam vertrieben wurden.

Ihr Sohn und Nachfolger Josef II. erließ in den folgenden Jahren mehrere „Toleranzpatente", in denen er den Evangelischen, den Griechisch-Orthodoxen und den Juden Duldung gewährte.

Wie weit diese Duldung gehen durfte, war der Willkür, oder wie man damals sagte, der Gnade des Herrschers überlassen. Ziele der Toleranzgesetzgebung waren einesteils die Sicherung der Vormachtstellung der katholischen Kirche, andernteils aber auch, dass nicht-katholische Untertanen, die schon im Land lebten und aus wirtschaftlichen Gründen interessant waren, bleiben und damit zum Wohlstand des Landes beitragen durften.

Duldung hieß keineswegs Religionsfreiheit. Im Gegenteil: Das religiöse Leben dieser Minderheiten wurde stark eingeschränkt. Während z. B. den „Akatholiken" (= Evangelischen) unter bestimmten Bedingungen erlaubt wurde, ein Bethaus zu errichten, das jedoch von außen nicht als solches erkennbar sein durfte – ohne Turm und Glocken –, wurden den Juden in Wien und Niederösterreich die Gründung einer Kultusgemeinde und der Bau einer Synagoge zunächst überhaupt nicht gestattet.[2] Erst 1826, 44 Jahre nach dem Toleranzpatent, konnte der Wiener Stadttempel eingeweiht werden. Auch er war noch, gemäß den diskriminierenden Bestimmungen der Toleranzzeit, von der Straße aus nicht erkennbar.

Ein wichtiges Ziel aller Toleranzpatente war, eine Vermehrung der nicht-katholischen Menschen zu verhindern. Im Toleranzpatent für die Wiener und Niederösterreichischen Juden von 1782 wird das ausdrücklich festgehalten.[3] Der Zuzug von Juden war unerwünscht. Ausnahmen wurden gemacht, wenn reiche jüdische Unter-

---

[1] Beispiele sind die Verfolgung in und die „Transmigration" der Evangelischen aus den österreichischen Erbländern, besonders ab 1752 (vgl. *Erich Buchinger*, Die „Landler" in Siebenbürgen. Vorgeschichte, Durchführung und Ergebnis einer Zwangsumsiedlung im 18. Jahrhundert [Buchreihe der Südostdeutschen Historischen Kommission 31], München 1980), und Zwangsmaßnahmen gegen die Juden in Böhmen ab 1744 (*Karl Vocelka*, Maria Theresia und die Juden, in: DAVID – Jüdische Kulturzeitschrift [2017], Heft 113).

[2] *Hannelore Burger*, Heimatrecht und Staatsbürgerschaft österreichischer Juden. Vom Ende des 18. Jahrhunderts bis in die Gegenwart (Studien zu Politik und Verwaltung 108), Wien–Köln–Graz 2014, 27.

[3] Ebd., 28.

nehmer irgendwo in Niederösterreich eine Fabrik gründen wollten. Dann durften sie dorthin ziehen.

Die Willkür im Umgang mit Toleranz wird darin deutlich, dass es nicht ein Toleranzpatent für alle Juden in der Monarchie gab, sondern unterschiedliche Patente für viele der Kronländer, die auf die Situation der dort lebenden Juden abgestimmt waren.[4] In Ländern, in denen 1782 keine Juden lebten, gab es auch kein Toleranzpatent, weil ja der Zuzug von Juden nicht erwünscht war.

Das trifft auch auf Oberösterreich zu. Hier gab es um 1780 keine ansässigen Juden, weil die Gesetzeslage eine dauerhafte Ansiedlung nicht erlaubte.

1783 wurden die Jahrmärkte – neben anderen Städten auch in Linz – dahingehend geöffnet, dass auch Juden grundsätzlich daran teilnehmen durften. Belegt jedoch ist die häufige Teilnahme von Juden an den Märkten in Linz erst ab 1822.[5] Für diese Kaufleute, die vor allem aus Böhmen, Mähren oder Ungarn zu den Märkten nach Oberösterreich kamen, galt: Die Stadt Linz musste innerhalb von 24 Stunden und das Land Oberösterreich innerhalb von drei Tagen nach Ende des Marktes verlassen werden. Außerhalb der Marktzeiten durften sie sich in Linz nur 24 Stunden ohne „Aufenthaltsschein" aufhalten. Ab 1824 konnten auf begründete Ansuchen und gegen Bezahlung „Aufenthaltsscheine" erworben werden, die einen mehrtägigen oder mehrwöchigen Aufenthalt gestatteten.[6]

Ob es damals während der Marktzeiten einen jüdischen Betraum in Linz gegeben hat, geht aus den erhaltenen Hinweisen nicht hervor. Denkbar ist es; wenn Juden sich aber im privaten Raum getroffen haben sollten, musste das gemeinsame Gebet jedenfalls heimlich stattgefunden haben.[7] Als Beispiel, wie mit privaten Versammlungen religiöser Minderheiten umgegangen wurde, kann die Geschichte der Evangelischen, denen auch bis 1840 in Linz der Bau eines Bethauses verweigert wurde, genannt werden. Sie hielten zwischen 1811 und 1826 gottesdienstliche Zusammenkünfte im Hinterzimmer eines Wirtshauses, später in einem Bauernhaus ab. Sobald die Behörden darauf aufmerksam wurden, mussten die Versammlungen unter Androhung polizeilicher Gewalt eingestellt werden.[8]. Private Zusammenkünfte, auch aus religiösen Gründen, galten in der Ära Metternich als gefährlich.

Die Revolution von 1848 weckte große Hoffnungen, gerade auch unter den religiösen Minderheiten. Tatsächlich enthielten die revolutionären Verfassungsentwürfe die Glaubens- und Gewissensfreiheit.[9]

---

[4] Ebd., 27.
[5] *Manfred Aigner*, Die Juden in Linz, in: DAVID – Jüdische Kulturzeitschrift 6 (1994), Heft 23, 5–12, hier 6.
[6] *Gerhart Marckghott*, Fremde Mitbürger. Die Anfänge der israelitischen Kultusgemeinde Linz-Urfahr 1849–187, in: Historisches Jahrbuch der Stadt Linz 1984 (1985), 285–309, hier 285; *Verena Wagner*, Jüdisches Leben in Linz 1849–1943. Bd. 1: Institutionen, Linz 2008, 40.
[7] Ein Hinweis auf solche Privatgottesdienste könnten die Aussagen der Vorsteher Gans und Sonnenschein von 1858 sein, wonach es „seit sehr vielen Jahren her zu den beiden Jahrmärkten eine israelitische Betstube …" gegeben habe. Zit. n. *Gerhart Marckghott*, Fremde Mitbürger (s. Anm. 6), 290.
[8] *Bernhard Franz Czerwenka*, Zur Geschichte der evangelischen Gemeinde zu Linz in Ober-Oesterreich, Linz 1862, 26–27
[9] *Hannelore Burger*, Heimatrecht und Staatsbürgerschaft österreichischer Juden (s. Anm. 2), 60.

Aber die Revolution wurde niedergeschlagen, die Verfassung außer Kraft gesetzt und damit auch die Gleichstellung der religiösen Minderheiten zurückgenommen.

1849 wurden im Zuge der sogenannten oktroyierten Verfassung den Juden größere Rechte, vor allem die Niederlassungsfreiheit zugesagt. Das geschah wohl aus diplomatischer Rücksicht auf das Ausland.[10]

Obwohl ihnen seitens großer Teile der Bevölkerung Hass und Ablehnung entgegenschlugen und die Behörden ihnen mit Schikanen begegneten,[11] siedelten sich einige wenige jüdische Familien in Linz an.

Der erste ansässige Jude war Marcus Sonnenschein, der sich nach dem Ostermarkt 1849 in Linz niederließ und trotz massiven Widerstands der Behörden eine rituelle Garküche einrichtete.[12] Ihm folgten weitere Familien, sodass um 1858 bereits ca. 50 jüdische Familien in Linz wohnten. Dazu kamen jüdische Soldaten der Linzer Garnison.

1851 wurde noch im Zuge dieser relativ liberalen Phase nach der Revolution die Abhaltung von Privatgottesdiensten und die Anmietung eines Gottesdienstraumes bewilligt. Dabei handelte es sich wohl schon um das Lokal im Haus Adlergasse 10 (damals Haus Nr. 209), 1. Stock.[13] Die Gründung einer Kultusgemeinde wurde allerdings verweigert.

Wenn Benedikt Schwager im Jahr 1927 Bethaus und Schule unter der Adresse Badgasse 6 erwähnt, meint er damit m. E. dieselben Räumlichkeiten. Denn bis 1869 hieß die heutige Adlergasse „Untere Badgasse". Damals gab es noch keine an Straßen orientierten Hausnummern. Dass Schwager von Nr. 6 spricht, erklärt sich vielleicht dadurch, dass das Haus Adlergasse 10, wie aus einem alten Verzeichnis von 1834[14] hervorgeht, das dritte Haus in der Oberen Badgasse war, und es die Adressen Adlergasse 2 und 4 nie gegeben hat, was bis heute der Fall ist.[15]

Spätestens um 1853 kehrte Österreich wieder zum alten neoabsolutistischen System zurück. Erneut galt: Willkür, sogenannte „Gnade". Die aufgezwungene Verfassung wurde außer Kraft gesetzt. Damit erlangten die alten Gesetze der Toleranzzeit, wonach Juden beispielsweise der Grunderwerb verboten war, wieder Gültigkeit. Da es für Oberösterreich kein Toleranzpatent gab, existierten keine Regelungen hinsichtlich der jüdischen Bewohnerinnen und Bewohner. Das erklärt die Willkür der Behörden im Umgang mit der jüdischen Bevölkerung. Besonders zweifelte man daran, ob Juden überhaupt als

---

[10] Ebd., 65.
[11] Ausführlich bei *Gerhart Marckghott*, Fremde Mitbürger (s. Anm. 6), 286–287.
[12] Ebd., 287.
[13] Ebd., 290.
[14] Verzeichnis der in der k. k. Hauptstadt Linz und in den Vorstädten befindlichen Häuser …, Linz 1834, digitalisiert: https://books.google.at/books?id=mfdPAAAAcAAJ&pg=PA1&lpg=-PA1&dq=linz+hausnummern+einf%C3%BChrung&source=bl&ots=e_11a2wbHD&sig=-x33k8WnrBicdfFlK1pqxb_CN93w&hl=de&sa=X&ved=2ahUKEwiG59PZ3NrcAhU-FY1AKHTy6ClkQ6AEwAnoECAgQAQ#v=onepage&q=linz%20hausnummern%20einf%C3%BChrung&f=false [Abruf: 13.06.2019].
[15] Schwager dürfte seine Informationen über die Anfänge der Linzer Gemeinde vor allem aus mündlicher Überlieferung erhalten haben. So datiert er etwa die Ansiedlung Sonnenscheins „in den Fünfzigerjahren". *Benedikt Schwager*, Die Jüdische Kultusgemeinde in Linz und ihr Tempel, Linz 1927, 39.

Staatsbürger anzusehen waren.[16] Praktisch ging man davon aus, dass sie keine waren, sie lediglich geduldet wurden. Das wiederum dürfte der Hauptgrund dafür gewesen sein, dass die Errichtung einer Kultusgemeinde, die ebenso als Standesamt staatsrechtliche Aufgaben gehabt hätte, entschieden abgelehnt wurde.

Auch die Errichtung eines jüdischen Friedhofs war nicht möglich, weil Juden keinen Grund erwerben durften. Selbst die im Jänner 1855 vom Gemeinderat genehmigte Errichtung eines jüdischen „Nothfriedhofes" wurde nach vehementem Einspruch seitens der katholischen Kirche nicht umgesetzt.[17] Verstorbene Juden mussten nach Rosenberg (Rozemberk nad Vltavou) oder in andere Orte Böhmens gebracht und dort beerdigt werden.

Der Privatgottesdienst in der Adlergasse blieb hingegen geduldet. Unter strenger Polizeiaufsicht konnte dort unter Leitung des aus Böhmen stammenden Vorbeters David Kauder Gottesdienst gefeiert werden. Hierfür wies er eine Befähigung mittels Bestätigung seitens des Kreisrabbiners von Kalladei in Böhmen vor. Auch nahm er Beschneidungen vor, über die er ab 1857 ein Mohelbuch führte.[18] 1858 wird der Gottesdienst neuerlich durch die Statthalterei „zeitweilig" bewilligt.[19]

Ebenso durfte ein „Privat-Religionsunterricht" unter dem aus Wien berufenen Lehrer Markus Ottenfeld seit 1858 (Erlass der Statthalterei vom 1. November 1858) stattfinden,[20] weshalb Benedikt Schwager 1927 von einem „Betraum" und einer „Schule"[21] spricht. Allerdings erwies sich der Raum als viel zu klein. Die erste jüdische Trauung musste 1861 in einem Kaffeehaus stattfinden.[22]

Erst 1860 wurde den Juden durch kaiserliche Verordnung in der ganzen Monarchie der Grunderwerb wieder gestattet. In Oberösterreich ließ die Umsetzung noch auf sich warten. So konnte erst 1863 der langersehnte Friedhof angelegt werden. Zu diesem Zeitpunkt aber war die Gemeinde schon in die Marienstraße umgezogen (1861).

Der Autor: *Günter Merz, geb. 1958, ist evangelischer Religionslehrer an Höheren Schulen in Linz; seit rund 20 Jahren ist er ehrenamtlich als Diözesanbeauftragter für christlich-jüdischen Dialog der evangelischen Diözese Oberösterreich tätig und war Mitbegründer des Christlich-Jüdischen Komitees Oberösterreich; weiters befasst er sich mit der Erforschung der evangelischen Kirchengeschichte Oberösterreichs im Rahmen des Evangelischen Museums Oberösterreich (dort als „Wissenschaftlicher Leiter") und der Gesellschaft für die Geschichte des Protestantismus in Österreich (Vorstandsmitglied); GND: 1096233193.*

---

[16] Zum Thema „Heimatrecht" und „Staatsbürgerschaft" ausführlich *Hannelore Burger*, Heimatrecht und Staatsbürgerschaft österreichischer Juden (s. Anm. 2), 70–74.
[17] *Gerhart Marckghott*, Fremde Mitbürger (s. Anm. 6), 289.
[18] *Verena Wagner*, Jüdisches Leben in Linz I (s. Anm. 6), 671. Details zu Kauder und Ottenfeld ebd., 597–598.
[19] Ebd., 291.
[20] Ebd.
[21] *Benedikt Schwager*, Die Jüdische Kultusgemeinde in Linz (s. Anm. 15), 40.
[22] Ebd.

Verena Wagner

Zwei bedeutende jüdische Sakralbauten der Vergangenheit in Linz a. D.

1 Das Bethaus an der Marienstraße (1861–1877)

Der ständige Platzmangel bei Gottesdiensten und rituellen Feiern in der Betstube in der Adlergasse sowie das rapide Anwachsen der jüdischen Bevölkerung in Linz machten einen Wechsel in größere Räumlichkeiten notwendig.

Man hatte um 1861 bereits vor, eine eigene Synagoge zu errichten,[1] stieß aber auf Ablehnung. Das Recht auf Immobilienbesitz ab der Reichsverfassung 1849 war 1853 wieder rückgängig gemacht worden.[2] Die Linzer Israeliten mussten in Bitterkeit erkennen, dass der gesetzliche Bestand einer Judengemeinde in Linz vollkommen in Abrede gestellt und die Existenz einiger Israeliten hier für eine Anomalie erklärt worden waren sowie der Synagogenbau auf die sehr bescheidene Adaptierung einer größeren Stube zu einem provisorischen Betlokal reduziert werden müsse.[3] Dazu mietete man ein bisher als Werkstätte dienendes Nebengebäude in einem Hinterhof in der Marienstraße 11, damals „Neue Bethlehemgasse".[4]

Die Lage von jüdischen Bethäusern abseits der Straßenfronten – und damit nicht einsehbar – macht die fragile Position und Unsicherheit der jüdischen Bevölkerung sehr deutlich. Mit einer verbesserten rechtlichen Stellung wagte man in größeren Städten ab der Mitte des 19. Jahrhunderts aus dem Hinterhofmilieu herauszutreten – in einer Provinzstadt wie Linz inmitten des länger abweisenden Oberösterreich war der Weg deutlich schwerer.

Unter großem Aufwand versuchte man dem für ein Bethaus unwürdigen In-

Abb. 1: Das Bethaus an der Marienstraße

---

[1] Die Neuzeit vom 13. September 1861, 6.
[2] Die Verordnung vom 2. Oktober 1853 war ein Provisorium, das Jüdinnen und Juden den Grunderwerb „bis zur bevorstehenden definitiven Regulierung der staatsbürgerlichen Verhältnisse der Israeliten" untersagte. In Niederösterreich (Österreich unter der Enns), Böhmen, Mähren etc. durften Jüdinnen und Juden bereits ab 1860 wieder Immobilien kaufen, in Oberösterreich erst ab dem Staatsgrundgesetz 1867. Vgl. dazu *Gerhart Marckhgott*, Fremde Mitbürger. Die Anfänge der israelitischen Kultusgemeinde in Linz-Urfahr 1849–1877, in: Historisches Jahrbuch der Stadt Linz 1984 (1985), 291 f. Die Neuzeit vom 16. Jänner 1863, 4. Linzer-Abendbote vom 7. März 1864, 2. Die Neuzeit vom 11. März 1864.
[3] Die Neuzeit, 20. September 1861, 5.
[4] Vgl. *Verena Wagner*, Jüdisches Leben in Linz 1849–1943. Bd. 1: Institutionen, Linz 2008, 536 ff.

neren des ebenerdigen Gebäudes ein würdigeres Gepräge zu geben: die Decke und tragende Balken wurden entfernt, um unter dem Satteldach eine Innenverkleidung in Tonnenform anzubringen.[5]

1.1 Modernität

Ein Jahr später, 1862, trat der aus Westböhmen stammende Wilhelm Stern als Kantor und Religionslehrer in Linz seinen Dienst an.[6]

Im Jahr 1863 beschrieb Stern, der in Linz auch eine französische Sprachschule leitete,[7] die Situation seiner anvertrauten jüdischen Gemeinde: „Seit dem Jahre 1848 zogen einzelne israelitische Familien hierher […], deren Zahl gegenwärtig circa sechzig beträgt. In dieser kurzen Epoche wurde hier trotz der Mißgunst Fortunas Ersprießliches von den Israeliten geleistet. Mit Genehmigung der h. k. k. Statthalterei wurde hier eine israelitische Privat-Religionsschule errichtet, worin die jüdische Haupt-, Real- und Gymnasial-Schuljugend den Unterricht in allen Religionsgegenständen von einem Ober- und Unterlehrer erhält, welche jährlich zwei Prüfungen abhalten. Die Zahl der Schüler beträgt bis jetzt 63. Außerdem zahlt die Gemeinde für ein zum Bethause und zur Wohnung für den Schochet adaptirtes Lokal eine jährliche Miete […]. In diesem Bethause ist ein vollkommen geregelter Gottesdienst mit Choralgesang und Predigt eingeführt […]."[8]

Dr. Wilhelm Stern kann damit als Erneuerer erkannt werden, dem es gerade mit der Einführung des Chorgesangs gelang, den Gottesdiensten in Linz – dem Zeitgeist entsprechend – eine neue Ordnung zu geben.

Die vom Norden Europas ausgehende Reformbewegung im Judentum erhielt in Wien durch Rabbiner Isak Mannheimer und Kantor Salomon Sulzer eine ganz eigene Form des Gottesdienstes, den „Wiener Ritus". Die Modernisierung der Liturgie wurde von Salomon Sulzer beispielgebend beworben, sie sollte auch in den Landgemeinden ankommen. Er plädierte dafür, den Chorgesang innerhalb des israelitischen Schulunterrichts als eigenes Fach einzuführen.[9] Stern und der jeweils tätige Kantor nahmen nicht nur den Choralgesang, sondern auch Kompositionen Salomon Sulzers in ihr musikalisches Repertoire der Gottesdienste auf.[10]

1.2 „Neue Zeit"

In vielen schriftlichen Dokumenten aus dieser Zeit klingt die Last einer vergangenen und immer wieder aufflammenden Judenfeindlichkeit durch wie auch eine große Dankbarkeit, wenn ein bereits bestehendes Recht endlich umgesetzt werden durfte. Im Falle des Ankaufs eines Friedhofgrundstückes wurde von den Behörden sogar, wenn auch nur einmalig, ein Verbot aufgehoben, damit die Leichen nicht mehr mühsam nach Rosenberg in Südböhmen gebracht werden mussten.

---

[5] Ebd. Vgl. *Gerhart Marckhgott*, Fremde Mitbürger (s. Anm. 2), 295 ff. Das Gebäude wurde 1922 abgebrochen.
[6] Vgl. *Verena Wagner*, Jüdisches Leben in Linz (s. Anm. 4), 44, Anm. 19.
[7] Linzer Abend-Bote vom 23. Jänner 1864, 4.
[8] Die Neuzeit vom 13. März 1863, 3.
[9] Vgl. *Salomon Sulzer*, Schir Zion, gottesdienstliche Gesänge der Israeliten Bd. I, Wien o. J., Vorwort.
[10] Die Neuzeit vom 9. August 1867, 5.

Das Betonen der Anwesenheit verschiedener christlicher Konfessionen bei Gottesdiensten im Bethaus an der Marienstraße sollte ebenso die hoffnungsvolle „neue Zeit" eines Zusammengehens und einer Liberalisierung auf allen Ebenen demonstrieren.[11] Es war die Phase, in der sich in Linz zwei erste Wohltätigkeitsvereine organisierten. Nur mit großer Mühe gelang es, sich als rechtlich abgesicherte Religionsgemeinschaft zu etablieren.

Die Gründung der Linzer Israelitischen Kultusgemeinde erwies sich als langwierig und ging nur über den Weg einer „Kultusgenossenschaft" – eine lediglich freiwillige Mitgliedschaft und keine eigene Matrikenführung mussten dabei in Kauf genommen werden.[12]

Mit dem Gründungsprozess ging 1866 die Forderung nach Erstellung einer Liste der in Linz wohnenden Familien bzw. Familienvorstände einher.

Daraus ist zu ersehen, dass die jüdische Bevölkerung in Linz und Urfahr vor allem dem Handelsberuf nachging; die Fabrikanten dazugezählt, machte das 85 Prozent aus. Sie kam großteils aus Südböhmen, vorrangig Kalladei (Koloděje nad Lužnicí) und Tutschap (Tučapy u Vyškova), ein kleinerer Teil kam aus Westungarn – zu dem auch noch das Burgenland zählte – und lediglich zwei aus Mähren.

Man lebte nicht ghettoartig konzentriert, vielmehr waren Jüdinnen und Juden in der ganzen Stadt zu finden, allerdings im Gegensatz zu den späteren Jahrzehnten noch kaum an der Landstraße und am Hauptplatz.[13]

1.3 Augenzeuge

Ein Augenzeuge dieser frühen Zeit gewährt uns Einblicke in die Atmosphäre jüdischen Lebens im Linz der 1860er- und 1870er-Jahre. Der langjährige Kultusgemeindevorsteher Benedikt Schwager wurde 1863 in Kassejowitz (Kasejovice), Böhmen, geboren und kam mit seiner Familie 1864 nach Linz.

Er erinnerte sich viele Jahrzehnte später an die in seiner Kindheit erlebten Gottesdienste an der Marienstraße: „Meine Eltern zogen im Spätherbst des Jahres 1864 nach Linz. Ich habe daher hier meine nachhaltigsten Eindrücke empfangen. Unvergeßlich ist mir das Bild, das der Tempel in der Marienstraße an den Jomim Neorim bot. Das Bethaus war, entsprechend den widerstreitenden Anschauungen der Gemeinde, ein Mittelding zwischen orthodoxer Schul und neologer Synagoge. Die Frauenschul war durch ein Gitter abgetrennt, der Oran Hakodesch und der Schulchan […] fanden sich nicht in der Mitte, sondern an der Ostwand. Und dieser kleine Raum war überfüllt mit andächtigen Betern, von denen der eine Teil in Kittel und Häubel mit offenen Tallesim seiner Andacht oblag, während der andere, der Mode der damaligen Zeit entsprechend, in feierlichen schwarzen Röcken, weißer Krawatte und weißen oder schwarzen Zylinderhüten erschienen war. Dazu kam noch das ehrfurchtgebietende Äußere des Rabbiners Dr. Frank, die hervorragenden stimmlichen Mittel des Kantors H. Sparger und seines gut geschulten, in kleine

---

[11] Die Neuzeit vom 30. August 1861, 4; 2. Dezember 1864, 8.
[12] Vgl. *Gerhart Marckhgott*, Fremde Mitbürger (s. Anm. 2), 299 f. Vgl. *Verena Wagner*, Jüdisches Leben in Linz (s. Anm. 4), 45 f.
[13] Vgl. *Gerhart Marckhgott*, Fremde Mitbürger (s. Anm. 2), 294 ff.

Ornate gekleideten Knabenchores, der damals gegründet worden war."[14]

1.4 Bauprojekt

Im Juni 1870 war der Prozess einer öffentlich anerkannten Kultusgemeinde erfolgreich abgeschlossen. Mit dieser rechtlichen und finanziellen Absicherung konnte man sich endlich wichtigen neuen Aufgaben widmen wie dem Besitzerwerb. 1871 diskutierte man in einer Generalversammlung den Ankauf eines Baugrundes. Im Februar 1872 wurde das erste Eigentum, Haus und Grund an der Bethlehemstraße, erworben und die Religionsschule dorthin übersiedelt.[15]

In einer Phase, in der noch nicht einmal die Raten des Grundstückes abgezahlt waren, versuchte die Kultusgemeinde bereits auf verschiedenen Wegen das nötige Kapital für den Tempelbau aufzutreiben. In einem Spendenaufruf 1873 maß man dem ersten Bau eines israelitischen Gotteshauses in den österreichischen Alpenländern nicht nur lokale Bedeutung zu, man sah in ihm auch einen Markstein der Geschichte der österreichischen Juden. Eine neue große Synagoge solle den über 100 jüdischen Familien in Linz Platz geben, den alten Glauben festigen und den christlichen Mitbürgerinnen und -bürgern gegenüber Achtung verschaffen.[16] Gottesdienste und Feste mussten allerdings noch fünf Jahre im Bethaus an der Marienstraße gefeiert werden.

1.5 Neuer Rabbiner

Der bereits von Schwager erwähnte Rabbiner Dr. Abraham Frank folgte 1872 Dr. Wilhelm Stern nach. Vier Bewerber hatten Probepredigten gehalten und sich der Wahl gestellt. Rabbiner Frank kam zwar dabei die Stimmenmehrheit zu, allerdings sei er nicht von allen der bevorzugte Mann gewesen, eine Spaltung der Gemeinde wurde befürchtet.[17]

Wie schon zuvor bei Stern dürften sich auch weiterhin unter den Synagogenbesuchern Christen befunden haben. Eine im Dezember 1872 – zwei Wochen nach seiner Installation – angekündigte Predigt Franks zum Thema „über Judenthum und Christenthum" hatte noch mehr als sonst angelockt.[18] Ein christlicher Zuhörer stellte dem neuen Rabbiner Schärfe und Logik, historische Wahrheit, elegante Stilistik und Wärme im Vortrag aus. Folgende Worte Dr. Abraham Franks blieben dem damaligen Zuhörer in Erinnerung: „Das Christenthum bezeichnet der Redner als eine Tochter des Judenthums, letztere vergleicht er mit einer greisen Mutter, welche eine köstliche Perle, in alte Form gefaßt, besessen hätte. Die Tochter habe diese Perle in Besitz genommen, sie mit einer modernen Form umgeben und dadurch alles für sich eingenommen. – Allein die Tochter habe sich gegenüber der Mutter als undankbar erwiesen, indem dem Judenthume gerade von dem blutsverwandten Christenthume her die grausamsten Verfolgungen zugingen."[19]

---

[14] *Benedikt Schwager*, Die Jüdische Kultusgemeinde in Linz und ihr Tempel, in: *Jüdische Kultusgemeinde Linz* (Hg.), Die Juden in Linz. Festschrift anlässlich des fünfzigjährigen Bestandes des Linzer Tempels, Linz 1927, 43.
[15] *Verena Wagner*, Jüdisches Leben in Linz (s. Anm. 4), 539 ff.; 405 ff.
[16] OÖLA, Statthalterei, Präsidium, Sch. 432, 463pr 1873/110. Siehe auch *Verena Wagner*, Jüdisches Leben in Linz (s. Anm. 4), 56 und 541.
[17] Die Neuzeit, 2. August 1872, 3 f.
[18] Tages-Post vom 13. Dezember 1872, 3.
[19] Tages-Post vom 18. Dezember 1872, 3.

2 Die Synagoge an der Bethlehemstraße (1877–1938)

Im Dezember 1875 konnte man zum projektierten Tempelbau auf dem Gartengrundstück Bethlehemstraße 26 bereits kundtun: „In der [...] Gemeinde-Versammlung [...] wurde der vom Bau-Comité zur Annahme empfohlene Plan einstimmig angenommen und steht nunmehr dem Bau nichts mehr entgegen, als bessere Jahreszeit, um den Grundstein legen zu können."[20]

Unvermutet schnell verließ inmitten der Planungsphase, im Jänner 1876, Rabbiner Dr. Frank Linz, um nach Köln zu wechseln. Ihm folgte der junge, in Wien ausgebildete Theologe Dr. Adolf Kurrein. Anders als sein Vorgänger mit nahezu Stimmeneinhelligkeit von der Gemeinde dazu berufen, erwies er sich ebenso wie seine Vorgänger als progressiver Geist und setzte eine bereits in Gang gekommene Modernisierung weiter fort.[21]

2.1 Grundsteinlegung

Am 16. Mai 1876 lud man zur feierlichen Grundsteinlegung ein. Unter den Anwesenden waren der Statthalter Freiherr von Wiedenfeld, Hofrat Fürst Metternich, der Landeshauptmannstellvertreter, die Bürgermeister von Linz und Urfahr sowie viele Gemeinderäte.[22]

Welche Bedeutung in der Linzer jüdischen Gemeinde Musik bereits hatte, ist auch an den Mitwirkenden der Grundsteinlegung erkennbar. Die Feier begann mit Psalm 118,21 von Salomon Sulzer. Als Kantor und Solist wirkte der Oberkantor von Strakonitz, Emil Fränkel, ein Neffe und Schüler Sulzers.[23] Dem Chor der Kultusgemeinde stellten sich die Liedertafel Frohsinn und Sänger des Landestheaters als Verstärkung unentgeltlich zur Verfügung, der Kapellmeister Josef Friedrich Hummel dirigierte den Chor und spielte am Harmonium.[24]

Wie schon seine Vorgänger konnte auch Adolf Kurrein als Festredner nicht verschweigen, wie lange und schwer der Weg zur Gleichberechtigung war: „Der Grundstein, welchen wir heute legen, soll zugleich ein Grabstein sein, mit ihm wollen wir jeden Groll, jede Bitterkeit des Gefühles in das Grab versenken, welche etwa die Erinnerung an die finstere Zeit des Mittelalters wachrufen könnte, er wird aber auch sein ein Denkstein an das immer näher heranreifende neumessianische Reich der allgemeinen Menschenliebe, dessen Morgenröthe die Herrscherweisheit und Gnade unseres erhabenen Monarchen heraufbeschworen hat!"[25] Danach versenkte man den Grundstein, ein Würfel aus Untersberger Marmor. Weitere Verse des Psalms 118 wurden dazu sowohl vom Chor als auch solistisch von Kantor Fränkel vorgetragen.[26]

Bei der Grundsteinlegung waren selbstverständlich auch die Vertreter der Oberösterreichischen Baugesellschaft, die für

---

[20] Tages-Post vom 11. Dezember 1875, 3.
[21] Die Neuzeit vom 4. Februar 1876, 5.
[22] Linzer Zeitung vom 17. Mai 1876, 2. Tages-Post vom 17. Mai 1876, 3.
[23] Vgl. *Martin Achrainer*, Jüdisches Leben in Tirol und Vorarlberg 1867–1918, in: *Thomas Albrich* (Hg.), Jüdisches Leben im historischen Tirol. Bd. 2, Innsbruck–Wien 2013, 283.
[24] Die Neuzeit vom 26. Mai 1876, 4.
[25] Tages-Post vom 17. Mai 1876, 3.
[26] Die Neuzeit vom 26. Mai 1876, 4.

die Pläne der neuen Synagoge verantwortlich waren, anwesend.

Der Bau der Synagoge war in unglaublicher Geschwindigkeit bereits nach einem Jahr fertiggestellt. Bevor man die Einweihung mit einem großangelegten Fest beging, veranstaltete man fünf Tage zuvor einen würdigen Abschiedsgottesdienst vom alten Bethaus an der Marienstraße. Noch einmal erinnerte der Festprediger an die schweren, von manchem bösen Wort getrübten Anfänge in diesem Gebäude. Zugleich habe es verlockende Rufe gegeben, zur christlichen Religion zu wechseln, umso größere Bewunderung gelte den standhaft gebliebenen Jüdinnen und Juden, die ihre Rechte durchzusetzen wussten.[27]

2.2 Tempeleinweihung

Wenige Tage später, am 10. Mai 1877, sollte als bisher glanzvollster Höhepunkt, seitdem sich Jüdinnen und Juden in Linz und Oberösterreich niederlassen konnten, die Tempeleinweihung folgen. Wieder waren Ehrengäste wie Statthalter Wiedenfeld und Fürst Metternich, diesmal der Landeshauptmann Dr. Eigner selbst, der Präsident des Landesgerichts, der Bezirkshauptmann und die beiden Bürgermeister anwesend. Von jüdischer Seite war Rabbiner Frank gekommen, Rabbiner Jellinek aus Wien, der das ewige Licht entzündete, und „der greise Obercantor Professor S. Sulzer aus Wien, welcher die Leitung des Gottesdienstes und der von ihm komponierten Gesänge […] übernommen hatte […]"[28]. Für die kantoralen Sologesänge stellte sich diesmal Sulzer zur Verfügung, die Choräle sangen die Sängerknaben der Kultusgemeinde, wieder verstärkt durch Mitglie-

Abb. 2: Die Synagoge an der Bethlehemstraße
(Privatsammlung Verena Wagner)

der der Liedertafel „Frohsinn", als Dirigent und am Harmonium wirkte Chormeister Kutschera.

Festprediger Kurrein bezog sich in seiner Ansprache auf die Inschrift über dem Haupttor der neuen Synagoge, Jesaja 56,7: „Denn mein Haus soll ein Gebetshaus genannt werden für alle Völker." Er wünschte, dass dieses Haus Gebete aller Völker vereinen könnte, denn es sei in diesen Räumen der Synagoge nichts, was eine andere Religion ausschließen würde. Nichts, was nicht alle Menschen verehren würden. Kein Zeichen, kein Symbol, keine Gestalt, die nur einer Religion angehörte, denn in diesem Gotteshaus sei nichts anderes als die Tho-

---

[27] Vgl. *Verena Wagner*, Jüdisches Leben in Linz (s. Anm. 4), 546.
[28] Die Neuzeit vom 25. Mai 1877, 2.

ra, das Gesetz, das durch Moses überliefert worden sei. Welches Volk würde diesen Gesetzen keine Achtung entgegenbringen? In der Linzer Tagespost ist zu lesen: „Es war eine solenne religiöse Festlichkeit, welche auch jeder Christ, ohne Gefahr für seinen Glauben zu laufen, beiwohnen konnte [sic], begegnete er ja doch den Worten des Festpredigers einer Variation der beiden Kardinal-Gebote des Christenthums: ‚Liebe Gott über Alles und Deinen nächsten wie Dich selbst!'"[29]

Inwieweit Vertreter der Kirchen anwesend waren, ist jedoch unbekannt, in den Zeitungen wurden keine erwähnt.

2.3 Architektur

Trotz nicht erhalten gebliebener Einreichpläne lässt sich der Architekt der Synagoge eindeutig identifizieren: Ignaz Scheck.[30] Er wird im Jahr 1876 auch als Baumeister und Bürochef der Oö. Baugesellschaft bezeichnet.[31] Ignaz Scheck baute in Linz historistische Bauten großen Stils wie das Petrinum, die Allgemeine Sparkasse, das Direktionsgebäude der Staatsbahn sowie viele Wohn- und Zinshäuser im Neustadtviertel von Linz. Thoraschrein, Gestühl, Pult, Kanzel sowie Malerei und Vergoldung stammten aus dem Atelier des akademischen Malers und Bildhauers Ferdinand Scheck.

Stilistisch ist der Bau der Synagoge dem Historismus und hier wiederum dem neoromanischen Stil zuzuordnen. Vorbild war die Synagoge in Kassel. Wie bei der dortigen Synagoge umrahmten in Linz zwei flachgedeckte Treppentürme einen übergiebelten Mittelteil. Die Kassler Synagoge war bereits 1836–1839 entstanden, sie entsprach damals der Vorstellung von Modernität und gemäßigter Assimilation. Ägyptisch-exotische Anspielungen und heidnische Klassik, kirchliche Romanik und Gotik sollten vermieden oder in neuem Kontext verwendet werden. Der Bau sollte nicht gänzlich fremdartig, aber doch keinem anderen Gebäude ähnlich sein. Kassel gab vielen Synagogen in Deutschland und Österreich ein Vorbild ab. Ihr zurückhaltender Stil eignete sich somit vierzig Jahre später auch noch bestens für die österreichische Provinzstadt Linz. In der fragilen und je weiter westlich von Wien singulären Situation sollte das Gebäude Anpassung, Verwurzelung und Heimatverbundenheit ausdrücken.[32]

An der Linzer Synagoge ist die Situation der Gemeinde gut ablesbar: Einerseits strahlte der Bau Selbstbewusstsein aus – allein durch seine Größe wirkte er schon repräsentativ. Andererseits war er nur schwer einsehbar auf einem Gartengrundstück an einer Nebenstraße situiert.

Ein Problem war die Ausrichtung des Grundstückes: Die Synagoge in Linz konnte nicht wie üblich geostet werden, der Thoraschrein lag somit an der leicht nach Osten hin geneigten Südwand.

So ähnlich sich die beiden Synagogen Linz und Kassel äußerlich waren, so sehr unterschieden sie sich im Inneren. In Kassel wurde der Rundbogenstil von außen in den Innenraum hineingezogen und ein dreischiffiger Raum geschaffen. In Linz hingegen setzte man auf klare orthogona-

---

[29] Tages-Post vom 13. Mai 1877, 2. Vgl. *Verena Wagner*, Jüdisches Leben in Linz (s. Anm. 4), 552f.
[30] Tages-Post vom 15. Mai 1877, 3. Vgl. *René Mathe*, Die Virtuelle Rekonstruktion der Synagoge in Linz, Wien 2014, 31 (Diplomarbeit Universität Wien).
[31] „Der Oberösterreicher", Amtskalender, Linz 1876, 62.
[32] Vgl. *Verena Wagner*, Jüdisches Leben in Linz (s. Anm. 4), 544.

Abb. 3: Innenansicht der Synagoge an der Bethlehemstraße

le Linien, Rundbögen blieben nur in den Fensterbögen sichtbar.[33] Dezente gusseiserne Säulen trugen die Frauenemporen und die klar strukturierte Ornamentdecke.

Durch Spenden und Gönner konnte die Linzer Gemeinde in den folgenden Jahrzehnten schöne Thorarollen und wertvolle Kultusgeräte, Thoramäntel, reich bestickte Paramente, Vorhänge und Decken, jeweils auf die Feste des Jahres abgestimmt, sammeln.[34]

Der Tempelbau hatte noch in einer Zeit des ökonomischen Aufstiegs von Jüdinnen und Juden stattgefunden, begleitet von einer sozialen und kulturellen Integration. Mit der äußeren Wende vom Liberalismus und demokratischen Nationalismus zu einem Chauvinismus kam aber bereits – zwar noch leise – eine neue Form der Judenfeindschaft, der Antisemitismus, auf. Neu waren die Verbindung von Judenfeindschaft und Gesellschaftskritik sowie die Bildung von antisemitischen Vereinigungen. Der Wiener Rabbiner Adolf Jellinek resümierte 1889: „Ich habe jüdische Brautpaare in Krems, in Linz und in Znaim getraut, und überall waren die christlichen Mitbürger in großer Anzahl bei der Trauungsceremonie anwesend. […] Vergleicht man jene Zeit mit der Gegenwart, so muß man leider bekennen, daß ein sehr bedauerlicher Rückschritt auf dem Gebiete confessioneller Toleranz stattgefunden hat. Korneuburg, Linz, Krems sind Hauptstationen des Antisemitismus geworden […]."[35]

2.4 Orgel

1882 verließ Rabbiner Dr. Adolf Kurrein Linz, um nach Bielitz (Bielsko-Biała) zu wechseln.

Sein Nachfolger wurde Moriz Friedmann, der vierzig Jahre lang in Linz Rabbiner bleiben sollte. Unter ihm wurde – wahrscheinlich im Jahr 1894 – in der Synagoge eine Orgel aufgestellt.[36]

Orgeln in Synagogen waren oft Mittel- und Streitpunkt divergierender Ansichten. Salomon Sulzer war ein starker Befürwor-

---

[33] Vgl. *René Mathe*, Die Virtuelle Rekonstruktion der Synagoge in Linz (s. Anm. 30), 34.
[34] Vgl. *Verena Wagner*, Jüdisches Leben in Linz (s. Anm. 4), 568 f.
[35] Die Neuzeit vom 26. April 1889, 2 f.
[36] Zum Thema Orgel in Linz siehe *Verena Wagner*, Jüdisches Leben in Linz (s. Anm. 4), 586–590.

ter der Orgel und nahm in seine Kompositionen bereits das neue Instrument auf.[37] Er argumentierte: „Nur die Orgel ist im Stande, den Gemeindegesang zu leiten, zu regeln, Dissonanzen zu decken [...]."[38] Trotz Uneinigkeit wurde ab 1887 in einigen Wiener Gemeinden die Orgel eingeführt.

Parallel mit einer Modernisierung verlief auch die langsame Abkehr von der Einhaltung strenger ritueller Speisegebote. Wie das Christentum durchlief auch das Judentum eine stärker werdende Loslösung von religiösen Verpflichtungen. Bürgerliche Werte wie Interesse an Kunst und Kultur verdrängten zunehmend das Interesse an den religiösen Ritualen. Am Sabbat hielten jüdische Geschäfte kaum mehr geschlossen und die koschere Küche wurde in Linz nur mehr in wenigen Familien gepflegt. Die großen Feiertage im Tempel mutierten mehr zu gesellschaftlichen Ereignissen.

In dieser Zeit wurde der Orgel und dem Organisten vermehrt Beachtung gezollt. Bei Trauungen war der Einsatz von Tempelchor und Orgel sehr beliebt. Mit dem Synagogenanbau erhielt die Orgel eine noch größere Aufwertung. 1906 entschloss man sich aus Gründen der Sicherheit zu einer Erweiterung der Synagoge an der „Ostwand". Vergrößerungen der Frauengalerien und Notausgänge für die Emporen waren geplant. Dieser Anbau hatte den Vorteil, dass man dadurch im Parterre eine „Sakristei" hinzugewann und im ersten Stock einen Chorraum. In diesem erhielt die Orgel nun einen würdigen Platz.[39]

Es gab Mitglieder, die zu den hohen Feiertagen den weiten Weg aus dem Salzkammergut allein der Orgel wegen auf sich nahmen und das Weihevolle von Gottesdiensten am Einsatz dieser maßen.

2.5 50-jähriges Jubiläum

1927 konnte zum 50-jährigen Jubiläum des Tempels noch einmal ein großes Fest veranstaltet werden. Der Landeshauptmann und der Bürgermeister ließen sich vertreten. Von Seiten der Kirchen waren die Evangelische Pfarrgemeinde durch Kurator Moritz Geier und Presbyter Theophil Lackner vertreten, die altkatholische Filialgemeinde durch Pfarrer Siegmar-Rehm und drei weitere Männer sowie eine Frau und die Methodistenkirche durch Prediger Weinbrenner.[40] Fast könnte man hier einen Solidaritätsakt religiöser Minderheiten vermuten!

Festprediger war der Sohn Adolf Kurreins, Dr. Viktor Kurrein. Der gebürtige Linzer war 1923 als Rabbiner in seine Geburtsstadt zurückgekehrt und blieb hier bis zu seiner Vertreibung 1938. Anlässlich dieser Feier entstand ein bis heute wichtiges Dokument, die Festschrift zum 50. Tempeljubiläum mit wertvollen Beiträgen Viktor Kurreins und Benedikt Schwagers sowie Fotos.[41]

Ab 1929 entschlossen sich einige Mitglieder der Kultusgemeinde, künstlerisch gemalte Glasfenster für den Tempel zu spenden.[42]

---

[37] Vgl. *Tina Frühauf*, Jüdisch-liturgische Musik in Wien: Ein Spiegel kultureller Vielfalt, in: *Leon Botstein / Werner Hanak* (Hg.), quasi una fantasia, Juden und die Musikstadt Wien, Wien 2003, 77–91.
[38] Zit. n. ebd., 79.
[39] Vgl. *Verena Wagner*, Jüdisches Leben in Linz (s. Anm. 4), 555–559.
[40] Tages-Post vom 28. Mai 1927, 14.
[41] *Jüdische Kultusgemeinde Linz*, Die Juden in Linz. Festschrift anlässlich des fünfzigjährigen Bestandes des Linzer Tempels. Linz 1927.
[42] Vgl. *Verena Wagner*, Jüdisches Leben in Linz (s. Anm. 4), 569.

Abb. 4: Kantor Moritz Mandel 1938 in der Linzer Synagoge
(Privatsammlung Verena Wagner)

1937 jährte sich die Fertigstellung des Tempels zum 60. Mal. Man nahm aber „mit Rücksicht [...] auf die schwierigen Zeitläufe von einer besonderen Veranstaltung Abstand"[43].

2.6 Zerstörung

Ab März 1938 waren mit einem Schlag Jüdinnen und Juden in Österreich brutalen Übergriffen ausgesetzt und das blühende Leben der Kultusgemeinden durch zerstörerische Maßnahmen auf ein Minimum reduziert.

Der Linzer Tempel blieb im Gegensatz zu den meisten übrigen in jüdischem Besitz befindlichen Gebäuden noch einige Zeit in Obhut der Kultusgemeinde. Ende September 1938 fand noch eine letzte Trauung in der Synagoge statt. Melitta Gans, geborene Sand, bemerkte dazu: „Ich heiratete Gustav Gans im September 1938, es war die letzte Trauung, bevor der Tempel in der Bethlehemstraße in der Kristallnacht [...] gesprengt wurde."[44]

Rabbiner Viktor Kurrein verließ im Sommer mit seiner Familie Linz. Der Kultusgemeindepräsident Dr. Karl Schwager war schon im April von der Gestapo durch Max Hirschfeld ersetzt worden. Dem kommissarischen Leiter der Linzer Kultusgemeinde stand für religiös-rituelle Belange nur mehr Kantor Moritz Mandel zur Seite.[45]

Einen grausamen Höhepunkt des Jahres 1938 bildete im ganzen Deutschen Reich die Pogromnacht und damit die Zerstörung wertvoller Kulturgüter wie der Linzer Synagoge.

Im Gemeindehaus an der Bethlehemstraße, direkt vor dem Tempel gelegen, hatten einige jüdische Familien ihre Notunterkunft aufgeschlagen.

Ein Zimmer im Dachgeschoß wurde von der katholischen Hausbesorgerin bewohnt. Diese wurde durch heftiges Fensterklirren in der Nacht aufgeschreckt. Gemeinsam mit dem Sekretär der Kultusgemeinde versuchte sie die Polizei zu rufen – mindestens zehn Mal – und sie erhielt immer die Antwort, dass sie falsch verbunden sei. Diese Antwort bekam sie allerdings immer erst zu hören, als sie die Vorgänge beim Tempel zu beschreiben begann.[46]

---

[43] Mitteilungen für die jüdische Bevölkerung der Alpenländer, 25. Mai 1937, Nr. 284, 1.
[44] Vgl. *Verena Wagner*, Jüdisches Leben in Linz (s. Anm. 4), 573.
[45] Vgl. *Verena Wagner*, Linz 1918/1938. Jüdische Biographien, Linz 2018, 253 f. und 344.
[46] Vgl. *Verena Wagner*, Jüdisches Leben in Linz (s. Anm. 4), 573.

SA und SS brachen in der Nacht auf den 10. November den Tempel gewaltsam auf, um ihn zu zerstören.

Im Tempelanbau, in der Rabbinatskanzlei, hatte Familie Hesky, nachdem man sie aus ihrer Wohnung geworfen hatte, notdürftig Unterschlupf gefunden. Ein SA-Führer forderte die Familie auf, sich ruhig zu verhalten und sperrte sie in der Kanzlei ein. Bald danach bemerkte die Familie Brandgeruch und wenig später stand die Synagoge lichterloh in Flammen. In Todesangst schrie Familie Hesky um Hilfe, erst jetzt öffnete man die Tür, sie konnte im letzten Moment dem sicheren Tod entrinnen.[47]

In dieser Nacht fotografierte ein Priesterseminarstudent aus dem direkt in der Nachbarschaft liegenden Priesterseminar die brennende Synagoge. Josef Dopler, ein weiterer Student, erinnerte sich, dass am nächsten Tag im Seminargarten angebrannte Blätter aus Gebetbüchern mit hebräischer Sprache lagen. Zuerst überlegte er, ein solches Blatt aufzuheben und mitzunehmen, er ließ es aber bleiben, denn mit diesem Frevel wollte er nichts zu tun haben.[48]

Ein paar weitere Fotos wurden am nächsten Morgen aufgenommen, sie befinden sich im Archiv der Stadt Linz. Auf den meisten Bildern sind Feuerwehrmänner zu sehen, die in dieser Nacht nur das Übergreifen des Brandes auf Nachbarhäuser verhinderten, aber den Brand selbst nicht löschten. Ein Bild zeigt den kommissarischen Leiter Max Hirschfeld.

Abb. 5: Das zerstörte Innere der Linzer Synagoge mit Max Hirschfeld (mitte) *(Archiv der Stadt Linz)*

Es blieben kaum Überreste von dem eindrucksvollen Bauwerk – im Museum der Linzer Kultusgemeinde wird ein noch erhalten gebliebener Schlüssel aufbewahrt.

Die Autorin: *Verena Wagner, geb. 1964 in Linz, Studium der evangelischen Theologie in Wien, seit 1990 Lehrerin an höheren Schulen in Linz. Ab 2001 Arbeiten und Veröffentlichungen zur Geschichte der Linzer Israelitischen Kultusgemeinde sowie zu Jüdinnen und Juden in Linz und Oberösterreich; GND: 134123034.*

---

[47] Vgl. *Verena Wagner*, Linz 1918 / 1938 (s. Anm. 45), 254–258.
[48] Vgl. *Verena Wagner*, Jüdisches Leben in Linz (s. Anm. 4), 579.

Das aktuelle theologische Buch

♦ Janowski, Bernd: Anthropologie des Alten Testaments. Grundfragen – Kontexte – Themenfelder. Mit einem Quellenanhang und zahlreichen Abbildungen. Mohr Siebeck Verlag, Tübingen 2019. (805) Geb. Euro 99,00 (D) / Euro 101,80 (A) / CHF 100,92. ISBN 978-3-16-156949-4.

Nach vielfältigen anthropologischen und theologischen Forschungen hat Bernd Janowski, emeritierter Alttestamentler in Tübingen, nun seine eigene umfassende Anthropologie des Alten Testaments vorgelegt. Er greift auf Vorstudien zurück, bietet aber auch neues Material und weiterführende Darstellungen.

Im Einleitungskapitel (§ 1) werden unter der Fragestellung „Was ist der Mensch?" grundsätzliche Themen behandelt: Die Forschungsgeschichte konzentriert sich v. a. auf Hans Walter Wolff, der sowohl würdigend als auch mit kritischen Anfragen besprochen wird. Allgemein werden die konkreten Lebensumstände in Israel/Palästina dargestellt: die natürlichen Lebensbedingungen (Klimazonen, Landschaftsrelief) und die kulturellen Lebensformen. Für letztere ist ein „konstellativer Personbegriff" charakteristisch: Der einzelne Mensch ist immer eingebunden in ein soziales Gefüge, personale und kollektive Identität sind miteinander verbunden: „der Mensch ist ein *leibgebundenes Sozialwesen*" (30). Die Mehrdimensionalität und „Ganzheitlichkeit" ist ein grundlegendes Charakteristikum der Auffassungen vom Menschen in der Hebräischen Bibel. Zentral für das religiöse Symbolsystem ist nach Janowski die Vorstellung von JHWH als Königsgott vom Zion in der Jerusalemer Tempeltheologie, die in der mittleren Königszeit entwickelt wurde.

Janowski setzt mit der Beschreibung menschlicher Lebensphasen ein (§ 2: Biografische Aspekte: mit einem Schwerpunkt bei Geburt und Tod). Zunächst geht es um den „Weg ins Leben". Hier wird die Erschaffung des Menschen durch Gott in Gen 2,7 als *locus classicus* verhandelt und die vielfältige Semantik von *næpæš* aufgerollt: Kehle und Atem (Jes 5,14); Verlangen, Begehren (Ex 23,9); vitales Selbst,

Lebenskraft (Ps 23,1–3); individuelles Leben (Gen 9.8–10); Lebewesen, Person (Lev 2,1); von der Kehle zur Seele. Janowski sieht „Leben" als den die verschiedenen Aspekte von *næfæš* verbindenden Begriff. Das „Wunder der Geburt" wird anhand zentraler Texte reflektiert: Ex 1,15–22; Ps 22,10–11; 139; Ijob 3,3–16; 10,8–13 u.a. Der Akt der Namengebung, meistens durch die Mutter (1 Sam 1,19–20), aber auch durch den Vater (Gen 16,15–16), ist gleichzeitig ein Akt der Individuation, ein Generationen verbindendes Geschehen und oft mit einer theologischen Aussage verbunden (theophore Namen). Dann wird der Endpunkt der menschlichen Biografie, der Tod, von mehreren Seiten beleuchtet: Unter den Stichworten „Reflexionen über das Lebensende" und „alt und lebenssatt" geht es um Texte, in denen über die Vergänglichkeit des Menschen nachgedacht wird (z. B. Gen 25,7–11; Koh 11,9–12,8). „Verbindung mit den Toten" wird im alten Israel über Trauerriten und Totenklage sowie Totenkult gehalten. Janowski zeichnet bei den Todesvorstellungen im alten Israel folgende historische Entwicklung nach: Im vorexilischen Israel gilt JHWH prinzipiell als Gott der Lebenden. Ab dem Ende des

7. Jhs. v. Chr. ist eine „Kompetenzausweitung JHWHs" zu beobachten, wonach die Macht JHWHs auch in den Bereich des Todes hineinreicht: von manchen Aussagen in Individualpsalmen zur Errettung vom „Tod im Leben", über Weisheitstexte aus dem 6.–4. Jh., in denen von „ewigem Leben" oder der Unsterblichkeit der Gottesbeziehung die Rede ist (Ps 49,15–16; Ijob 19,25 ff.) bis hin zu apokalyptischen Texten aus dem 4./3. Jh. v. Chr., die explizit von einer Auferstehung der Toten/vom Tod reden (Jes 25,8; Ez 37,1 ff.) sowie Dan 12,2–3.13.

Ein Kapitel zu Gender- und Generationenaspekten (§ 3) setzt mit der schöpfungsgemäßen Gleichheit der Geschlechter nach dem priesterlichen Schöpfungsbericht (Gen 1,26–27) ein. In Gen 2,18–25 sieht Janowski die Entsprechung der Geschlechter und die Verhinderung der Einsamkeit als zentrale Aussagen. Neben der Vision der geschlechtlichen und sozialen Ebenbürtigkeit stehen Sätze, welche die zeitgenössische Realität hierarchischer Geschlechterverhältnisse spiegeln (Gen 3,16–19). Im sozialen Zusammenleben von Männern und Frauen werden die Bereiche Arbeitsteilung sowie Erotik und Sexualität verhandelt. Die Abfolge der Generationen ist ein weiterer zentraler Bereich alttestamentlicher Anthropologie. Das wird bei Fragen zu Kindheit und Erziehung im alten Israel, dem genealogischen Denken und dem Elterngebot deutlich.

Darauf folgt ein Überblick über Elemente des alttestamentlichen Personbegriffs, aufgeteilt in die Leibsphäre (§ 4) und die Sozialsphäre (§ 5) des Menschen, die in Korrelation zueinander stehen. Werden Körperteile genannt, so sind ihre Funktionen und Wirkungsweisen, aber auch Wahrnehmungen, Emotionen und Handlungen mitgemeint. Über den Körper werden Beziehungen zu anderen Menschen und zu Gott hergestellt. Janowski bezeichnet das Herz (*leb, lebāb*) als Mitte der Person. Das Herz ist in der Hebräischen Bibel nicht nur Sitz von Gefühlen, sondern auch Denken und Wollen werden im Herzen lokalisiert. Es ist nicht nur inneres Organ, sondern auch ein Ort der Innen-/Außen-Relation, sowohl zwischenmenschlich als auch zwischen Mensch und Gott. Die Erkenntnisfähigkeit des Herzens kommt aus dem „hörenden Herzen" (*leb šomeaᶜ*), dem aufmerksamen Hören, um das z.B. Salomo Gott in 1 Kön 3,9 bittet. In dieser bildlichen Rede ist das Herz selbst ein Sinnesorgan. Es kann hören und wahrnehmen. Darüber hinaus hat es die intellektuelle Fähigkeit oder Einsicht, zwischen Gut und Böse zu unterscheiden. Es steht hier *pars pro toto* für den ganzen Menschen und seine Urteilsfähigkeit.

Die Nieren (*kᵉlāyôt*) sind neben dem Herzen der Ort des Gewissens, über die Nieren wirkt Gott ein. Die Redewendung „auf Herz und Nieren prüfen" geht auf das biblische Menschenbild zurück (Ps 7,10). Die Nieren sind nach alttestamentlicher Anthropologie der Sitz tiefster Emotionen, von großer Freude bis zu tiefstem Leid. Sie gehören zu den am Anfang von Gott im Mutterleib geschaffenen inneren Organen des Menschen (vgl. Ps 139,13). Eine Verbindung von Herz und Nieren kommt z.B. in Ps 73,21–22 zum Ausdruck, wo von der „Verbitterung" des Herzens und einem „scharfen Stechen" in den Nieren die Rede ist. Herz und Nieren sind hier nebeneinander Orte des Gewissens, an denen Erkennen (*ydᶜ*) stattfinden soll. Im Sinne der „Ganzheitlichkeit" wird die Welt der Emotionen ebenfalls im Abschnitt über die Leibsphäre des Menschen (§ 4) verhandelt, zunächst über die Gegensatzpaare Lieben und Hassen, Lachen und Weinen, dann die Themen Angst und Depression mit einem Exkurs über Krankheit und Heilung.

Im Kapitel zur Sozialsphäre des Menschen (§ 5) geht es einerseits um Grundlagen des Zusammenlebens – Gemeinschaft und Barmherzigkeit: das Prinzip der Anerkennung (Ex 22,20–26), Paradigmen sozialer Anerkennung: ein Ethos der Hingabe (Mi 6,1–8); Ruth als personifizierte Hingabe und narrative Anthropologie; das Thema Gastfreundschaft – und andererseits um die Gefährdungen des Zusammenlebens: gemeinschaftswidriges Verhalten (Mi 7,1–7), verletzende Gesten (z.B. Kopfschütteln: Ps 22,8; Zähneknirschen: Ps 35,15–16; Auslachen: Dtn 21,6–7) und Worte (z.B. Beschimpfung, Beschämung: Ps 22,7; üble Nachrede: Ps 41,6–9; Schadenfreude: Spr 17,5), Paradigmen sozialer Missachtung: Entehrung und Schande sowie Freunde, die zu Feinden werden. Ein Exkurs zur Feindesliebe schließt diesen Abschnitt ab: Das Gebot der Nächsten-

und Fremdenliebe in Lev 19,17–18.33–34 entspricht sachlich dem Gebot der Feindeshilfe in Spr 25,21–22, das Parallelen in der ägyptischen Weisheitsliteratur hat. „Der Umgang mit dem Feind ist ein *Maßstab für das Menschsein* und deshalb ein Meilenstein der biblischen Anthropologie" (224).

Der Abschnitt zu Formen des sozialen Handelns umfasst Tätigkeiten des Menschen (§ 6), aufgeteilt in die Bereiche Arbeit und Ruhe sowie Wirtschaftssystem und Rechtswesen, und die Kommunikation des Menschen (§ 7): einerseits Grundformen menschlicher Kommunikation und andererseits den Kontakt mit dem Heiligen. In der agrarisch geprägten Gesellschaft des biblischen Israel sind Ackerbau, Viehhaltung und Obstanbau sowie handwerkliche Tätigkeiten und Handel die Alltagstätigkeiten der Menschen. Die Entstehung des Sabbats als Arbeitsunterbrechung geht auf ein Verschmelzen von Vollmond-Sabbat und Siebtem Tag in vorexilischer Zeit zurück. In exilisch-nachexilischer Zeit wird dieser ehemalige Tabutag zu einem wöchentlichen Feiertag umgebildet (Ex 20,2–17; Dtn 5,6–21) und zu einem Israel von den umliegenden Völkern unterscheidenden Identitätsmerkmal. Wirtschaft und Gesellschaft sind durch Subsistenzwirtschaft und prekäre Arbeitsverhältnisse (*personae miserae*) gekennzeichnet. Recht und Gerechtigkeit sind sozialethische Grundbegriffe, sowohl in institutioneller und politisch-sozialer Hinsicht als auch auf personaler Ebene. Janowski streicht den Zusammenhang von Gerechtigkeit und Leben (Spr 24,23–25) als Kerngedanken des alttestamentlichen Rechtswesens heraus (261). Ziel ist das „Tun der Gerechtigkeit" (*ṣædæq* und *ṣᵉdāqāh*). Die göttliche Gerechtigkeit garantiert die menschliche Gerechtigkeit und stellt sie immer wieder neu her. In § 7 geht es einesteils um zwischenmenschliche Kommunikation und andernteils um die Kommunikation mit Gott, Formen des Kontakts mit dem Heiligen: Gebet und Musik sowie Opfer und Opferkritik.

Ein Kapitel über Aspekte der Welterfahrung enthält Überlegungen zu Raum (§ 8) und Zeit (§ 9). Das Kapitel zum Raum ist in den natürlichen (Himmelsrichtungen, Verhältnis zur Natur) sowie sozialen Raum (Dorf- und Stadtkultur, Vierraumhaus; das Tor als öffentlicher Raum) auf der einen Seite und den symbolischen Raum (wahrgenommener und erzählter Raum; horizontales und vertikales Weltbild; heiliger Raum; Gotterfülltheit der Welt) auf der anderen Seite aufgeteilt. Im Kapitel zur Zeit werden natürliche und soziale Zeitverständnisse verhandelt sowie Feste und Festfreude.

Auf diese Kapitel, die Beispiele aus unterschiedlichen Bereichen des Alten Testaments bringen, folgt ein Abschnitt, der die Menschenbilder nach den einzelnen Kanonteilen zu bündeln versucht (§ 10–12 Menschenbilder im ersten bis dritten Kanonteil). Beim ersten Kanonteil (§ 10) liegt der Schwerpunkt bei der Urgeschichte und der priesterschriftlichen Anthropologie. Der zweite Kanonteil (im Sinne der Hebräischen Bibel: Vordere und Hintere Propheten) wird repräsentativ unter den Gesichtspunkten „Anthropologie des Königtums" und „Prophetische Anthropologie" untersucht, letztere mit einigen wenigen Beispielen v. a. aus Deuterojesaja. Der dritte Kanonteil (§ 12) ist mit Psalmen und Weisheit wieder breiter vertreten.

Ein abschließendes Resümee versucht Grundzüge alttestamentlicher Anthropologie in ihrer geschichtlichen Entwicklung und unter thematischen Gesichtspunkten zu bündeln (§ 13). In der Vielfalt unterschiedlicher Menschenbilder und anthropologischer Aspekte innerhalb des Alten Testaments sieht Janowski in der Erfahrung der Leiblichkeit, dem Ethos der Gerechtigkeit und dem Bewusstsein für die Endlichkeit des Menschen grundsätzliche Elemente bzw. anthropologische Konstanten, die sich durch alle Texte ziehen.

Die Kombination aus eingehenden Textstudien anhand von Beispieltexten und der Verbindung von Einzelbeobachtungen zu großen Linien ist sehr gelungen. Der umfangreiche Anhang mit Text- und Bildbeispielen über das Alte Testament hinaus, aus Ägypten, dem alten Orient, der griechischen und römischen Antike bis hin zur rabbinischen Literatur und zum Koran sowie ein ausführliches Literaturverzeichnis machen das Buch zu einer Fundgrube für alle Fragestellungen alttestamentlicher Anthropologie.

Wien *Marianne Grohmann*

Besprechungen

Der Eingang der Rezensionen kann nicht gesondert bestätigt werden. Die Korrekturen werden von der Redaktion besorgt. Bei Überschreitung des Umfanges ist mit Kürzungen zu rechnen. Nach Erscheinen der Besprechungen erhalten die Rezensenten einen, die Verlage zwei Belege.

AKTUELLE FRAGEN

◆ **Löw, Benedikt Maximilian: Christen und die Neue Rechte?! Zwischen Ablehnung und stiller Zustimmung. Eine Problemanzeige.** Diplomica Verlag, Hamburg 2017. (96) Kart. Euro 34,99 (D). ISBN 978-3-96146-569-9.

Zutreffend diagnostiziert der Verfasser, dass Deutschland und Europa sich in Umbrüchen befinden, deren Ausgangspunkt die Debatten im Zuge der Flüchtlings- und Asylkrise bilden und ein Erstarken zunächst euroskeptischer, dann rechtsnationaler Parteien nach sich zogen. Präzise beobachtet der Verfasser dabei eine Ausweitung der politischen Kampfzone: Längst geht es nicht mehr nur um Gesellschaftsdiskurse zur Bewältigung der Flüchtlingskrise; vielmehr wird in umfänglicher Manier in mehrfacher Weise auf Retrotopien zurückgegriffen: In institutioneller Hinsicht wird das Projekt der EU zur Gänze infrage gestellt, auf gesellschaftlicher Ebene geht es um „die Restitution eines traditionellen Familien- und Frauenbildes, die militante Ablehnung von Abtreibung und gleichgeschlechtlicher Ehe, die Angst vor einem irgendwie gearteten politischen Islam, Asyl und Einwanderung, sowie grundsätzliche Vorbehalte gegenüber des pluralen Systems parlamentarischer Demokratien" (3). Die zentrale Hypothese des Buches ist, dass es eine Verbindung gibt zwischen den genannten politischen Bewegungen bzw. ihren parteipolitischen Kondensierungen einerseits und einem „Christentum fundamentalistischer Prägung". „[D]ie [...] Untersuchungen versuchen, mögliche Gefahrenpotentiale innerhalb theologischer wie weltanschaulicher Konfliktfelder aufzuzeigen und somit auch zu einer Sensibilisierung gegenüber genannter Problematik und zur kritischen Selbstreflexion auf theologischer Seite beizutragen" (4).

Das so umschriebene Forschungsanliegen bearbeitet der Verfasser unter Einbeziehung plausibler Bezüge zum tagespolitischen Geschehen. Die perspektivische Weite zwischen abstrakter Fragestellung einerseits und Konkretion andererseits ist zweifellos als Stärke der Arbeit zu benennen. Der Verfasser nimmt schrittweise begriffliche Präzisierungen vor (etwa zu „Extremismus", „Rechtspopulismus", „Fundamentalismus" etc.), die der Diskussion eine gewinnbringende Schärfe verleihen. Diese begrifflichen Vorklärungen sind eine methodisch sinnvolle Hinführung zum Herzstück der Arbeit, nämlich den Kapiteln fünf und sechs, in denen der Verfasser zunächst ideologische und systemische Analogien zwischen Fundamentalismus und Rechtsextremismus identifiziert, in einem weiteren Konkretisierungsschritt die Beziehung zwischen rechtsnationalen Parteien und konservativen Christen diskutiert und schließlich die Fragestellung auf die gesellschaftlichen Umbrüche in der Bundesrepublik Deutschland engführt. Dabei rekonstruiert Löw zunächst das Hervorgehen der „Christen in der AfD" (ChrAfD) aus dem 2013 gegründeten Pforzheimer Kreis. Die Grundsatzerklärung der ChrAfD wird sodann einer kritischen Inhaltsanalyse unterzogen. So zeigt der Verfasser beispielsweise auf, wie die Grundsatzerklärung sich um ein dezidiert überkonfessionelles Profil bemüht (55 f.). Im Hinblick auf das Grundsatzpapier der ChrAfD identifiziert der Verfasser eine Reihe von Themen, die als Brückenthemen „fundamentalistische Christinnen und Christen konfessionsübergreifend mit rechtsextremen Parteien verbinden" (66). Einsichtig ist dabei etwa, dass „Islamkritik" hier ein starkes Bindeglied bildet. Hier klingt – ohne explizit zu werden – an, dass sich politische Exklusionsstrategien bisweilen mit einem pseudo-naturrechtlich herbeiargumentierten Ethnopluralismus im Sinne einer vorgegebenen „Ordnung" der Völker, deren Vermischung es zu vermeiden gelte, bekleidet. Weniger einsichtig ist, warum etwa der Lebensschutz als solcher bereits als dezidiertes Brückenthema zwischen Fundamentalisten und Rechtsextremen gelten soll. Das hierfür argumentativ angeführte Zitat aus dem Grundsatzpapier („Das menschliche Leben, von seinem Anfang bis zu seinem natürlichen Ende, ist von Gott gegeben und entzieht sich für uns Christen damit seiner menschlichen Verfügbarkeit"), das vom Verfasser bereits als Kriminalisierung von Abtreibungsbefürwortern ausgedeutet wird, trägt nur bedingt zur Klärung bei. Man mag die Argumentation der ChrAfD für misslungen und vorgeschoben halten und man könnte sicher die Instrumentalisierung eines theologisch-ethischen Themas unterstellen. Aber de facto erfasst das wiedergegebene Zitat inhaltlich nicht nur die lehramtliche Position der Kirche sowie die Position weiter Teile der sogenannten „C"-Parteien, sondern teilweise auch die des Gesetzgebers, der unter bestimmten Bedingungen etwa den Schwangerschaftsabbruch nicht als „legal", sondern „nur" als straffrei einstuft. Hieraus bereits eine Kriminalisierung von Abtreibungsbefürwortern abzuleiten ist zwar möglich, hätte aber argumentativ noch klarer herausgearbeitet werden müssen. Zugleich benennt der Verfasser die Thematik des Lebensschutzes an anderer Stelle als „theologisch gerechtfertigte[s] Anliegen" (77). Hier bleibt etwas unklar, inwieweit ein solches Thema als Brückenthema zwischen Fundamentalisten und Rechtsextremen dienen soll. Das gefährliche Potenzial dieses Brückenthemas könnte beispielsweise dort liegen, wo „kirchliche Initiativen zum Lebensschutz […] aufgegriffen und völkisch instrumentalisiert werden", in dem Sinne, dass „mehr ‚deutsche' Kinder geboren werden sollen." (Harald Lamprecht, Rechter Nationalismus und das Christentum, in: Reinhard Hempelmann / Harald Lamprecht [Hg.], Rechtspopulismus und Christlicher Glaube, Berlin 2018, 9).

Sachlich zurückhaltend schließt der Verfasser mit der Feststellung, dass sich ein „endgültiges Fazit als schwierig" gestaltet, weist aber darauf hin, dass „übersteigerte christlich-fundamentalistische Grundüberzeugungen […] nachweislich ein Substrat [bilden], welches das fruchtbare Wachstum rechtsextremer Haltungen nachhaltig begünstigt" (77). Im Bezug auf die Praxis zieht der Verfasser die zutreffende Konsequenz, dass es „der Präventions- und Aufklärungsarbeit in politischen wie gesellschaftlichen Themen" (78) bedarf, und „Kooperationen mit vermeintlich christlich-gesellschaftspolitischen Gruppierungen, Aktionsbündnissen und auch Parteien kritisch zu hinterfragen" sind (79).

Wenngleich angesichts des klaren und zielführenden Aufbaus gut zu verschmerzen ist, dass die zugrunde gelegte Methodik keiner eigenen Diskussion unterzogen wird, bleibt punktuell unklar, ob die untersuchte Beziehung zwischen Christen und der Neuen Rechten typologisch oder genealogisch zu verstehen ist: Es wird nicht hinreichend präzisiert, ob die Arbeit komparativ vorgeht und fundamentalistische und rechte Positionen komparativ nebeneinanderstellt, oder ob sie deren Wechselwirkungen aufeinander untersucht. Ein komparatives Vorgehen bräuchte dann aber eine inhaltliche Spezifizierung der tertia comparationis und eine methodische Spezifizierung ihrer Gewinnung. Ein genealogischer Ansatz müsste über inhaltliche Gemeinsamkeiten hinaus auch tatsächliche Wechselwirkungen nachweisen. Die Tatsache, dass eine entsprechende methodische Festlegung nicht explizit vorgenommen wird, schmälert dennoch in keiner Weise die Relevanz des Buches, greift es doch ein im öffentlichen Diskurs über die Neue Rechte oft zu Unrecht vernachlässigtes Thema auf. Theolog*innen sollten das Buch von Löw in jedem Fall zur Kenntnis nehmen und als eine Einladung verstehen, sich an der darin angestoßenen, wichtigen Diskussion zu beteiligen. Der Verfasser leistet also seinerseits mit seiner Monografie einen hilfreichen Impuls für die politische Aufklärung und Präventionsarbeit, die er in seinem Fazit zurecht fordert.

München   *Richard Mathieu*

◆ Silber, Stefan: Kirche, die aus sich herausgeht. Auf dem Weg der pastoralen Umkehr. Echter Verlag, Würzburg 2018. (288) Kart. Euro 19,90 (D) / Euro 20,50 (A) / CHF 20,29. ISBN 978-3-429-05325-3.

Als Papst Franziskus in *Evangelii gaudium* Nr. 27 von seiner Kirche eine „conversión pastoral" forderte, überforderte das offenkundig zumindest die deutschsprachige Übersetzungsabteilung des Vatikans – oder wen genau auch immer. „Pastorale Umkehr" wäre und war die korrekte Übersetzung aus dem Spanischen ins Deutsche, mit all den Konnotationen, die der Begriff der „Umkehr" theologisch und spirituell besitzt. Für manche war das zu viel. Nach ein paar Tagen war in der deutschen Fassung nur noch von einer „pastoralen Neuausrichtung" zu lesen – so bis heute.

Das hier anzuzeigende Buch von Stefan Silber, habilitierter Systematiker, Professor für Didaktik der Theologie im Fernstudium mit dem Schwerpunkt Systematische Theologie an der Katholischen Hochschule Nordrhein-Westfalen, lange Zeit zuvor Pastoralreferent in der Diözese Würzburg und von 1997 bis 2002 Leiter eines diözesanen Katechistenzentrums in Bolivien, ist eine einzige, in immer neuen Anläuft unternommene Auslotung des letztlich eben doch fundamentalen Unterschieds zwischen einer mehr oder weniger pragmatisch-unverbindlichen „pastoralen Neuausrichtung" und einer grundlegenden, am Konzil und den Erfahrungen der lateinamerikanischen Kirche orientierten „pastoralen Umkehr". Im Wesentlichen eine Sammlung bereits erschienener Aufsätze, besitzt das Buch doch innere Konsistenz und einen eindeutigen Focus: Was würde es bedeuten, wenn die katholische Kirche ihre in langen Jahrhunderten habituell und strukturell erworbene Selbstbezüglichkeit endlich hinter sich lassen und wirklich in Wort und Tat realisieren würde: „Die Kirche kann nur dann sie selbst werden, wenn sie aus sich herausgeht" (265).

Silber buchstabiert die Konsequenzen dieses Paradigmenwechsels an den hierfür einschlägigen Themen durch: an der dafür notwendigen realistischen Weltwahrnehmung („Fürchtet euch nicht! Gesellschaftlicher Wandel als Zeichen der Zeit", 20–35, „Gott auf den Straßen der Megastädte", 35–52), der Volk Gottes Lehre des II. Vatikanums als ekklesiologischer Basis („Die Laien sind die Kirche. Die Volk-Gottes-Ekklesiologie des II. Vatikanischen Konzils aus der Sicht der Laien", 54–92), am zentralen, kirchenkonstitutiven Ort der Armen („Kirche der Armen", 93–162: hier steht der nicht oft genug zu erinnernde Katakombenpakt als untergründiges Zentrum der pastoralen Umkehr des II. Vatikanums im Mittelpunkt), sowie an der Perspektivenumkehr, die darin liegt, wenn nicht die Erwartungen oder gar Imperative der Kirche an die Welt im Mittelpunkt stehen, sondern umgekehrt es zuerst darum geht, „was die Welt von der Kirche erwarten kann" (163–266.) In diesem letzten, teils sehr konkreten Abschnitt, finden sich vielfältige Anregungen zur kreativen Weiterentwicklung klassischer Vollzüge der Kirche – für Verkündigung, Sozialpastoral, Spiritualität, interkulturelle Pastoral oder kirchliche Strukturreformen –, Anregungen, die auch für die kirchliche Realität etwa Österreichs und der Schweiz ausgesprochen wertvoll sind.

Der Autor ist dabei weit davon entfernt, lateinamerikanische Konzepte unmittelbar auf die doch anderen kulturellen, historischen und gesellschaftlichen Kontexte westeuropäischer Kirchen zu übertragen. Gerade deshalb gelingt ihm ein höchst anregendes Buch. Biografisch und konzeptionell geprägt von der Perichorese von Lehre und Leben, Dogma und Pastoral (Elmar Klinger), schafft es Silber, pastorale Basisnähe und systematische Abstraktion so an- und einzusetzen, dass ein anregender Transfer zwischen unterschiedlichen ortskirchlichen Realitäten möglich wird.

Das Buch ist für theologisch interessierte Leserinnen und Leser geschrieben: ebenso fundiert wie verständlich. Nach der Amzonassynode und dem teils inspirierenden, teils enttäuschenden Papstschreiben in seiner Folge ist es eine wirklich auferbauende Lektüre. Denn es zeigt, was möglich wäre und teils auch schon möglich ist. Es zeigt übrigens wie nebenbei auch, dass pastorale Umkehr und strukturelle Reformen nicht gegeneinander ausgespielt werden können, sondern sich gemeinsam aus der fundamentalen Tatsache ergeben, dass die Kirche nur im „Dienst an der Welt" ihre „pastorale und missionarische Identität" (266) findet. Dann aber muss sie auch alles tun, damit sie zu diesem Dienst auch glaubwürdig fähig ist.

Das Buch von Stefan Silber ist allen in der Kirche Tätigen als tröstliche und orientierende Lektüre sehr zu empfehlen.

Graz *Rainer M. Bucher*

◆ Sühs, Volker (Hg.): Die entscheidenden Fragen der Zukunft. Theologinnen und Theologen nehmen Stellung. Essays anlässlich 100 Jahren Matthias Grünewald Verlag. Matthias-Grünewald Verlag, Ostfildern 2019. (152) Kart. Euro 20,00 (D) / Euro 20,60 (A) / CHF 20,39. ISBN 978-3-7867-3161-0.

Anlässlich des 100. Geburtstags des Matthias Grünewald Verlags lud dessen Lektor eine Reihe renommierter Theologinnen und Theologen dazu ein, in einem kurzen Essay zu der folgenden Frage Stellung zu nehmen: „Worin sehen Sie die entscheidende theologische Frage der Zukunft?" (11). Im ersten Teil werden grundlegende Beiträge versammelt (14–60), im zweiten Teil einzelne Themenstellungen (61–129), im abschließenden kurzen dritten Teil geht es um eine exemplarische Skizze der Durchführung (131–149). Insgesamt fallen folgende Charakteristika auf: 1. Die Mehrzahl der Theologinnen und Theologen, die zu Wort kommen, sind fachlich den praktischen theologischen Fächern zuzuordnen. Ist hier mehr Sensibilität für Fragen der Zukunft zu erwarten? 2. Erstaunlich oft wird auf die großen Autoritäten des 20. Jahrhunderts Bezug genommen (Ro-

mano Guardini, Hans Urs von Balthasar, Yves Congar, Karl Rahner, Johann Baptist Metz, das Zweite Vatikanische Konzil insbesondere mit der Pastoralkonstitution). 3. Die gegenwärtige Theologie hat sich viel stärker auf eine weltweite Pluralität einzustellen, auf „eine Gestalt des Humanismus und des Miteinanders, die von Grenzüberschreitungen, von Begegnung mit und von Herausforderung durch die anderen geprägt ist" (149, Anm. 38). 4. Dem kirchlichen Lehramt von Papst Franziskus und dem Konzil kommt eine neue führende und visionäre Rolle zu, wie sie die Vergangenheit nicht kannte. Dies wird besonders eindrucksvoll im letzten Beitrag von Margit Eckholt gezeigt. Entsprechend auch die Einschätzung von Julia Enxing: „Kreativität, Außergewöhnliches, Lebensnähe und Transdisziplinarität wurden in keinem päpstlichen Schreiben [wie in „Veritatis Gaudium"] zuvor je so positiv beurteilt." (41) Höchst erfreulich auch die Aussage, dass das Zweite Vatikanische Konzil wie die Generation der Konzilstheologen „Ungeheures" geleistet hätten (54f.). Der zugespitzten Themenfrage stellen sich die Autorinnen und Autoren mit verschiedenen Strategien. Entweder wird die präzise Frage in einem erweiterten Sinn reformuliert oder schlichtweg ignoriert bis zur Peinlichkeit eines selbstdarstellerischen Leistungs- und Erfolgsberichts (113–116). Am besten und eindeutigsten ist die lapidare Aussage: „Die für mich wichtigste, die entscheidende theologische Frage der Zukunft ist die Frage nach dem Menschen." (94) In einem Fall wird die Schärfe der Frage ausdrücklich reflektiert (54). Einer der inhaltlich gewichtigsten und empirisch gut begründeten Beiträge ist jener von Regina Polak, welche die Auseinandersetzung um die Würde des Menschen zum theologischen Signum der Zukunft macht (86–93). Einmal mehr mahnt Ottmar Fuchs die Freiheit des Glaubensaktes als für die Zukunft entscheidend ein (79–85). Legte man hinsichtlich der scharf gestellten Themenfrage strenge Maßstäbe an, hätte fast die Hälfte der Manuskripte wegen Themaverfehlung zurückgeschickt werden müssen. Damit freilich wäre das Scheitern eines verlegerisch zu anspruchsvoll angesetzten Projekts offensichtlich geworden. So bleibt eine Sammlung mehr oder weniger geistvoller Essays, die hinter dem selbstgesteckten Anspruch zurückbleiben. Davon, dass die Gesamtheit der Beiträge dieses Bandes „die Aufgaben einer menschendienlichen, innovativen und zukunftsfähigen Theologie" „knapp und pointiert" umreißen (Klappentext der Rückseite) kann leider keine Rede sein.
Bamberg/Linz *Hanjo Sauer*

BIBELWISSENSCHAFT

◆ Homolka, Walter / Liss, Hanna / Liwak, Rüdiger (Hg.): Die Schriften (hebräisch-deutsch) in der Übersetzung von Rabbiner Ludwig Philippson. Unter Mitarbeit von Susanne Gräbner und Zofia H. Nowak. Herder Verlag, Freiburg i. Br.–Basel–Wien 2018. (892, Lesebändchen) Geb. Euro 40,00 (D)/Euro 41,90 (A)/CHF 52,50. ISBN 978-3-451-33607-2.

Mit dem Erscheinen dieses Bandes ist nun auch der dritte Teil des hebräischen Kanons in der revidierten Übersetzung von Rabbiner L. Philippson erneut zugänglich und man freut sich mit den Herausgebern, dass jetzt diese bedeutende zweisprachige Bibelausgabe des 19. Jhs. vollständig vorliegt. Für die Besprechung der anderen Bände vgl. ThPQ 164 (2016), 201 f.: Tora, und ThPQ 165 (2017), 311 f.: Propheten.

Im Unterschied zum christlichen Kanon enthält dieser Teil auch die (neben Hld, Klgl und Koh) zu den Festrollen gehörigen Bücher Rut und Ester, weiters das nicht zu den Propheten gezählte Buch Daniel sowie Esra, Nehemia und 1, 2 Chronik. Vorangestellt sind auch in diesem Band die üblichen „Editorischen Vorbemerkungen", welche die nötigen sprachlichen Angleichungen sowie die Schreibung der Eigennamen erläutern. Anschließend folgen knappe und ansprechende Einführungen in die Bücher dieses Kanonteiles, für welche Deborah Kahn-Harris verantwortlich zeichnet.

Der Textteil beginnt mit dem Buch der Psalmen, dessen deutscher Text schon 2017 von Rüdiger Liwak u. a. im Voraus herausgegeben und von mir in ThPQ 166 (2018), 315 f. vorgestellt wurde. Der hebräische Text der Psalmen ist in dieser Ausgabe nicht wie etwa im Codex Leningradensis stichisch, sondern fortlaufend geschrieben; das gilt auch für den langen alphabetischen Psalm 119, in welchem zudem der Wechsel der Buchstaben (– anders als im Codex Leningradensis –) nur mit einem kleinen Spatium angedeutet ist. Eine Ausnahme in der Schreibung bildet Ps 18, der auffallenderweise wie in der Parallele in 2 Sam 22 im Stile des Meerliedes (Ex 15) gestaltet ist – offenbar eine

Besonderheit der Ausgabe von Meir ha-Levi Letteris, die dem ganzen Projekt zugrunde liegt. Der deutschen Übersetzung der einzelnen Psalmen ist jeweils eine thematische Überschrift vorangestellt – im Anhang (881–885) auch geschlossen angeführt –, was m. E. die Suche nach einem Psalm für einen speziellen Anlass sehr erleichtert.

Auch die folgenden Bücher sind im Anhang (886–892) nach der Einteilung von Philippson inhaltlich aufgeschlüsselt. Insbesondere für das Buch Ijob und für das Hohelied ist diese Aufgliederung des Textes sehr hilfreich, weil im Fall von Ijob die Redegänge und im Hld die Wechselgesänge deutlich gemacht werden. Anders als bei den Psalmen wird allerdings diese Gliederung nicht in die Übersetzung eingefügt. Ebenso hilfreich ist die Unterteilung in den – im christlichen Verständnis – geschichtlichen Büchern Esra, Nehemia und Chronik, weil in diesem Fall zugleich der Lauf der Geschichte hervorgehoben wird, der nicht unbedingt jedem/r Leser/in geläufig ist. Schließlich ist noch zu erwähnen, dass auch dieser Band wie die anderen mit einem Glossar versehen ist, in welchem verschiedene Namen und Begriffe erklärt werden.

Insgesamt muss man also den Herausgebern dafür danken, dass sie diese wertvolle Bibelausgabe wieder neu zugänglich gemacht haben, die all jenen sehr gute Dienste leisten wird, welche auch die Ursprache in ihre Bibellektüre einbeziehen wollen.

Linz   *Franz Hubmann*

◆ **Zürcher Bibel – Deuterokanonische Schriften.** Theologischer Verlag Zürich, Zürich 2019. (266) Pb. Euro 18,00 (D) / Euro 18,60 (D) / CHF 20,00. ISBN 978-3-85995-258-4.

Die letzten Jahre haben einige Neuübersetzungen bzw. Revisionen von Bibelausgaben im deutschsprachigen Bereich hervorgebracht. Man denke an die (revidierte) Einheitsübersetzung 2016 (kath.) und die Lutherbibel von 2017 (prot.). Einen starken Impuls erhielten all diese Projekte von den (deutschsprachigen) reformatorischen Kirchen in der Schweiz, welche bereits 2007 eine (Neue) Zürcher Bibel herausgegeben hatten. Diese steht in der Tradition von H. Zwingli und der von ihm mitverantworteten „Froschauer Bibel" von 1531 und deren Revision von 1931. Mit der Ausgabe von 2019 wurde nun auch die letzte textliche Lücke im Bereich des Alten Testaments zum Großteil geschlossen.

Nun enthält die Zürcher Bibel (ZB) auch die sogenannten Deuterokanonischen Bücher: Judit (Jdt), Tobit (Tob), Baruch (Bar), Jesus Sirach (Sir), Weisheit (Salomos) (Weish) und die beiden Bücher der Makkabäer (1–2 Makk). Es handelt sich dabei um jüdische Schriften, welche ca. ab dem 3 Jh. v. Chr. in griechischer Sprache verfasst wurden, bzw. ab einem gewissen Zeitpunkt nur mehr in Griechisch tradiert wurden (z. B. Sir). Als wichtige Zeugen für das religiöse Denken des Judentums um die Zeitwende bilden sie dadurch auch eine wesentliche Brücke zwischen dem AT und dem NT. Deuterokanonisch ist jener Terminus, der im katholischen Bereich als Sammelbezeichnung für diese Schriften verwendet wird und damit ausdrückt, dass es sich um einen weiteren, zweiten Kanon heiliger Schriften handelt. Für die Kirchen der Reformation und deren (primären) Orientierung an den hebräischen Büchern des AT gerieten diese Bücher als Apokryphen bzw. Spätschriften zu einer „Ordnung zweiter Klasse". Nichtsdestotrotz enthielten sowohl die Lutherbibeln bis ins 19. Jh. und die Froschauerbibel sowie die Fassung der ZB von 1931 diese Bücher und teilweise noch andere mehr, weshalb eine Re-Integration dieser Bücher in die Zürcher Bibel aufs Höchste zu begrüßen ist. Dennoch zeigen sich an den Rändern des Kanons noch immer Unschärfen, da auch die aktuelle ZB-Ausgabe der Deuterokanonika gewisse Texte bedauerlicherweise nicht enthält (in Klammer die Kapitel gemäß Einheitsübersetzung): Brief des Jeremia (Bar 6), die sog. Zusätze zu Daniel mit Susanna (Dan 13) und den Priestern des Bel bzw. dem Drachen (Dan 14) sowie die vielen Zusätze im griechischen Esterbuch.

Die Übersetzungen wurden alle ausgehend von den griechischen Textfassungen (basierend auf den aktuellen textkritischen Ausgaben) neu erstellt und stehen im Bewusstsein der ZB als möglichst wörtlicher Übersetzung in einem nüchternen und klaren Stil. Die Entscheidung, im Bereich der Deuterokanonika nur mehr von der griechischen Textbasis auszugehen, wurde ebenso bei der Lutherbibel und der Einheitsübersetzung getroffen. Das Weisheitsbuch des Jesus Sirach liegt nun z. B. in drei völlig neuen Übersetzungen auf Deutsch vor und lädt – wie auch die anderen Bücher (z. B. Tob) – zum Vergleichen und vor allem zum Nachdenken über die Reichtümer und Akzente der Bibel ein.

Anmerkungen geben bei einzelnen Stellen Übersetzungsvarianten an. Ein großes Plus der Ausgaben der ZB sind besonders auch die Einleitungen am Beginn aller Bücher. Diese führen in knapper, aber essenzieller Form in die Inhalte des Buches ein, deren theologische Schwerpunkte und auch Fragen der Entstehung bzw. der Textgrundlage(n) – so nun auch bei den Deuterokanonika. Die Bearbeiter der Bücher werden leider nirgends genannt, doch ist hier der Kreis um Peter Schwagmeier, Johannes Anderegg, Konrad Haldimann und Frank Ueberschaer für die Mühen des zehnjährigen Übersetzungsprojektes sehr zu würdigen. Neben der hier besprochenen Ausgabe der Deuterokanonischen Schriften als Separatausgabe finden sich diese nun auch in Standardausgaben der ZB zwischen AT und NT integriert (obendrein zum selben Preis). Hintergrundinformationen zur Neuausgabe und der ZB allgemein bietet die Homepage des Verlags TVZ-Zürich. Interessant wäre es nun freilich auch, das Kommentarwerk „bibel(plus) – erklärt" im Hinblick auf die Deuterokanonika zu erweitern, die Bibelstellen-Verweise der Gesamtausgaben im Hinblick auf die neuen Texte abzugleichen (z. B. Mt 7,12 und Sir 31,15) und ev. auch das Glossar zu adaptieren (z. B. Stichwort Weisheit). Der Evangelisch-reformierten Landeskirche des Kantons Zürich ist ein großer Dank auszusprechen, diese Ausgabe mit ökumenischer Bedeutung gefördert zu haben. Die nun („vollständige") Bibelübersetzung stellt eine sehr würdige Gabe zum Gedenken an den Beginn der Reformation unter Zwingli in Zürich im Jahr 1519 dar.

Linz *Werner Urbanz*

BIOGRAFIE

◆ Berlis, Angela / Leimgruber, Stephan / Sallmann, Martin (Hg.): Aufbruch und Widerspruch. Schweizer Theologinnen und Theologen im 20. und 21. Jahrhundert. Theologischer Verlag Zürich, Zürich 2019. (848) Geb. Euro 70,00 (D) / Euro 72,00 (A) / CHF 78,00. ISBN 978-3-290-18147-5.

Die deutschsprachige Theologie ist ohne den Schweizer Beitrag nicht denkbar. Dafür stehen Namen wie Karl Barth, Hans Urs von Balthasar, Emil Brunner, Hans Küng und viele andere. Nachdem die Klassiker des 19. und 20. Jahrhunderts in einem ersten Band „Gegen die Gottvergessenheit" 1990 und jüngere AutorInnen in einem zweiten Band „Theologische Profile – Portraits théologiques" 1998 behandelt worden sind, folgt nun ein dritter Band mit insgesamt 55 Portraits von Theologen und Theologinnen, deren Wirken bis in die Gegenwart reicht. Was vorgelegt wird, ist ein ehrfurchtgebietendes, voluminöses Opus, nach Fächern geordnet. Die Kapitel sind jeweils mit einer Einführung versehen. Faszinierend ist die sachlich gebotene Verzahnung von Theologie und Biografie, die durchwegs in mustergültiger Weise gelingt. Die ökumenische Ausrichtung ebenso wie eine durchgängig zu spürende Offenheit für einen interdisziplinären Dialog sind den HerausgeberInnen eine Selbstverständlichkeit. Das Stichwort „Aufbruch" im Titel wird im Vorwort in folgender Weise gerechtfertigt: „Mit der Gründung des Ökumenischen Rates der Kirchen (1948), mit der Seelisberger Konferenz (1947), einem ersten Brückenschlag zwischen Juden und Christen in der Nachkriegszeit, und dann vor allem mit dem Zweiten Vatikanischen Konzil (samt der dort vollzogenen anthropologischen Wende der Theologie) ist eine große Begeisterung für Theologie und Kirchen entstanden, die eine bis dahin ungekannte ökumenische Annäherung und Kooperation brachte." (17) Das Stichwort „Widerspruch" wird an einer Zeitdiagnose in der folgenden Weise festgemacht: „Die Globalisierung wird konterkariert durch wachsende Nationalismen und Regionalismen, und im Religiösen zeichnen sich eine starke Privatisierung und ein markanter Rückgang kirchlich gebundener Religiosität sowie ein Aufschwung individueller Spiritualität ab." (18) Theologisch ungemein spannend lesen sich Präferenzen und Akzentsetzungen der behandelten Theologinnen und Theologen, wenn etwa der Alttestamentler Otmar Keel unverhohlen seine Sympathie für eine Spielart des biblischen Monotheismus bekundet, der sich nicht partikularistisch-exklusiv nach dem ägyptischen Modell des Echnaton artikuliert, sondern entgegen der Engführung der Theologen des Deuteronomiums einen „Gott aller Nationen" einfordert. (73) Zu denken gibt auch, dass Systematiker wie Johannes Baptist Brantschen OP mit seiner einfühlsamen und an ein breites Publikum gerichteten Monografie „Warum lässt der gute Gott uns leiden?" eine beachtliche Resonanz erzielten. Theologiegeschichtlich interessant ist, dass Hans Halters Beitrag zum Thema „Homosexualität III" nicht im „Lexikon für Theologie und Kirche" erscheinen durfte. (330) Es ist eine kluge Entscheidung der HerausgeberInnen, den Kreis der Vorgestellten nicht auf die Fachtheologie zu beschränken, sondern in einem 10. Kapitel „Wegweisende Persönlichkeiten" (693–821) den Blick auf Personen zu erweitern, die Kirche und Gesellschaft in ihrer Zeit besonders nachdrücklich geprägt haben, wie etwa Mario von Galli SJ, Ludwig Kaufmann SJ oder Anton Rotzetter OFMCap. Bei letzterem kommen exemplarisch auch biografische Brüche in den Blick, wie die Aufhebung des Klosters Altdorf, dessen Guardian Rotzetter war, durch den Rat der Schweizer Kapuziner, ohne die Betroffenen dazu zu befragen, geschweige denn in die Entscheidung mit einzubeziehen. Formal ist die Publikation mit Literaturangaben, dem Verzeichnis der Autoren und Autorinnen, sowie einem abschließenden Namensregister tadellos gemacht. Soviel geballte Information ist allemal auch seinen Preis wert.

Bamberg / Linz *Hanjo Sauer*

♦ Gelmi, Josef: Cusanus. Leben und Wirken des Universalgenies Nikolaus von Kues (topos taschenbücher 1087). Verlagsgemeinschaft topos plus, Kevelaer 2017. (125) Pb. Euro 9,95 (D) / Euro 10,30 (A) / CHF 13,90. ISBN 978-3-8367-1087-9.

Der emeritierte Professor für Kirchen- und Diözesangeschichte an der Philosophisch-Theologischen Hochschule Brixen und Präsident des Brixner Diözesanmuseums ist bekannt für Forschungen zur Kirchengeschichte Tirols und Publikationen zum wohl berühmtesten Brixner Bischof des Mittelalters, Nikolaus von Kues oder Cusanus (1401–1464). Nun hat er eine kurze Einführung in sein Leben und Denken vorgelegt, die das bewegte Leben des Universalgelehrten, Kirchenreformers und Kurienkardinals in das politische und geistesgeschichtliche Geschehen seiner Zeit einordnet. Der Band ist die überarbeitete Version eines 2013 in Brixen publizierten Buches.

Die Zeit des Cusanus (14–22) wird vorgestellt mit der Frömmigkeitsbewegung der Devotio moderna, dem abendländischen Schisma mit gleichzeitig drei Päpsten (17; das Dekret *Haec Sancta Synodus* ist von 1415, nicht 1515) sowie den Konzilien von Konstanz, Basel und Florenz. In Basel wechselt Cusanus von der Konzils- zur Papstpartei, um die Einheit der Kirche zu fördern.

Es wird der Werdegang des Theologen (23–38) bis zu seiner Schrift *De docta ignorantia* (Über die belehrte Unwissenheit) von 1440 in Schwerpunkten dargestellt: Die bürgerliche Herkunft aus Kues an der Mosel, das Jurastudium in Padua, das Studium in Köln, Quellenstudien in Paris, eine kritische Sicht auf sein Streben nach kirchlichen Einkünften, das politische Wirken auf dem Konzil in Basel und die Reise nach Konstantinopel im Auftrag des Papstes, um die ostkirchliche Delegation zum Unionskonzil in Ferrara / Florenz zu geleiten, illustrieren exemplarisch das Wirken des jungen Gelehrten.

Als Reformer, Prediger und Seelsorger (39–63) wirkt Cusanus nach der Kardinalsernennung ab 1448. Auf seiner Legationsreise durch die deutschen Lande setzt er sich für die Erneuerung der Kirche durch Belehrung der Gläubigen, Verbot des Handels mit Ablässen und Reform der Klöster ein. Als Bischof von Brixen predigt er jeden Sonn- und Feiertag selbst, hält Diözesansynoden ab, will die wirtschaftlichen Verhältnisse des Bistums konsolidieren und eine strenge Observanz der Klöster durchsetzen. Dies weckt den Widerstand des Landesfürsten und adliger Klöster und führt zu beständigen Konflikten.

Aus seinem theologischen Wirken werden die Ökumene der Religionen und mystische Schau (65–71) vorgestellt, in denen Cusanus 1453 den Fall Konstantinopels und die Konfrontation mit dem Islam, aber auch die zeitgenössische theologische Frage nach dem Vorrang des Intellektes oder des Affektes in der Mystik behandelt.

Neue Auseinandersetzungen und soziales Engagement (73–87) stellen seine Stiftungen, besonders das bis heute bestehende Hospital in Kues vor, ferner die Zuspitzung des Konfliktes mit Herzog Sigismund von Tirol. Selbstkritisch erkennt Cusanus, dass er sich zu viel darum gemüht habe, das Kirchenvermögen zu mehren, statt sich mit dessen Erhalt zu begnügen und das übrige Geld den Armen zu geben. Mehrfach zeigt sich ein schwieriger Charakterzug des Cusanus, wenn er detaillierte Bestimmungen des Rechtes oder der Askese durchsetzen will und darin das Maß verliert. Dies verdeutlicht auch ein cholerischer Ausbruch gegenüber Papst Pius II., den dieser überliefert.

Die letzten Jahre (89–93) des Cusanus werden dargestellt durch die lehrreich-unterhaltsame Schrift *De ludo globi* (Über das Globusspiel), die letzte Krankheit, seinen Tod in Todi und das Grabmal in Rom.

Das Buch bilanziert die Bedeutung und Wirkung des Cusanus (95–103) auch in wissenschaftlicher Hinsicht und fügt seine Autobiografie vom 21. Oktober 1449, eine Zeittafel zu seiner Vita und ein Literaturverzeichnis an.

Nicht immer glückt die Wertung, etwa der Renaissance als „Wiedererwachen der Künste aus dem Dunkel des Mittelalters" (14). Die zunächst geringe Rezeption cusanischer Philosophie erscheint als deren völliger Untergang: „Nach dem Tod des Cusanus zerfiel dieses beeindruckende Denkgebäude." (37) Dass Hörer für bis zu vierstündige Predigten „alles in allem dankbar waren, weil das Freizeitangebot nicht so ausgeprägt war wie heute" (52), darf wohl auch für die Zeit des Cusanus bezweifelt werden. Seine charakterlichen Mängel scheinen zu Lasten der Philosophie zu gehen: „Er war eben ein Philosoph, der nicht gut mit Menschen umgehen konnte." (57) Dass alles cusanische Wirken „letztlich der Heimführung der Menschheit zu ihrem göttlichen Ursprung" diente, kennzeichnet schließlich treffend sein Hauptanliegen (102).

Das Buch vermittelt einen schnellen, konzentrierten Zugang zu Cusanus in einer kurzweiligen Lektüre.

Trier *Viki Ranff*

DOGMATIK

♦ Dirscherl, Erwin / Weißer, Markus: Dogmatik für das Lehramt. 12 Kernfragen des Glaubens. Verlag Friedrich Pustet, Regensburg 2019. (398) Kart. Euro 29,95 (D) / Euro 30,80 (A) / CHF 30,53. ISBN 978-3-7917-3050-9.

Lehrbücher sind Bestandsaufnahmen. Sie halten fest, was in einer Disziplin grundlegend und wegweisend ist. Weil jedoch das, was als unverzichtbar gilt, diachron und synchron unterschiedlich bestimmt wird, sind Lehrbücher immer auch Momentaufnahmen mit einem zeitlichen Index. Von daher ist es interessant zu sehen, auf welche *essentials* sich Dogmatiker/innen am Beginn des 21. Jahrhunderts verständigen und einigen. Lehrbücher sind unter einer weiteren Rücksicht ein faszinierendes literarisches Genus. In ihnen gilt es die schwierige Balance zu halten zwischen Tradition und Innovation. Die Spannung lässt sich wie folgt beschreiben: Wer nur den Glauben der Kirche rekapituliert, muss sich angesichts der Fülle vergleichbarer Monografien ehrlich mit der Frage nach Sinn und Zweck eines solchen Vorhabens auseinandersetzen. Besteht bei Verlagen und Leser/inne/n noch Bedarf nach einer weiteren Einführung in den christlichen Glauben? Wer demgegenüber seiner Darstellung eine stärker persönliche Note verleiht, läuft Gefahr, einen bestimmten, partikularen Ansatz zu sehr in den Vordergrund zu rücken. Anstatt in das Glaubensbewusstsein der römisch-katholischen Kirche wird dann im schlimmsten Fall vorwiegend in den persönlichen theologischen Entwurf eingeführt.

Die beiden Autoren der vorliegenden Einführung in die Dogmatik, Erwin Dirscherl und Markus Weißer, wissen um die Schwierigkeiten, die mit einem Lehrbuch verbunden sind. Ihr primärer Adressat sind Studierende des Lehramtes, die sich auf Examina bzw. auf die schulische oder pastorale Praxis vorbereiten. Dieser speziellen Leserschaft, aber auch Interessierten anderer Fächer und Wissenschaften (vgl. 11), möchte das Autorenduo eine auf das Wesentliche beschränkte, kompakte Darstellung der katholischen Dogmatik zur Verfügung stellen. Da Zahlen, Daten und Fakten heute durch digitale Suchmaschinen blitzschnell und jederzeit verfügbar sind, legen Dirscherl und Weißer in der Vermittlung des Wissens den Akzent auf das Verstehen. Sie wollen Verbindungen und Zusammenhänge aufzeigen sowie Hintergründe beleuchten. Das Gliederungsprinzip und den roten Faden ihrer Ausführungen bildet ein heilsgeschichtlicher Ansatz. Das Nach-Denken über Gottes Selbstoffenbarung in Schöpfung und Erlösung soll den Leser/inne/n unter die Haut gehen und in ihnen den intellektuellen Eros wecken (vgl. 11). Lust auf Gott und seine Sache wollen die Autoren anhand von zwölf Kernfragen des christlichen Glaubens wecken. Mit ihrer „Theologie im Modus der Frage" (14) reagieren die Verfasser auf die neuen Herausforderungen für Theologie und Kirche, die der rapide Wandel von Stellung und Standing des Christentums in der modernen Gesellschaft mit sich bringt. Vieles von dem, was einst zentraler Bestandteil der religiösen Identität war und auch außerkirchlich mit breiter Akzeptanz rechnen konnte, steht heute zur Diskussion und ist fragwürdig geworden. Der Verlust ehemaliger Selbstverständlichkeiten im Christentum, der grassierende Analphabetismus unter Getauften und nicht zuletzt die religiöse Indifferenz vieler Zeitgenossen erfordern eine neue Dogmatik. Eine Dogmatik, die nicht besserwisserisch und leicht überheblich über Fragen schwadroniert, die niemand mehr stellt. Und die Antworten gibt, die außer wenigen Insidern kaum noch jemand versteht. Wohl aber eine Dogmatik, „die sich je neu als auf Gott und die Menschen hörende und fragende Disziplin versteht, die mit ihren Antworten wieder zu neuen Fragen Anlass gibt, die die Menschen umtreiben." (16)

Wie sehen aber nun die Fragen aus, die nach Ansicht der Autoren auch heute noch in Bezug auf das Christentum bedenkenswert und relevant sind? Es sind dies: 1. Gott – wer oder was ist das? (23–54), 2. Warum und wie dreifaltig? (55–85), 3. Der Mensch – frei gesetzt aus Sternenstaub? (87–114), 4. Sünde – glückliche Schuld? (115–141), 5. Was bedeutet dieser Jesus für uns? (142–180), 6. War das Kreuz denn wirklich nötig? (181–206), 7. Was ist eigentlich ein Sakrament? (207–222), 8. Wozu brauchen wir die Kirche? (223–270), 9. Kann man mit Wasser ein Feuer entfachen? (271–289), 10. Brot und Wein als Leib und Blut Christi? (290–322), 11. Wer früher stirbt, ist länger tot? (323–347), sowie 12. Auferstehung des Leibes? (348–369).

Die Einführung orientiert sich, wie man unschwer erkennt, an der gängigen Traktat-Folge. Kapitel 1, 2, 3, 4, 9, 10 und 12 stammen aus der Feder von Dirscherl, die restlichen von Weißer. Hinsichtlich Aufbau und Diktion wirkt die Einführung wie aus einem Guss. Beide Autoren operieren zumeist mit dem bewährten Dreischritt aus biblischen Grundlagen, dogmengeschichtlicher Entwicklung und systematischen Perspektiven. Der Schwerpunkt liegt auf der deutschsprachigen Theologie und dort vor allem auf den modernen Klassikern Karl Rahner, Joseph Ratzinger und Hans Urs von Balthasar. Die Kapitel sind sehr dicht und sowohl sprachlich als auch inhaltlich anspruchsvoll. Anglizismen und Verweise auf die Populärkultur in Form von Filmen, Musikgruppen etc. lockern die Ausführungen immer wieder auf und verleihen ihnen einen jugendlichen Touch. Die Darstellungen sind ausgewogen und frei von Polemik. Die Autoren halten sich vornehm im Hintergrund. Gleichwohl haben sie der Stoffpräsentation ihren charakteristischen Stempel aufgedrückt. Und das ist auch gut so. Etwa mit dem eindeutigen Bekenntnis zur bleibenden Erwählung Israels (vgl. 45–46), der Zurückweisung einer ungezügelten Anthropozentrik (vgl. 96–98), der Anerkennung von Andersheit und Uneindeutigkeiten im Umgang mit den Geschlechtern (vgl. 107–108) sowie der Aufforderung an die Bischöfe, ihrer Leitungsverantwortung nachzukommen und durch *viri probati* den „für die Gemeinden […] lebensnotwendigen Dienst der Verkündigung und des Altares [zu] sichern." (231)

Abschließend bleibt zu sagen: Die beiden Autoren legen eine gelungene und zeitgemäße Einführung in Kernthemen der Dogmatik vor. Für eine zweite Auflage sollte jedoch das Gliederungssystem überdacht werden. Der Verzicht auf Gliederungsnummern für Überschriften erschwert die Übersicht. Ungewöhnlich und für ein Lehrbuch eher unpassend ist ferner die Tatsache, dass der umfangreiche wissenschaftliche Apparat in Form von Endnoten angeführt wird.
Brixen   Christoph J. Amor

ETHIK

◆ **Brand, Lukas: Künstliche Tugend. Roboter als moralische Akteure.** Verlag Friedrich Pustet, Regensburg 2018. (152) Kart. Euro 16,95 (D) / Euro 17,50 (D) / CHF 17,28. ISBN 978-3-7917-3016-5.

Die Debatte um künstliche Intelligenz (KI) und ihre Verkörperung in Robotern hat nach einem zweiten Winter der KI-Forschung wieder Fahrt aufgenommen. Die Rechner- und Speicherkapazitäten stehen nun zur Verfügung ebenso wie neue Verfahren in der Programmierung. KI und Robotik haben in den vergangenen Jahren erstaunliche Fortschritte verzeichnet (Sieg bei GO und Poker; agile und emotionale Robotik). Werden diese mächtigen Maschinen eines Tages nicht mehr uns zu Diensten sein, sondern wir ihnen unterliegen – mit offenem Ausgang über unseren Platz in dieser neuen Welt?

Lukas Brand hat mit diesem gehaltvollen und gut lesbaren Büchlein seine prämierte Magisterarbeit vorgelegt. Er plädiert dafür, dass wir Menschen uns vorbereiten sollten auf die massiven Transformationen, die unsere Gesellschaft durch Digitalisierung, Big Data und Robotik umpflügen werden. Und den immer mächtiger werdenden Maschinen schon jetzt moralische Regeln mitzugeben, so dass sie uns eines Tages als moralisch ansprechbare und – hoffentlich – von unseren Argumenten überzeugbare Akteure begegnen werden.

Brand gibt für alle Interessierten eine gute Einführung in das Feld der Technikphilosophie und -ethik, Robotik und KI-Forschung. Ein geschichtlicher Abriss sowie die grundlegenden Positionen informieren den Leser über die – nicht immer neue – Diskussion und liefern die Anschlusspunkte für seine anregenden Überlegungen: Welche Ethik braucht es, damit Maschinen moralische Probleme „autonom und moralisch sensibel bewältigen" (10) können? Kap. 3 fragt nach den Bedingungen der Möglichkeit, wann Maschinen überhaupt als Akteure und als Agenten der Moral in Betracht kommen könnten. Hierbei greift er die großen Debatten um die Philosophie des Geistes auf und – ohne sich im Detail zu verlieren – kommt zu dem Ergebnis, dass ein stringenter Beweis für das Bewusstsein einer robotischen Intelligenz weiterhin ausstehe, aber eine Zuschreibung von Bewusstsein und Intention, wie beim Menschen auch, aufgrund von Beobachtung durchaus möglich sei. Das bietet die Basis, um zu untersuchen, welcher moralische Ansatz am geeignetsten erscheint, um Robotern eine moralische Orientierung für ihre Handlungen zu vermitteln. Nach Abwägung der großen Linien Utilitarismus, Deontologie und aristotelischer Tugendethik kommt der Autor zu dem Ergebnis, dass ein tugendethischer Ansatz einerseits der menschlichen Praxis am ehesten, andererseits aber auch den maschinellen Möglichkeiten (speziell über das *deep learning*, also das Trainieren der KI anhand großer geeigneter Datensätze) am besten entspreche.

Der aristotelische Hylemorphismus biete einen geeigneten konzeptionellen Ausgangspunkt, um Maschinen in einer ähnlichen Weise auf Moral einzustellen, wie sie im Menschen in der „Seelenfähigkeit des Denkens" anzutreffen ist. Anders als Menschen müssten Roboter aber gar nicht erst lernen, ihre persönlichen Interessen und Neigungen von den moralischen Kalkülen zu abstrahieren, sie könnten sich gleich auf die richtigen Überlegungen konzentrieren. Hier wäre zumindest zu fragen, ob dieses scheinbare Hindernis im menschlichen Geschäft mit der Moral, sich mit seinen Neigungen auseinanderzusetzen und sie im Sinne des für alle Guten zu transzendieren, nicht ein wesentliches Moment der Ethik ausmacht. Was für eine andere Ethik ist es, wenn dieses Element mit der robotischen Apersonalität und Neigungslosigkeit ausfällt? Ein wenig gemahnt Brands Optimismus an die „Patentlösung" von Paul Watzlawick: „Eine Patentlösung wäre eine Kombination der beiden Begriffe [Patent und Endlösung], also eine Lösung, die so patent ist, daß sie nicht nur das Problem, sondern auch alles damit Zusammenhängende aus der Welt schafft." Wäre eine solche Ethik geeignet, den Menschen gleich mit abzuschaffen?

Abschließend plädiert Brand für eine bewusste Gestaltung der Robotik und KI, um ihre Potenziale nutzen zu können, aber auch ihre Grenzen zu kennen. Ein Problem sieht er klar darin, dass die Maschinen Lösungen für moralische Probleme finden könnten, die uns nicht unmittelbar einleuchten werden. Hierfür werden wir Menschen aber keine überzeugende Begründung von den Maschinen erhalten. Wenn wir bei solchen Lösungen „uns schlichtweg darauf verlassen müssen, dass die Maschine die aus ihrer Sicht bestmögliche Entscheidung getroffen hat" (137), dann wirft uns das in ein vorkritisches Stadium zurück, in dem wir die Weisungen und Ratschlüsse anderer Autoritäten hinzunehmen hatten. Hier sollten wir zu besseren Lösungen kommen!

Nürnberg *Arne Manzeschke*

◆ Hagencord, Rainer: Gott und die Tiere. Ein Perspektivenwechsel. Mit einem Beitrag von Bischöfin i. R. Bärbel Wartenberg-Potter (topos premium 47). Verlagsgemeinschaft topos plus, Kevelaer 2018. (191) Klappbrosch. Euro 15,00 (D) / Euro 15,50 (A) / CHF 15,29. ISBN 978-3-8367-0047-4.

In den letzten Jahren hat Rainer Hagencord, Leiter des Instituts für Theologische Zoologie an der Philosophisch-Theologischen Hochschule Münster, in Tierschutzkreisen viel Beachtung und Zustimmung gefunden. So verwundert es nicht, dass sein Buch „Gott und die Tiere", ursprünglich 2008 im Verlag F. Pustet erschienen, nun in eine zweite, deutlich erweiterte Auflage geht. Neu sind darin v. a. ein Abschnitt „Laudato si und die Tiere", der auf die Enzyklika von Papst Franziskus von 2015 Bezug nimmt, und ein Gastbeitrag der evangelischen Bischöfin im Ruhestand Bärbel Wartenberg-Potter, die Kuratoriumsvorsitzende des Instituts ist.

Neuerscheinungen

Thomas Dienberg / Stephan Winter (Hg.)
MIT SORGE – IN HOFFNUNG
*Zu Impulsen aus der Enzyklika Laudato si'
für eine Spiritualität im ökologischen Zeitalter*

Papst Franziskus stellt die Sorge um die Armen, die Wiedergewinnung und Sicherung des Friedens sowie die Bewahrung der Schöpfung ins Zentrum seines Pontifikats. Besonders eindrücklich zeigt sich dies in seiner Enzyklika Laudato si'. Der Band liefert spannende Impulse für alle, die sich an der Gestaltung eines ökologischen Zeitalters beteiligen wollen.

248 S., kart., ISBN 978-3-7917-3141-4
€ (D) 24,95 / € (A) 25,70 / auch als eBook

Martin Dürnberger
BASICS SYSTEMATISCHER THEOLOGIE
Eine Anleitung zum Nachdenken über den Glauben

»Theology is simply that part of religion that requires brains.«
GILBERT K. CHESTERTON

Die Theologie steht vor der Herausforderung, neu für das Nachdenken über den Glauben zu werben. Dieser innovative Entwurf führt allgemein verständlich in Fragen, Probleme und Diskurse Systematischer Theologie ein.

512 S., kart., ISBN 978-3-7917-3051-6
€ (D) 29,95 / € (A) 30,80 / auch als eBook

VERLAG FRIEDRICH PUSTET VERLAG-PUSTET.DE

An Vorwort (9) und Einführung (10–16) schließt sich eine „Paradiesische Ouvertüre" (17–23) an. In „Vom Homo sapiens zum ‚Homo interplanetaris praedator'" (25–38) wirft Hagencord einen Blick auf die defizitäre Tierphilosophie und Tierethik seit der Renaissance. Anschließend behandelt er „Das Tier im Kontext der biblischen Anthropologie" (39–56). Das längste Kapitel des Buchs spricht über „Das Tierbild der modernen Verhaltensbiologie" (57–116). Einen großen gedanklichen Sprung zurück mutet der Autor seinen LeserInnen zu, wenn er danach „Das Tierbild innerhalb der Theologie des Nikolaus von Kues" (117–144) darstellt. Schließlich entwirft Hagencord eine „Theologische Zoologie" (147–161). Ein ausgesprochen kurzes Kapitel „Die gesamte Schöpfung wartet auf Erlösung" (163–169) geht auf die Enzyklika von Papst Franziskus ein. „Bekehrung zu Gottes Erde" (173–191) von Bischöfin im Ruhestand Bärbel Wartenberg-Potter schließt das Buch ab.

Formal fällt zunächst einmal auf, dass die Texte des Buchs ausgesprochen heterogen sind – und hier nehme ich den Gastbeitrag Wartenberg-Potters bewusst aus, der legitimer Weise anders formatiert sein darf. Aber das verhaltensbiologische Kapitel nimmt 40 Prozent des Platzes ein, das Kapitel über den Cusaner 20 Prozent, während für die übrigen fünf Kapitel nur die restlichen 40 Prozent bleiben. In manchen Kapiteln sind zitierte Texte präzise belegt, in anderen wird ohne jede Quellen- und Seitenangabe nur der Autor benannt. Manche Kapitel verfügen über ein (allerdings sehr lückenhaftes!) Literaturverzeichnis, andere nicht. Man muss annehmen, dass die Texte in ganz unterschiedlichen Zusammenhängen entstanden sind und ohne redigierende Vereinheitlichung zusammengefügt wurden.

Die Einführung enthält lange Textabschnitte, die fast wörtlich in späteren Kapiteln wiederkehren: S. 10 entstammen zwei Absätze der S. 151, S. 11 ein Absatz. S. 12–13 sind drei Absätze der S. 152 entnommen. S. 16 sind wiederum drei Absätze von S. 159.

Inhaltlich sind die Schwierigkeiten kaum geringer. Zwar lässt sich das Buch durchgehend flüssig lesen und bietet viele interessante Zitate und Verweise. Aber in keinem einzigen Kapitel wird ein roter Faden sichtbar. Man erfährt nicht, worum es genau in dem Kapitel geht, auch die Auswahl der referierten WissenschaftlerInnen und die Reihenfolge ihrer Darbietung erschließt sich nur sehr lückenhaft. Vor allem aber wird die Abfolge der Kapitel nicht verständlich, und eine Verschränkung theologischen Denkens mit biologischen Analysen findet nicht statt.

Regelrecht weh tut es zu sehen, dass Hagencord zwar mit Recht und wiederholt die Tiervergessenheit der Theologie bis zum Ende des 20. Jh. beklagt, aber die neue theologische Aufmerksamkeit für die Tiere im letzten Jahrzehnt übergeht. Das hätte man bei einer Neuauflage zehn Jahre nach der ersten Auflage in irgendeiner Weise einholen müssen. Insbesondere gilt das für die Enzyklika Laudato si, die zwar in Hagencords letztem Kapitel dargestellt wird, aber nur auf sieben Seiten und sehr oberflächlich. Hagencord schwärmt von der Enzyklika, setzt seine Sympathie aber kaum in eine produktive Rezeption um. So verschenkt er viel Potenzial, das seinem guten Anliegen hätte dienen können.

Linz

Michael Rosenberger

FESTSCHRIFT

♦ Egender, Nikolaus: Vermächtnis Heiliges Land. Zu seinem 95. Geburtstag herausgegeben von Joachim Braun / Katharina D. Oppel / Nikodemus C. Schnabel OSB. Mit einem Nachwort von Christoph Markschies (Jerusalemer Theologisches Forum 30). Aschendorff Verlag, Münster 2018. (321) Geb. Euro 46,00 (D) / Euro 47,30 (A) / CHF 46,89. ISBN 978-3-402-11043-0.

Abt Nikolaus Egender durfte ich anlässlich meines Studienjahres in Jerusalem kennenlernen und sah ihn häufig bei den Armeniern am Sonntagnachmittag, aber auch bei vielen liturgischen Veranstaltungen. Mir fiel auf, dass er Freude an der Liturgie hatte und diese Freude auch teilen konnte. Für viele Studierende war er ein Schlüssel zum Verständnis der verschiedenen Liturgien und Kirchen. Das Theologische Studienjahr für evangelische und katholische Studierende ist an die Abtei angeschlossen und existiert seit 1973. Es ist ein Ort, an dem Ökumene gelebt und reflektiert wird.

Eine gute Einleitung beschreibt das Leben und Wirken des Jubilars. Der ehemalige 4. Abt der Dormitio (1979–1995) wird insbesondere in seiner Funktion als Brückenbauer zwischen den Religionen und Konfessionen gewürdigt. Auf verschiedene Weisen hat er den Kontakt gesucht und so ein Miteinander gefördert. Als Mönch und als Wissenschaftler hat er sich schon früh mit den verschiedenen Wurzeln der Kirche beschäftigt. Auch das, was ihn geprägt hat, wird thematisiert: sein Elternhaus im Elsass mit Wurzeln in Vorarlberg, seine Schulzeit im Krieg (in Frankreich und Deutschland). Besonders geprägt hat ihn der Gründer des Klosters von Chevetogne (Ardennen), in das er eingetreten ist: Dom Lambert Bedauduin (1873–1960). Hierin wird sowohl die lateinische als auch byzantinische Tradition gelebt. P. Nikolaus war jahrelang Schriftleiter der französischsprachigen ökumenischen Zeitschrift Irénikon, die von den Mönchen von Chevetogne herausgegeben wird. Zudem hat er seine wissenschaftlichen Beiträge in dieser Zeitschrift veröffentlicht. Als Abt der Dormitio in Jerusalem konnte er sein Wissen einbringen, seine Fähigkeit als Brückenbauer ausbauen und das Miteinander auf besondere Weise aktiv gestalten.

Nach dieser Einführung in das Leben des Jubilars wird der Festvortrag für Dom Lambert Beauduin widergegeben: „Liturgie – Mönchtum und Ökumene. Zum 75-jährigen Bestehen des Kosters Amay / Chevetogne". Dieser Aufsatz ist der Schlüssel zum Verständnis des Jubilars. Viele Wesenszüge des Klostergründers (der als vir dei et ecclesiae charakterisiert wird) lassen sich auch auf P. Nikolaus beziehen.

Viele der Artikel von P. Nikolaus wurden schon veröffentlicht, allerdings nur auf Französisch. Hier werden sie erstmals in deutscher Sprache vorgelegt. Sie geben Einblick in sein Verständnis der drei Säulen Liturgie, Mönchtum und Ökumene, die ihn geprägt haben. Die Ökumene wird im dritten Teil sehr ausführlich beschrieben. Dieser Teil des Buches bezieht sich vor allem auf das derzeitige Miteinander der Ortkirchen, das Miteinander der neuen Kirchen (Freikirchen) und das Verhältnis zum Judentum, das unterschiedlich gelebt wird. Vor allem den Ortskirchen und deren arabischen Vertretern fällt der Dialog mit den Offiziellen des Staates Israel und des Judentums schwer.

Im letzten Artikel zum hundertjährigen Bestehen der Dormitio im Jahr 2006 schreibt Abt Nikolaus von seinen persönlichen Erlebnissen im Heiligen Land. Er berichtet von seiner ersten Begegnung mit der Abtei und seiner Wahl zum Abt. Jerusalem ist für ihn ein Mikrokosmos, in dem die Kirchen des Westens und des Ostens gegenwärtig sind. Eine besondere Ökumene wird in Jerusalem gefeiert – die Ökumene des Zeichens: „Trotz immer wieder hochkommender Spannungen hat die Feier des Osterfeuers in der Grabeskirche am Karsamstag einen ökumenischen Charakter, denn das heilige Feuer wird vom griechischen Patriarchen den Armeniern, Kopten und Syrern gereicht, welche ihm vorher ‚gehuldigt' haben als dem eigentlichen Patriarchen von Jerusalem. ... Wenn Ostern für Ost und West zusammenfällt, bringt ein armenischer Mönch dieses Feuer in die Dormitio und zündet das Osterfeuer an."

Die Aufsätze sind eine Begegnung mit den zentralen Themen, mit denen sich P. Nikolaus zeitlebens beschäftigt hat. Der Dreiklang von Liturgiewissenschaft, monastischen Studien und ökumenischer Theologie ist der Arbeitsschwerpunkt des Theologen. Seine persönlichen Erfahrungen, die er am Schluss wiedergibt, machen den Leser vertraut mit allem, das ihn vor allem im Heiligen Land beschäftigt hat. Er schreibt: „Das Leben auf dem Zion ist ein großes Geschenk. Es ist nicht selbstverständlich. Es verlangt Hingabe und vollen Einsatz, vor allem aber Verinnerlichung, Demut, Ausdauer und Geduld." Friedliche Zeiten, aber auch viel Unruhe haben ihn geprägt. Sein Leben ist ein Zeugnis des Miteinanders der verschiedenen Traditionen, der zerrissenen Christenheit. Dass das Land seit 500 Jahren von Fremdmächten besetzt ist, dass der palästinensische Christ ein Fremder im eigenen Vaterland ist, vergleicht P. Nikolaus Egender mit dem Leben eines Christen, z. B. mit dem biblische Bild, in dem der Glaubende als Gast auf Erden bezeichnet wird, der keine bleibende Stätte hat und zugleich nicht von der Welt, aber in der Welt ist.

Christen haben Verantwortung für Gerechtigkeit, Freiheit und Frieden. Als solcher hat Egender Solidarität gezeigt mit Juden, Christen, Muslimen, Israelis und Palästinensern und sich gemeinsam mit seinen Mitbrüdern in den Dienst der Verständigung und Versöhnung gestellt, um so zu Frieden und Einheit beizutragen.

Zusammenfassend kann man feststellen, dass es ein gut lesbares Buch ist, das den Jubilar zu Wort kommen lässt – sei es im Interview, in den Aufsätzen oder in seinen persönlichen Schilderungen. Zugleich ist es ein Hoffnungsschimmer in dieser doch recht komplizierten Welt des Orients. P. Nikolaus liebt dieses Land und das merkt man in den Aufsätzen. So kann das Buch einen Zugang zum Leben im Heiligen Land eröffnen, das dem Leser aus der Sicht des Jubilars etwas besser erschlossen wird. In Abt Nikolaus' Liebenswürdigkeit wird vielen Menschen – und vor allem den Studierenden – ein Zugang zur monastischen Lebensweise erschlossen.

Schwanenstadt   Johannes Tropper

FUNDAMENTALTHEOLOGIE

♦ **Schiefen, Fana: Öffnung des Christentums? Eine fundamentaltheologische Auseinandersetzung mit der Dekonstruktion des Christentums nach Jean-Luc Nancy** (Ratio fidei 64). Verlag Friedrich Pustet, Regensburg 2018. (318) Kart. Euro 39,95 (D) / Euro 41,10 (A) / CHF 40,73. ISBN 978-3-7917-2718-9.

Es ist unumstritten, dass unsere Welt, genauer gesagt unsere kulturell und religiös westlich geprägte Welt, sich spätestens seit der europäischen Aufklärung im Wandel befindet. Ob ausgehend von der Entwicklung der Human- oder Naturwissenschaften und im Anschluss daran der Technik, oder mit Blick auf das soziale Miteinander sowie des Alltags eines jeden Einzelnen, unsere Welt emanzipiert sich immer mehr von ihrer kulturell-religiösen Beheimatung, die man verkürzt als christliches Abendland zu bezeichnen pflegt. Dem historischen Projekt *Abendland* tritt scheinbar eine andere Kraft entgegen: die Säkularisierung, die allmählich, aber sicher Oberhand gewinnt.

Trotz der kritischen Stimmen, welche in Reaktion auf die moderne und mittlerweile postmodern gewordene Entwicklung vorschnell den Schluss ziehen, es handle sich hier um eine unheilvolle Entchristianisierung, stellt sich unweigerlich die Frage, inwiefern die Säkularisierung im Christentum selbst angelegt ist. Oder, um es noch provozierender auszudrücken: Ist es das Christentum selbst, das seine eigene Dekonstruktion vorantreibt? Mit dieser tiefgreifenden Frage beschäftigt sich auch die Münsteraner Fundamentaltheologin Fana Schiefen in ihrem umfangreichen Dissertationsprojekt, welches 2018 veröffentlicht wurde: „Öffnung des Christentums? Eine fundamentaltheologische Auseinandersetzung mit der Dekonstruktion des Christentums nach Jean-Luc Nancy".

Wie der Untertitel des Buches verrät, stellt die Theologin in den Mittelpunkt ihrer Studie eine der wichtigsten Thesen des französischen Philosophen Jean-Luc Nancy, nämlich jene der selbstdekonstruktiven Kraft des Christentums. Im Anschluss an Nancy, der seit den neunziger Jahren die Möglichkeiten der Selbstdekonstruktion des Christentums intensiv erforscht, behandelt Schiefen im Grunde das Erbe und somit immer auch die Zukunft des Christentums, welches aus der jüdisch-griechischen Denktradition hervorging und auf eine selbstüberschreitende Öffnung hinsteuert: die Alterität, die in Interaktion mit der säkularen Wirklichkeit, mit ihrer Pluralität und gleichzeitig Globalität, zu erblicken ist. Dabei versteht sich die Studie nicht als eine unkritische Übernahme der dekonstruktiven Sichtweise Nancys in das theologische Denken, sondern als eine Analyse, „die sich von den bleibenden Ansichten der untersuchten Philosophie inspirieren lässt, ohne sich von ihnen abhängig zu machen." (20). Ganz im Sinne des Haupttitels, der entsprechend als Frage formuliert ist, führt Schiefen einen spannenden Dialog mit dem Philosophen, um mögliche Perspektiven für eine zeitgenössische Theologie zu eröffnen.

Diesem Vorhaben, das die Auseinandersetzung mit Nancys Philosophie so fruchtbar macht, entspricht auch die Gliederung der Arbeit: Nach einführenden Notizen und einer präzisen Darstellung des philosophischen Werkes Nancys folgt eine ausführliche Analyse des Hauptgegenstandes der Arbeit, nämlich die These der Selbstdekonstruktion des Christentums, die begrifflich eingegrenzt und mit Blick auf die christliche Tradition selbst ausgeführt wird. Abschließend erfolgt eine kritische Reflexion, die auf mögliches Potenzial für die Theologie hinweist.

Nachdem sie Nancys Philosophie in einen kontextbezogenen Rahmen der zeitgenössischen Philosophie eingebettet hat, geht Schiefen auf einen dekonstruktiven Lektürevorgang ein, den sie in Anlehnung an Jacques Derrida, den Hauptvertreter der Philosophie der Dekonstruktion, paradigmatisch ausführt. Wie der Begriff *Dekonstruktion* deutlich macht, der hier in Abgrenzung von einer wissenschaftlichen Methode formuliert ist, geht der Leser bzw. die Leserin weder konstruktiv noch destruktiv vor, sondern vielmehr verändernd, also de-konstruktiv: Es wird vorausgesetzt, dass der unveränderbaren Geschlossenheit des Originaltextes eine verändernde Kraft innewohnt, die in der Lektüre aufgespürt und aufgeschlossen werden kann.

Ausgehend von diesem kritischen Lektürevorgang Derridas verortet und analysiert Schiefen schließlich die von Nancy aufgestellte These der Selbstdekonstruktion des Christentums. Zurückgeführt wird der Gegenstand seines Projektes auf den Monotheismus und im Nachhinein auf seine extremste, jüdisch-griechische Ausprägung, wie sie sich in der abendländischen Metaphysik niederschlägt, einschließlich der aus ihr entwickelten christlichen Glaubenssätze. Indem diesen nämlich das Konzept eines jenseits der Welt gründenden Seienden (Transzendenz) zugrunde liegt, zeugt das Christentum nicht nur von seiner totalitären Geschlossenheit, sondern zugleich von seiner Öffnung: jener Öffnung auf sein Gegenüberliegendes, das immer auch sein Eigenes bleibt.

Das Buch versucht also eine Antwort auf die Frage zu geben, inwiefern der Akt der Öffnung einen Transzendenzbezug darstellt, der nicht über diese Welt hinaus-, sondern vor allem in sie hineinführt.

Wien Ján Branislav Mičkovic OP

KIRCHENGESCHICHTE

♦ Al Kalak, Matteo (Hg.): Egidio Foscarari – Giovanni Morone. Carteggio durante l'ultima fase del Concilio di Trento (1561–1563). Editione critica (Corpus Catholicorum. Werke katholischer Schriftsteller im Zeitalter der Glaubensspaltung 49). Aschendorff Verlag, Münster 2018. (267) Geb. Euro 64,00 (D) / Euro 65,80 (A) / CHF 65,24. ISBN 978-3-402-10527-6.

Keine Frage: Das Konzil von Trient (1545–1563) war ein kirchenpolitisches Großereignis von kaum zu überschätzender Bedeutung. Entsprechend verliefen die Informationsflüsse von der kleinen Bischofsstadt im Etschtal bis in die entlegensten Winkel der katholisch verbliebenen Welt. Kirchenfürsten wie weltliche Souveräne wollten stets über die neuesten Vorkommnisse und Entwicklungen informiert werden. Was immer in der kleinen Alpenprovinz entschieden wurde, es könnte enorme Folgen für den gesamten *Orbis catholicus* haben. Der Forschung ist der umfangreiche Informationsaustausch zwischen Konzil, Fürstenhöfen und Römischer Kurie durch die bisherigen Editionswerke von Brief- und Botschafterkorrespondenzen bekannt. Das zu rezensierende Werk reiht sich hier ein. Es ist ein Briefwechsel zwischen dem Bischof von Modena Egidio Foscarari und seinem Amtsvorgänger Kardinal Giovanni Morone, der sich in Rom regelmäßig über die neuesten Ereignisse in Trient berichten ließ.

Foscarari hatte schon während der ersten Tagungsperiode am Konzil teilgenommen und zählte in der letzten Phase zu den bekanntesten Vertretern aus der Gruppe reformaffiner italienischer Prälaten. Als Mitglied diverser Arbeitsgruppen war er maßgeblich an der Textgenese einiger Konzilsdekrete beteiligt. Heute ist er dagegen wohl eher dem Fachpublikum ein Begriff. Morone ist im Gegensatz dazu auch heute einem breiteren Publikum bekannt. Spätestens seit der immer noch maßgeblichen Darstellung Jedins in seiner *Geschichte des Konzils von Trient* gilt der Kardinal als der Retter des Konzils, dem in seiner heißesten Phase das Kunststück gelang, die hoffnungslos zerstrittenen Parteiungen zurück an den Verhandlungstisch und das Konzil zu seinem glücklichen Abschluss zu führen. Zweifellos war er seinerzeit der begnadetste Diplomat des Heiligen Stuhls, der zudem Kontakte zu den oberitalienischen Reformkreisen aufwies, die ein gewisses Verständnis für die Anliegen der Reformation aufbrachten, und zu denen er, genau wie Foscarari, dazugezählt wird. Als konkurrenzloser Kenner der deutschen Verhältnisse war er in die Religionsgespräche und Reichstage involviert, wobei letzteres ihm im Zusammenhang mit dem Augsburger Religionsfrieden wegen angeblicher Nähe zur konfessionellen Gegenseite zum Verhängnis werden sollte. Es wurde ein Inquisitionsverfahren eröffnet und die nächsten Monate schmachtete er im Gefängnis der Engelsburg, bis sein Gönner und Familienfreund Medici als Papst Pius IV. die Kathedra Petri besteigen sollte. Er rehabilitierte Morone und ernannte ihn etwas später zum Konzilspräsidenten. Die zwei Jahre vor seiner Abreise nach Trient als neuer Präsident sind es, die der Briefwechsel umfasst.

Der Edition ist eine erläuternde Einleitung vorangestellt, in welcher der Editor die Hauptthemen der Korrespondenz zusammen mit den editorischen Grundsätzen (7–38) anführt. Der Leser erfährt dabei, dass es dem Editor auch gelungen ist, verloren geglaubte Briefe in späteren Kopien aufzuspüren und hier erstmals abzudrucken. Für die Entscheidung, die einführenden Paratexte auf Italienisch zu veröffentlichen, war der Gedanke leitend, dass wer das nicht einfache italienische Idiom des 16. Jahrhunderts versteht, auch mit den klaren Ausführungen des Editors zurechtkommt. Dem ist zuzustimmen, zumal der Edition sowohl eine deutsche als auch englische Kurzfassung hinten angefügt wurden, die trotz all ihrer Kürze die wichtigsten Aspekte gut zusammenfassen (253–258).

Die Forschung hat immer um die Bedeutung der vorliegenden Korrespondenz gewusst. Bislang lag sie aber nur fragmentarisch ediert vor. Es sind 133 Briefe (39–251), die fast alle von Foscarari an Morone als Berichte über das tagesaktuelle Konzilsgeschehen verfasst wurden. Von Morone selbst stammen hingegen drei Antwortbriefe (56 f., 115 f., 135 f.). Die Editionsstandards der Briefe wurden leider sehr niedrig angesetzt. Der Anmerkungsapparat beschränkt sich vorwiegend auf die Identifizierung der genannten Personen sowie einige biblische Belegstellen und Querverweise. Zwar findet sich ein Namensregister, jedoch wäre sicherlich ebenso ein Sachregister zweckdienlich gewesen. Am bedauerlichsten ist jedoch der Umstand zu nennen, dass für die Edition vollständig auf Regesten verzichtet wurde.

Foscararis Schriften sind in Briefform verfasst, wirken aber inhaltlich eher wie eine Art Konzilstagebuch („*Quasi un diario*", 7–9), in denen er sowohl den Diskussionsfortgang wie auch die aktuellen Geschehnisse außerhalb der Sitzungen mit einfließen lässt. Darüber hinaus übermittelt er Morone als seinem bischöflichen Vorgänger auch vereinzelt Neuigkeiten aus seiner Bischofsstadt Modena. Foscarari belässt es nicht bei einer reinen Darstellung der Ereignisse und reichert sie zuweilen mit weiteren Materialien und sogar Schemata aus den einzelnen Kongregationen (v. a. 66, 144, 162, 224) an. Als intimer Kenner aus dem Inneren dieser Expertengremien stellen sie eine Quelle aus erster Hand dar, die neben den Debatten auch einen punktuellen Einblick in frühere Entwicklungsstufen späterer Dekrete gewähren.

Neben diversen Einzelaspekten sind es besonders drei Hauptthemen, über die Foscarari Morone ausführlich hinsichtlich der neuesten Entwicklungen unterrichtet: Die Streitfrage, ob die aktuelle Tagungsperiode als Fortsetzung oder als Neuanfang des Konzils zu verstehen ist, die Teilnahme der Protestanten und vor allem die Residenzdebatte. Dem ersten Punkt wohnte eine besondere politische Brisanz inne. Frankreich und der Kaiser hatten gehofft, mit einem Neuanfang ein Annähern an die protestantische Gegenseite zu erreichen, was sich jedoch gegen Rom und Spanien nicht durchsetzen ließ. Scheitern würde letztendlich auch die Teilnahme protestantischer Gesandter. Bei beiden Punkten ist bei Foscarari gegenüber den Protestanten eine vermittelnde, irenische Grundhaltung herauszulesen, die er wohl mit seinem römischen Patron Morone teilte.

Die Kontroverse über die Residenzpflicht sollte allerdings das Verhältnis zwischen Morone und Foscarari nachhaltig belasten. Jahrhundertealter Missbrauch der Residenznormen hatte einige Reformer dazu veranlasst, die kanonistische Norm auf eine neue, moralische Ebene zu heben, und darüber hinaus gar eine dogmatische Aussage im Sinne göttlichen Rechts (*ius divinum*) in Trient zu erwirken. Besonders der spanische Episkopat war hierfür eingetreten und einige der italienischen reformgesinnten Bischöfe hatten es ihm gleichgetan – so auch Foscarari. Das anschließende Eingreifen Morones, der Foscarari und weitere ehemalige Weggefährten für ihre angeblich destruktiven Reformforderungen scharf anging, hat die Forschung oft beschäftigt und angesichts seiner Vorgeschichte als eher reformoffener Prälat vor große Rätsel gestellt. Man erfährt zwar hier auch nicht die Lösung auf diese bis heute nicht gänzlich geklärte Frage nach den Motiven Morones, doch man taucht tief ein in die von Foscarari vertretene Haltung des italienischen Reformflügels. Zu nennen ist hier an erster Stelle jener Brief vom 18. Mai 1562 (121–130). Jedin hatte ihn als eines der schönsten Dokumente der Konzilsgeschichte bezeichnet und allein hierfür lohnt die Edition, da der Brief bislang nur in unbefriedigender Form ediert vorlag. Aus ihm lässt sich herauslesen, dass Foscarari einmal mehr ein Mann feiner Nuancen war und keineswegs mit der ekklesiologischen Maximalforderung der Spanier eines kompromisslosen *ius divinum* gleichzusetzen ist – und Morone ihn wohl zu Unrecht kurialer Zersetzung bezichtigt hatte.

Die Edition des Briefwechsels stellt eine willkommene Ergänzung und teilweise Verfeinerung der aus den einschlägigen Quellencorpora bekannten Diskussionsverläufe des Konzils dar. Etwas irritierend wirkt jedoch der fast ausschließliche Gebrauch des Ausdrucks *eretici* des Editors. Wenn dies als Quellenterminus zu verstehen ist, so muss darauf verwiesen werden, dass Foscarari zumeist das (damals freilich ebenfalls pejorative) *protestanti* in seinen Berichten verwendet. Ihren besonderen Wert erhält die Edition aus den beteiligten prominenten Korrespondenzpartnern. Auch wenn es fast ausschließlich Foscarari ist, der hier literarisch tätig ist, so war gerade er jemand, der auf Seiten der gegenüber den Spaniern oft unterbelichteten italienischen Reformseite an Diskussion und Textproduktion beteiligt war. Besonders zu empfehlen ist die Edition aber all denjenigen, die sich wie der Rezensent speziell mit der Residenzdebatte beschäftigen. Mit den jetzt neu vorliegenden Quellen gewinnt man einen erweiterten Einblick, der jenseits der bekannten Quellen feine Differenzierungen in der Causa zulässt. Die Edition der spannenden und überaus aufschlussreichen Korrespondenz dieser beiden konziliaren Hauptakteure sei damit jedem Konzilshistoriker ans Herz gelegt.

Linz   *Christian Wiesner*

♦ Drumm, Joachim (Hg.): Martin von Tours. Ein Lebensbericht von Sulpicius Severus (topos taschenbücher 1126). Verlagsgemeinschaft topos plus, Kevelaer 2018. (95) Pb. Euro 9,95 (D) / Euro 10,30 (A) / CHF 10,14. ISBN 978-3-8367-1126-5.

Dem Klappentext ist zuzustimmen: „Kaum ein anderer Heiliger ist so populär wie Martinus". Nicht zuzustimmen ist der folgenden Aussage: Geboten werde ein „spannender Lebensbericht für alle, die mehr über Sankt Martin wissen wollen". Ob es wirklich eine gute Idee war, den hagiographischen Bericht des Sulpicius Severus aus dem 4. Jahrhundert neu aufzulegen, zumal in einer Übersetzung aus den Vierzigerjahren, die sprachlich oft überladen wirkt und nicht immer überzeugt? Sulpicius Severus strengt sich mit den Mitteln einer Heiligenbiografie seiner Zeit an, Martin von Tours populär zu machen, was ihm auch gelingt. Doch je mehr Wunder er anhäuft, desto fragwürdiger wird für heutige Leser und Leserinnen sein Unternehmen. Man muss sich nur die Zwischenüberschriften ansehen: Die Erweckung des Erhängten, die Bekehrung eines ganzen Dorfes, die wunderbare Heilung einer Gelähmten, die Heilung der Besessenen, die Entlarvung des Teufels usf. Auch wenn sich der frühe Verfasser immer wieder größte Mühe gibt, die Glaubwürdigkeit seiner Lebensbeschreibung zu bekräftigen: „Diese Begebenheit habe ich so, wie ich sie erzählte, aus dem Munde des Martinus selbst erfahren; so dürft ihr nicht glauben, sie sei ein Märchen." (79) Ähnlich die Versicherung, der Verfasser erzähle nur „beglaubigte Dinge" und habe „nur Wahres" gesagt. (86) Gut Gemeintes kann noch keinen Anspruch auf wirklichkeitserschließende Qualität erheben. Wenn der moderne Herausgeber in seiner Einleitung behauptet: „Grundsätzlich ist zu sagen, dass sich die Frage nach dem Wahrheitsanspruch nachbiblischer Wunderberichte im Prinzip nicht anders stellt als bei den Wunderberichten der Bibel", scheint es so, als würde die für die junge Kirche höchst relevante Frage nach Kriterien der Glaubwürdigkeit, also die Frage nach einem Kanon biblischer Texte, nicht ernst genommen. Tatsächlich stehen die ungebremsten Häufungen von Wundern aller Art, um die Bedeutung eines Heiligen evident zu machen, den apokryphen und außerkanonischen Texten näher als den kanonischen Evangelien, die sich um eine entmythologisierende Brechung der Wundersucht bemühen. Das alles sind schwierige und komplexe Fragen, denen sich der Herausgeber in seiner Einleitung jedoch nicht stellt. Der Anspruch im Klappentext, es werde eine „Brücke zum Heute" geschlagen, erscheint weit überzogen. Der garstige Graben der Geschichte bleibt. Im Grunde hat die eine entscheidende Erzählung vom geteilten Mantel mehr an symbolischer Kraft als eine Folge weiterer wundersamer Geschehnisse. Leo Tolstoi hat in seiner Erzählung von „Martin dem Schuster" den Bezug zu jesuanischer Authentizität besser zur Geltung gebracht als der für Heutige fremdartige Lebensbericht eines Hagiographen aus dem 4. Jahrhundert. Wer historisch interessiert ist, erfährt über Martin von Tours und seine Wirkungsgeschichte in diesem Büchlein nur sehr wenig. Ein Literaturverzeichnis fehlt. Sicher, auch Legenden können sehr interessant sein und eine große Symbolkraft entfalten. Aber dazu bedarf es einer sachgerechten Interpretation.

Bamberg / Linz   *Hanjo Sauer*

♦ Lehner, Ulrich L.: Mönche und Nonnen im Klosterkerker. Ein verdrängtes Kapitel Kirchengeschichte (topos taschenbücher 1004). Verlagsgemeinschaft topos plus, Kevelaer 2015. (174) Pb. Euro 9,95 (D) / Euro 10,25 (A) / CHF 14,90. ISBN 978-3-8367-1004-6.

Vieles im Leben lässt sich erst dann richtig begreifen, wenn man auch die dunkle Rückseite in den Blick nimmt. Dieses Prinzip wendet der fachlich vorzüglich ausgewiesene Verfasser an und richtet seinen Blick auf den dunkelsten Ort, der hinter den Klostermauern verborgen liegt, den Klosterkerker. Lange Zeit war dieser Blick ideologisch verzerrt, sei es, dass er von kirchlicher Seite geleugnet oder verdrängt, sei es, dass er von kirchenkritischer Seite propagandistisch als Waffe genutzt wurde, um die Inhumanität der katholischen Kirche vor Augen zu führen. Umso wohltuender ist ein sachlicher Blick auf die Quellen in heutiger Sicht. Um das Ergebnis vorwegzunehmen: Dieser Blick ist erschreckend. Viele Aufzeichnungen wurden systematisch vernichtet, damit das Ansehen der Klöster und der Orden nicht in Misskredit geriet. Doch auch das Wenige, das sich noch an Quellen findet, spricht eine beredte Sprache. Der Verfasser konstatiert: „Klosterkerker waren keine Erfindung antiklerikaler Schriftsteller oder antireligiöser Aufklärer, sondern eine Realität monastischen Lebens." (129) Das klösterliche Strafrecht kannte die Folter und die physische Bestrafung, und lieferte nicht selten die Ordensleute der Willkür ihrer Oberen aus: „Einmal von einem Oberen verurteilt, war es fast unmöglich, jemals Gerechtigkeit zu erlangen oder an eine Berufungsinstanz zu appellieren." (129) Wer sich näher mit dieser dunklen Tradition befasst, wie Kirchenobere das Ansehen ihrer Institutionen um jeden Preis zu schützen suchten, wird sich an die furchtbaren Mechanismen der jüngsten Missbrauchsskandale erinnern fühlen. „Diesem Verhalten des Vertuschens liegt das mittelalterliche Prinzip zugrunde, um jeden Preis einen Skandal zu vermeiden – ein Prinzip, das leider bis ins 20. Jahrhundert hinein praktiziert wurde und jegliche juristische Transparenz vermissen ließ." (130) Der Vorzug der Publikation liegt in der detailgenauen Aufarbeitung. Manche Praktiken wirken nicht nur absurd, sondern geradezu blasphemisch, wenn etwa eine Auspeitschung nicht länger dauern durfte als die dreifache Dauer der Rezitierung von Psalm 51 (78). Nahezu dramatisch liest sich die Rekonstruktion des Kampfes um die Abschaffung der Klosterkerker durch Maria Theresia (1740–80): Anordnungen, die von Seiten der Klöster teils ignoriert, teils systematisch bekämpft wurden. Geradezu erbärmlich hören sich die Argumente der Bischöfe an, die gegen diese Abschaffung der Klosterkerker von staatlicher Seite Protest erhoben. Die protestantische Polemik sah in der Exemption der Klöster, also ihrer Unabhängigkeit vom weltlichen Recht, einen Angriff gegen die Menschenrechte. „Als hätte der Profess jeden Anspruch auf die Rechte der Humanität und der Gesellschaft aufgehoben." (40) Eine kritische Sicht, die angesichts der konkreten Fälle, die der Verfasser dokumentiert, nicht von der Hand zu weisen ist. Auch die Reformbestrebungen des Konzils von Trient (1545–63) blieben weithin dem mittelalterlichen Denken verhaftet. In Kerkerstrafen sah man ein beliebtes Mittel der Disziplinierung des Klerus. Insbesondere das Strafausmaß erscheint aus heutiger Sicht unnachvollziehbar. So konnte „das lustvolle Küssen (osculare) einer Frau oder das Berühren ihrer ‚unehrenhaften Teile' [...] einen Mönch ein Jahr hinter Gitter bringen" (118). Verdrängen und Wegsehen helfen nicht. Zu Recht beruft sich der Verfasser auf Joh 8,31, dass nur die Wahrheit frei zu machen vermag. Man darf für die Mühe der Recherche sehr dankbar sein. Es handelt sich in der Tat um ein verdrängtes Kapitel Kirchengeschichte. Leicht zu lesen, aber nur schwer zu begreifen.

Bamberg/Linz *Hanjo Sauer*

KIRCHENRECHT

♦ Berkmann, Burkhard Josef: Nichtchristen im Recht der katholischen Kirche (ReligionsRecht im Dialog 23). Lit Verlag, Berlin u. a. 2017. (1020) Kart. Euro 88,80 (D) / Euro 91,30 (A) / CHF 108,90. ISBN 978-3-643-50749-5.

Durch die im LIT-Verlag veröffentlichte Monografie des katholischen Theologen, Rechtswissenschaftlers und Kanonisten *Burkhard Josef Berkmann* findet die durch den Luzerner Ordinarius für Kirchen- und Staatskirchenrecht *Adrian Loretan* herausgegebene Publikationsreihe *ReligionsRecht im Dialog. Law and Religion* ihre Fortsetzung. Die vorliegende Arbeit stellt die Veröffentlichung der Habilitationsschrift des Verfassers dar, welche unter der Leitung von Prof. Loretan an der theologischen Fakultät der Universität Luzern erstellt wurde (Vorwort). Der Verfasser ist seit Oktober 2016 Inhaber des Lehrstuhls für Kirchenrecht, insbesondere für Theologische Grundlegung des Kirchenrechts, allgemeine Normen und Verfassungsrecht sowie für orientalisches Kirchenrecht am

Klaus-Mörsdorf-Studium für Kanonistik der Ludwig-Maximilians-Universität München. Im Zentrum der Publikation steht die Frage, welche Stellung Ungetauften in der geltenden Rechtsordnung der katholischen Kirche zukommt. Dieses Themenfeld wurde bereits oft in den Blick genommen, bisher jedoch nicht in vergleichbarer inhaltlich-systematischer Detailliertheit.

Die umfangreiche, zwei Teilbände umfassende Studie gliedert sich in Hauptteile im Dreischritt *Grundlagen* (1–167), *Analyse* (168–602) und *Synthese* (603–831). Die Arbeit wird von einem knappen persönlich gehaltenen *Vorwort* des Verfassers eingeleitet und bietet neben dem *Verzeichnis der Abkürzungen und abgekürzt zitierten Literatur* (XVII–XXVI) umfangreiche *Quellen-* (833–885) und *Literaturverzeichnisse* (886–970) sowie ein *Sach- und Personenverzeichnis* (971–983). Vor allem Letzteres ist aufgrund des Umfangs der Publikation ein zu begrüßendes Hilfsmittel für die Leserschaft.

In Teil A widmet sich der Verfasser den notwendigen Grundlagen, beginnend im ersten Teilkapitel mit einer Beantwortung der Frage nach der Behandlung eines interreligiösen Themas aus rechtlicher Sicht (1–44), in Rahmen dessen u.a. der Rechtsbegriff geklärt, die Forschungsfrage präzisiert sowie das Ziel und die Methode der Arbeit durch den Verfasser erläutert werden. Als Ziel soll erstens „*de lege lata* das geltende katholische Kirchenrecht dargelegt werden, soweit es Nichtchristen betrifft. Damit soll [die Arbeit] eine Hilfe bieten für die Rechtsanwendung in den Ordinariaten und Kirchengerichten sowie in der Seelsorge, sooft ein Kontakt mit Nichtchristen entsteht. […] Zweitens soll der Rechtsbestand in ein möglichst kohärentes System gebettet werden. Dafür muss man die Grundlinien in der Rechtsstellung der Nichtchristen aufzeigen und sie mit der Gesamtheit der kirchlichen Rechtsordnung sowie mit der theologischen Sicht auf die Nichtchristen in Verbindung bringen." (28) Im zweiten Teilkapitel bietet der Verfasser unter der Überschrift *Nichtchristen in der Kirchengeschichte* (44–83) einen knappen historischen Aufriss des Kontakts der Kirche mit Nichtchristen von den Anfängen der Kirche bis zum Vorabend der Promulgation des CIC/1917. Das Kapitel ist unterteilt in die Epochen des Altertums, des Mittelalters sowie der Neuzeit, und hierbei jeweils untergliedert in Bemerkungen zu *Glaubensverkündigung*, *Taufe*, *Eherecht* und *Jurisdiktion*. In den Blick genommen werden insbesondere Fragen nach Zwang im Kontext der Mission und der Taufe, Nichtchristen als Taufspendern sowie nach dem Jurisdiktionsanspruch hinsichtlich religionsverschiedener Ehen. Im dritten Teilkapitel folgt eine detaillierte Analyse der Entwicklung des kodikarischen Rechts (83–136). Die Analyse der Rechtssprache ergibt, dass die Bezeichnung der Nichtchristen im Recht terminologisch nicht immer einheitlich, mitunter sogar wahllos erfolgte (100), sodass für die Beurteilung der Frage nach der rechtlichen Stellung die Interpretation jener Bestimmungen, die einen der durch den Verfasser analysierten Begriffe beinhalten, nicht ausreichend ist (101). Einlässlich zeichnet der Verfasser die Entwicklungen in der zentralen Frage nach der Rechtspersönlichkeit der Nichtchristen vom CIC/1917 bis in den CIC/1983 und den CCEO nach, bevor er im vierten Teilkapitel zum Abschluss des ersten Teils der Untersuchung eine Zusammenschau *Rechtlich relevanter Aussagen des Lehramts über Nichtchristen* bietet (136–167). Der Verfasser gliedert seine Analyse in lehramtliche Aussagen, einerseits zu allgemein menschlichen Gütern, Werten und Prinzipien (u.a. Freiheit, Gleichheit, Achtung und Wertschätzung) sowie spezifisch kirchlichen Gütern (Wort Gottes und Liturgie), um diese mit dem obersten Prinzip der menschlichen Person (v.a. Gottesebenbildlichkeit, Erlösung durch Jesus Christus) in Beziehung zu setzen. Für das Recht im Allgemeinen sowie das Kirchenrecht im Besonderen werden rechtliche Implikationen abgeleitet (163–167).

Im Rahmen des sehr umfangreichen Teils B *Analysen* untersucht der Verfasser einzelne Bereiche der kanonischen Rechtsordnung hinsichtlich der Stellung der Nichtchristen. Konkret dargestellt werden die Bereiche *Volk Gottes* (168–224), *Verkündigungsdienst* (224–311), *Heiligungsdienst* (312–478), *Vermögensrecht* (478–501), *Strafrecht* (502–508), *Prozessrecht* (518–551) sowie *übergreifende Themen* (551–602). Der Verfasser hat seine Analyse der verschiedenen Normenkomplexe ähnlich aufgebaut, so dass folgende Elemente je in den Untersuchungen enthalten sind: „Sichtung der Rechtsquellen und anderer autoritativer Quellen, Darstellung der Textgenese, einschlägige Judikatur und Verwaltungspraxis sowie ein Überblick über die kanonistischen Lehrmeinungen." (168) Aufgrund des hohen Umfangs der Ausführungen, soll im Folgenden lediglich auf ausgewählte Bereiche des Hauptteils B eingegangen werden. Festzuhalten ist, dass der Verfasser in Hauptteil B detailliert und systematisch nachweist, dass es in der kanonischen Rechtsordnung kaum einen Bereich gibt, von welchem Ungetaufte nicht direkt oder indirekt – wenn auch je in unterschiedlichem Ausmaß – betroffen sind, vielmals auch mit der Möglichkeit aktiv handelnd als Rechtssubjekte aufzutreten.

Im Abschnitt *Volk Gottes* wird aufgezeigt, wie Ungetaufte rechtlich der pastoralen Sorge kirchlicher Amtsträger(innen) durch deren Amtsbeschreibungen anvertraut werden. Eigens zu erwähnen sind die Bemerkungen des Verfassers zu den Möglichkeiten der Mitwirkung von Nichtchristen an synodalen Versammlungen als Beobachter. Wenn kein ausdrücklicher Hinweis auf die Teilnahme von Ungetauften vorliegt, ist dies nicht immer als Ausschluss zu verstehen, jedoch muss der ekklesiologische Unterschied zwischen der Position nicht-katholischer Christen und Nichtchristen in den Teilnahmebestimmungen jeweils gewahrt bleiben. In jedem Fall sollte der Eingriff von Ungetauften in synodale Strukturen in den entsprechenden Normen geklärt werden. (188 f.) Im Bereich *Verkündigungsdienst* zeichnet der Verfasser die Stellung von Ungetauften als Adressaten (224–248) und Empfänger (248–256) der Verkündigung der Kirche nach, um sich den Feldern *Kindererziehung*, *Schulen* sowie *Katholische und Kirchliche Universitäten* eingehender zu widmen. (256–311) Besonders zu würdigen sind in diesem Abschnitt die systematischen Überlegungen zur Frage der Zulässigkeit nichtchristlicher religiöser Erziehung vor dem Hintergrund der Religionsfreiheit sowie zu Fragen in Verbindung mit der Aufnahme ungetaufter SchülerInnen, LehrerInnen, Studierender sowie Dozierender an katholischen Bildungseinrichtungen. Auf dem Gebiet des *Heiligungsdiensts* widmet sich der Verfasser zunächst dem Recht auf die Taufe, dem heiklen Fall der Taufe eines Kindes gegen den Willen der ungetauften Eltern sowie den Bestimmungen über Ungetaufte als Spender bzw. Zeugen der Taufe (314–348), um im Anschluss bezüglich der Eucharistie knapp auf Fragen der Anwesenheit von Nichtchristen im Rahmen der Feier sowie der Messapplikation einzugehen. (348–353) Dem Sakrament der Ehe widmet der Verfasser breiten Raum. (353–437) In den Blick genommen werden unterschiedliche Fallkonstellationen des *privilegium paulinum* und der Auflösung von Ehen *in favorem fidei* sowie insbesondere die Fragen nach einem grundlegenden Recht auf Ehe, den religionsverschiedenen Ehen sowie deren spezifischer Eheschließungsform und der Möglichkeit Ungetaufter als Trauzeugen zu fungieren. Aufmerksamkeit erfährt im Bereich der Sakramentalien und der weiteren Formen des Heiligungsdiensts eigens die Frage der *Bestattung* für diejenigen, die keine Taufe erhalten haben, welche der Verfasser in die verschiedenen Fallkonstellationen der verstorbenen Katechumenen, der ungetauft verstorbenen Kinder, der Messfeier und dem Gebet für verstorbene Nichtchristen sowie der Bestattung von Nichtchristen auf katholischen Friedhöfen gliedert. (463–476) Im Bereich *Strafrecht* zeigt der Verfasser auf, dass Nichtchristen einerseits nicht durch den kirchlichen Strafanspruch als Straftäter verfolgt werden, andererseits jedoch in manchen Fällen als Subjekte durch die Strafnormen der Kirche geschützt werden. Es gibt im Bereich des kanonischen Strafrechts Normen, die Menschen unabhängig von ihrer Religionszugehörigkeit verteidigen, wie bei Verbrechen gegen die körperliche Unversehrtheit, zusätzlich zu Verbrechen, bei denen das Opfer typischerweise nicht getauft ist, wie im Fall von Abtreibung. (502–518) Unter dem Titel *Übergreifende Themen* handelt de Verfasser über Fragen der kanonischen Wohnsitzregelung, Nichtchristen als Amts- und Grundrechtsträger in der Kirche sowie der Stellung der Katechumenen. Kompakt werden insbesondere die besonderen Rechte und Pflichten im Gegensatz zu anderen Ungetauften, die Art und Weise des Erwerbs des Status eines Katechumenen, die Frage nach der Rechtsstellung der Vorkatechumenen sowie die grundsätzliche Frage nach der Rechtssubjektivität der Katechumenen dargestellt. (573–602)

Im Rahmen des Teils C *Synthese* (603–831) werden die im vorhergehenden Teil B erarbeiteten Einzelergebnisse systematisiert und in vier unterschiedlich umfangreichen Kapiteln analysiert. Im ersten Schritt stellt der Verfasser unter der Überschrift *Einteilung der Ergebnisse* Nichtchristen als Träger von Rechten und Pflichten, als Urheber und/oder Adressaten rechtserheblicher Vorgänge dar, analysiert konkret einzelne Typen der Rechtsbeziehungen und prüft dann die Gleichheit an Rechten und Pflichten von Christen und Nichtchristen. (603–618) Den Kern des Teils C bildet das ausführliche

Teilkapitel zum *Personsein der Nichtchristen* (618–749). Der Verfasser illustriert die Vielfalt der diesbezüglich existierenden Lehrmeinungen und entwirft einen differenzierten Begriff des Konzepts *persona* vor dem Hintergrund des c. 96 CIC/1983, um die Frage nach dem Personsein von Ungetauften einer positiven Antwort zuzuführen. (618–704) Diese Überlegungen werden in weiteren Schritten analog auf nichtkanonische juristische Personen appliziert. (704–749) Hinsichtlich des Geltungsgrunds der kirchlichen Rechtsnormen für Nichtchristen entwirft der Verfasser mit der *Rechtsgüter-Theorie* (788–815) eine überzeugende Gegenposition zu den vom Verfasser in Erinnerung gerufenen (749–787) bisher dominierenden Theorien. Die Kirche hat dem Verfasser zufolge „dort, wo sie über kirchliche Güter mit Nichtchristen in Berührung kommt, die Kompetenz […], diese Beziehungen zu regeln und damit den Rechtsstatus der Nichtchristen" (815) anzuerkennen. Die Stärke des vom Verfasser präsentierten Modells liegt in der Anwendbarkeit der Theorie auf sich in unterschiedlichen Bereichen präsentierenden Fallkonstellationen, wohingegen die bisher dominierenden Theorien nur in Teilbereichen (bspw. lediglich in Bezug auf Normen des *ius divinum*) applizierbar waren. Den Abschluss bildet eine knappe Einbettung der Ergebnisse in die theologischen Leitbilder des Zweiten Vatikanischen Konzils, welche in die kirchlichen Gesetzbücher Eingang gefunden haben. (816–831) Hier geht der Verfasser auf das Konzept der *communio-Ekklesiologie* sowie das *Dialog-Prinzip* ein. Dem Verfasser zufolge zeigt sich in der Zusammenschau – und damit schließt die Arbeit in Teil C –, „dass der Dialog als theologischer Leitbegriff, der das Verhältnis der Kirche zu den Nichtchristen bestimmt, […] in der Sache auch die Rechtsstellung der Nichtchristen im katholischen Kirchenrecht prägt. Das Kirchenrecht, das rechtliche Beziehungen der Nichtchristen mit der Kirche ermöglicht, berücksichtigt in dieser Hinsicht das Kirchenbild des Zweiten Vatikanischen Konzils, das die Kirche als Sakrament für die innigste Vereinigung mit Gott und für die Einheit des ganzen Menschengeschlechts präsentiert." (831)

In seiner Studie stellt Berkmann eindrucksvoll seine Fähigkeit zu Systematisierung und Analyse der imponierenden Materialfülle unter Beweis. Seine fast tausend Textseiten umfassenden Überlegungen belegt der Verfasser in 4875 Fußnoten, wobei diese sich nicht lediglich auf Verweise beschränken, sondern inhaltlich über den Haupttext hinausführende Informationen bieten. Man kann demzufolge festhalten, dass es im kanonischen Recht keine relevante Frage zu Nichtchristen gibt, welche durch den Verfasser nicht in seine Untersuchung miteinbezogen worden ist. Die Fragestellung der Studie ist von hoher Aktualität, denn die „Kirche ist ja keine Insel" (*Burkhard J. Berkmann*, „Die Kirche ist ja keine Insel". Online: https://www.uni-muenchen.de/forschung/news/2017/berkmann_kirchenrecht.html [Abruf: 26.04.2019]). Die Kirche tritt in ihrer Rechtsordnung bereits auf vielfältige Art und Weise mit Ungetauften in Kontakt, sodass kirchliche Autoritäten mitunter dankbar auf die in Hauptteil B mannigfaltig vom Verfasser erarbeiteten Prinzipien zurückgreifen werden, um in den verschiedensten Rechtsbereichen auf konkrete Fragestellungen im Kontakt der Kirche mit Nichtchristen adäquat reagieren zu können.

Der Verfasser ist zu dieser Arbeit zu beglückwünschen und ohne Zweifel wird die Studie als Standardwerk in Bezug auf die thematisierte Fragestellung gezählt werden müssen. Dem Band ist eine geneigte LeserInnenschaft zu wünschen!

Salzburg *Andreas E. Graßmann*

LITERATUR

◆ Betz, Otto: Weiter als die letzte Ferne. Mit Rainer Maria Rilke die Welt meditieren (topos taschenbücher 1014). Verlagsgemeinschaft topos plus, Kevelaer 2015. (232) Pb. Euro 11,95 (D) / Euro 12,30 (A) / CHF 17,90. ISBN 978-3-8367-1014-5.

Intensiv hat sich der Verfasser mit Rilke und seinem Werk auseinandergesetzt. Ihn fasziniert offensichtlich die Tiefendimension, die Rilke in seiner äußerst sensiblen und geschärften Wahrnehmung der Wirklichkeit abzugewinnen vermag. So schreibt Rilke in seiner Korrespondenz: „Wenn Ihr Alltag Ihnen arm scheint, klagen sie ihn nicht an; klagen Sie sich an, dass Sie nicht Dichter genug sind, seine Reichtümer zu rufen; denn für den Schaffenden gibt es keine Armut und keinen armen, gleichgültigen Ort." (8) In fünfzehn locker aneinander gereihten Kapiteln, wie etwa „‚Ich habe ein Inneres, von dem ich nicht wusste'. Von der Öffnung der Sinne" (39), nimmt der Verfasser den Leser / die Leserin mit auf eine spannende Entdeckungsreise, deren Reichtümer und Schönheiten allerdings nur zu erfahren vermag, wer sich der unerhört kreativen und bilderreichen poetischen Sprache zu öffnen bereit ist. Rilke stellt sich sehr bewusst der dunklen Seite des Daseins, wobei jedoch „das grundsätzliche Jawort zum Dasein" nicht angetastet werden darf. (27) Freude hat für ihn mit der Ursprünglichkeit der Schöpfung zu tun. Versiegt die Freude, dann kann sich auch die Schöpfung nicht weiterentwickeln. (34) Faszinierend ist die Nähe zu mystischen Gedankengängen, wie sie sich bei Meister Eckhart finden, der über die Beziehung des Menschen zu Gott sagt: „Aus Wissen muss man in ein Unwissen kommen ... Wo man nichts weiß, da weist und offenbart er sich." (145) Rilkes Bekenntnis zur Welt, in der sich das göttliche Geheimnis spiegelt, ist jedoch „immer verbunden mit dem Verlangen, diese Welt zu verwandeln, sie ihrer Zielgestalt anzunähern" (162) Etwas festhalten zu wollen, ist für Rilke das Zeichen dafür, dass der lebendige Geist verschwunden ist. So kann er in einer Verszeile sagen: „Was sich ins Bleiben verschließt, schon ists das Erstarrte." (209) Der Sinn der Dinge und des Menschen liegt für ihn in der Metamorphose, der Bewegung aus dem Fragmentarischen zum Ganzen hin. So berühren sich im Herzen des Menschen die Kontrapunkte des Daseins, „das Schlafende und das Wache, das Lichte und das Dunkle, die Stimme und das Schweigen" (210). Als solche Kontrapunkte sind auch Tod und Leben miteinander verbunden. So bietet der Verfasser insgesamt eine ungemein faszinierende und behutsame Einführung in Rilkes Werk.

Bamberg / Linz   *Hanjo Sauer*

MISSIONSWISSENSCHAFT

◆ **Pittl, Sebastian (Hg.): Theologie und Postkolonialismus. Ansätze – Herausforderungen – Perspektiven** (Weltkirche und Mission 10). Verlag Friedrich Pustet, Regensburg 2018. (232) Kart. Euro 29,95 (D) / Euro 30,80 (A) / CHF 30,53. ISBN 978-3-7917-3007-3.

Der vorliegende Sammelband dokumentiert die Jahrestagung des Instituts für Weltkirche und Mission von 2017, die auf die Frage einging, welche Bedeutung postkoloniale Perspektiven für das kirchliche Selbstverständnis und die Theologieentwicklung haben. Die insgesamt elf Beiträge vereinen Beitragende aus Afrika, Asien, Europa und Lateinamerika und decken ein breites Spektrum von der Vorstellung und Aufnahme „klassischer" postkolonialer Ansätze wie von Edward Said, Homi Bhabha oder Gayatri Spivak über die Antiimperialismusbewegung in Lateinamerika bis hin zu missionsgeschichtlichen Fragestellungen. Er zeigt damit nicht nur die Unterschiedlichkeit, die weltkirchlich hinsichtlich der Rezeption oder Vorwegnahme postkolonialer Überzeugungen besteht, sondern stellt insbesondere auch die Frage, ob und inwiefern sich auch in der Theologie immer noch hegemoniale Strukturen auswirken.

In einer Einführung skizziert der Herausgeber Sebastian Pittl zunächst, worin er die Relevanz postkolonialen Denkens für Theologie und Missionswissenschaft sieht – insbesondere in der Sprachfähigkeit angesichts globaler Herausforderungen, neuen Erkenntnissen und der Selbstkritik der Kirchen mit Kolonialgeschichte –, und stellt anschließend kurz die einzelnen Beiträge vor.

Diese beginnen mit den Ausführungen Raúl Fornet-Betancourts, in denen er anhand von José Martí, Víctor Raúl Haya de la Torre und José Carlos Mariátegui die Antiimperialismusbewegung in Lateinamerika mit ihrer Bedeutung zur Interpretation der lateinamerikanischen Geschichte, Kultur und Identität vorstellt. Als Wegbereiterin dekolonialen Denkens könne diese Bewegung insbesondere mit ihrer Kritik am Eurozentrismus und am Kolonialismus als System und im kulturellen und wissenschaftlichen Bereich gelten.

Von Leela Gandhi ist nicht ihr eigentlicher Konferenzbeitrag – ein „kritisches Manifest" zur gegenwärtigen postkolonialen Theoriebildung – aufgenommen worden, sondern eine historisch-philosophische Studie zu den religiösen Motiven antiimperialistischer Figuren wie Mirra Alfassa und Edward Carpenter gegen Ende des 19. Jahrhunderts, die nach Indien gingen, um einen Guru und eine spirituelle Berufung zu finden. Auf dieser Basis plädiert sie dafür, metaphysische Fragen stärker zu berücksichtigen als bislang und nicht einfach mit Extremismen und Fundamentalismen zu verbinden.

Musa Dube widmet sich ausgehend von dem sichtbaren Erbe Cecil John Rhodes dem Zusammenhang von christlicher Mission und Kolonialismus und weist darauf hin, wie sehr imperiale und koloniale Herrschaft auch mit der Patriarchalisierung von Kulturen und der Unterdrückung der Erde verbunden war. Vor diesem Hintergrund können postkoloniale Perspektiven das Verständnis christlicher Mission und damit die kritische Auseinandersetzung mit gegenwärtigen Formen des Neokolonialismus, Neoliberalismus, der Globalisierung und des globalen Kapitalismus befruchten.

Auch der Beitrag von Felix Wilfred geht mit besonderem Fokus auf Asien auf die Frage ein, wie postkoloniale Theorien dabei helfen können, kritische und fruchtbare Theologien zu formulieren. Hierzu verweist er u. a. auf die mögliche Kritik an einem verkürzten Inkulturationsverständnis, die Auswirkungen auf die theologische Erkenntnislehre und Hermeneutik, aber auch auf die koloniale Kirchengeschichtsschreibung. Er plädiert abschließend für eine genuin asiatische Theologie, die zunächst koloniale Theologien dekonstruiert und eine neue Beziehung zur Welt und zu anderen religiösen Traditionen aufbaut.

Eine eher europäische Perspektive bietet Marion Grau, die mit Hilfe einer intersektionellen postkolonialen Hermeneutik eine konstruktive Theologie vorschlägt, die auch auf die gegenwärtige Situation in Europa reagieren kann. Einen besonderen Stellenwert in ihrer Argumentation erhält die Figur des Hermes, den sie als Grenzgänger vorstellt, wodurch Interpretation interkulturell konzipiert wird. Damit kann sie sich Fragen und Herausforderungen wie dem Verhältnis von Indigenität und Identität und dem Klimawandel zuwenden.

Etwas aus der Reihe fällt der Aufsatz Saskia Wendels, die sich der religionstheologischen Modellbildung annimmt und vor dem Hintergrund des postkolonialen Einsatzes für eine Gegenhegemonie eine postkoloniale Religionstheologie skizziert. Diese lasse sich mit den Anliegen der komparativen Theologie verbinden und zeichne sich durch einen phänomenologischen Pluralismus, einen epistemologischen und hermeneutischen Inklusivismus und einen praktischen Pluralismus aus.

Wieder eine stärker historische Perspektive nimmt Juan Manuel Contreras Colín ein, der am Beispiel des *Nican mopohua* aufzeigt, wie aus der Sicht amerindischer Völker der europäische Kolonialismus schon zu Beginn der eurozentrischen Moderne kritisiert wurde. Indem darin für die indigene Bevölkerung gefordert wird, ihre kulturelle Identität, Glaubensüberzeugungen, Traditionen, Riten, soziale und politische Selbstbestimmung etc. zu respektieren und anzuerkennen, werde hier eine epistemologische Dekolonialisierung der Theologie begonnen, die gegenwärtig fortzuführen sei.

Auf die aktuelle Diskussion in der (deutschen) Entwicklungszusammenarbeit mit ihrer stärkeren Berücksichtigung von Religion lenkt Claudia Jahnel den Blick, indem sie die im Workshop, der diesem Beitrag zugrundeliegt, diskutierten Texte – u. a. aus dem BMZ und von Harry Truman, Ulrich Menzel und Katherine Marshall – vorstellt und die nach wie vor wirksamen kolonialen Muster herausarbeitet, weshalb von einem „religious turn" nicht ohne Weiteres gesprochen werden könne.

Einen missionsgeschichtlichen Einblick bietet Clemens Pfeffer mit seinen Ausführungen zum interkulturellen Theologen Hans Jochen Margull und den von ihm geprägten protestantischen Theologen, die sich gegen das eurozentrische Narrativ der Missionsgeschichte und für eine radikale Neuorientierung aussprachen.

Den Abschluss des Bandes bildet der Beitrag von Christiana Idika zur Frage, wie Mission postkolonial gedacht werden könne. Hierzu orientiert sie sich an der *Missio Dei* und sieht eine grundlegende Analogie zwischen dieser und Anliegen des Postkolonialismus in der vor allem in Jesus Christus deutlich werdenden Veränderung bestehender Machtverhältnisse, Armut und Knechtschaft.

Diese kurze Zusammenschau der einzelnen Beiträge zeigt, wo ähnliche Anliegen schon früher vertreten wurden, sodass diese auf eine breitere Basis gestellt werden, und wie vielfältig und wertvoll die Anregungen aus postkolonialer und dekolonialer Perspektive für die Theologie sein können. Der Band bietet damit viele Anstöße für die weitere Arbeit – insbesondere hinsichtlich der Selbstkritik europäischer Theologie, in der an vielen Stellen koloniale Muster noch nachwirken.

Aachen *Thomas Fornet-Ponse*

PASTORALTHEOLOGIE

◆ Lohausen, Michael: Weltdistanz und Menschennähe. Katholische Seelsorger zwischen Ausbildung und Praxisalltag in der Mitte des 19. Jahrhunderts (Studien zur

Theologie und Praxis der Seelsorge 101). Echter Verlag, Würzburg 2018. (212) kart. Euro 30,00 (D) / Euro 30,90 (A) / CHF 30,58. ISBN 978-3-429-04367-4.

Die Geschichte des wissenschaftlichen Faches Pastoraltheologie ist kurz und doch facettenreich und heterogen. Dieser Geschichte und ihrer Einordnung widmet sich die vorliegende Dissertation von Michael Lohausen mit markanten Fokussierungen. Der Autor zeichnet dabei nicht den direkten geschichtlichen Verlauf nach, sondern befasst sich mit der Reflexion der Entwicklung und dem Ringen um die universitäre Pastoraltheologie insbesondere im 19. Jahrhundert und im Umgang mit dieser Phase. Damit entgeht er der Versuchung, homogene Entwicklungslinien zu konstruieren.

Die Bearbeitung der Geschichtsschreibung der Pastoraltheologie als universitäres, wissenschaftliches Fach mag im Vergleich zu den anschaulichen Praxisfeldern ihrer je gegenwärtigen Forschungsobjekte nüchtern wirken. Doch zeigt Lohausen schon in seiner Einleitung, dass sich aus der gewissenhaften historischen Reflexion wichtige und geradezu brisante Bezüge zur aktuellen Bestimmung der Pastoraltheologie ergeben. Dazu untersucht Lohausen in einem ersten Teil die Form der geschichtlichen Reflexion bei einzelnen Fachvertretern, insbesondere in der Betrachtung des 19. und 20. Jahrhunderts, wie die Phase von Klaus Schatz zwischen Säkularisation und Zweitem Vatikanischen Konzil bestimmt wurde. Die Beschäftigung mit verschiedenen Ansätzen zeigt in der Analyse, wie stark die Geschichtsinterpretation des Faches selbst in ihren Wahrnehmungen von eigenen Prägungen bestimmt ist. So ist die Entwicklung des Faches im 19. Jahrhundert für Franz Dorfmann als Befreiung von einer aus der Aufklärung erwachsenen, staatlichen Indienstnahme (35) zu lesen. Mit Franz Xaver Arnold kommt ein Fachvertreter des 20. Jahrhunderts in den Blick, der als Mitherausgeber des „Handbuchs der Pastoraltheologie" neben Karl Rahner große Bedeutung erlangt hat. Lohausen analysiert entgegen einer zu harmonischen Einordnung Arnolds in die Vorbereitung des Zweiten Vatikanischen Konzils die Ambivalenzen in dessen Konzept. Indem Arnold das Verhältnis von Dogmatik und Pastoraltheologie zumindest mit einem markanten „Subordinationsgedanken" (43) verbindet, verbleibt er in einem statisch auf Anwendbarkeit und Praxis ausgerichteten Fachverständnis („Einbahnstraßenmodell"), für das er sich stark an Johann Michael Sailer orientiert (55). Maßgebliche Weiterführungen des Fachverständnisses und damit immer auch indirekt verknüpfter geschichtlicher Einordnungen werden nach Lohausen in der Arbeit von Heinz Schuster sichtbar, die in großer Nähe zur ekklesiologisch ausgerichteten Pastoraltheologie von Karl Rahner steht und von einem „Aufbrechen der Klerikerzentrierung" bestimmt ist. Entscheidend ist in der Geschichtsinterpretation des Faches, dass Schuster (in Absetzung von Arnold) klare Brüche in der Theologiegeschichte benennen kann (61). Ausgehend vom Anliegen der Praxiswürdigung im aufgeklärten Ansatz der Entstehung des Faches bei Franz Stephan Rautenstrauch interpretiert auch Norbert Mette die Entwicklung des 19. Jahrhunderts als „Abstiegsprozess" (74), insofern die Klerikerzentrierung mit einer Praxisvergessenheit einherging. Als dritten Vertreter untersucht Lohausen den Ansatz von Walter Fürst, der das 19. Jahrhundert vor allem als „Auseinanderdriften von Kirche und Gesellschaft" einordnet, wodurch die Pastoraltheologie aus einer staatlichen in eine kirchliche Abhängigkeit überführt worden sei (81). Besonders erfreulich ist, dass Lohausen den drei genannten Ansätzen mit Jörg Seip einen vierten an die Seite stellt, der sich von einer vorgegebenen Systematik kontinuierlicher Entwicklung weitgehend unabhängig macht. Er nimmt nach Lohausen eine Sonderstellung gegenüber Konzepten der kontinuierlichen Entwicklung des Faches bzw. den unterschiedlichen Ansätzen mit einer Fokussierung auf Entwicklungsbrüche ein. Ob es sich, wie Lohausen kurz darstellt, um unterschiedliche Phasen der Bearbeitung der Fachgeschichte handelt (87–88) oder doch eher um divers nebeneinander zu betrachtende Ansätze, wäre zu diskutieren.

In einem zweiten Kapitel nimmt Lohausen das Verhältnis der politischen Entscheidungen der Säkularisation und der gesellschaftlichen Prozesse der Säkularisierung am Beginn des 19. Jahrhunderts in den Blick. Hier sind nicht nur Elemente kirchlicher Dekonstruktion und der Beschädigung des Soziallebens (92) auszumachen, sondern auch Fundierungen für den später große Akzeptanz findenden Ultramontanismus (95), wie auch für staatliche und kirchliche Forcierungen des römischen Zentralismus. Die skizzierten Elemente bilden zentrale Impulse für die von Rainer Bucher als „Installation der

Digitalisierung und Ethik

Severin J. Lederhilger
GOTT UND DIE DIGITALE REVOLUTION

Schriften der Katholischen
Privat-Universität Linz, Band 6
232 S., kart., ISBN 978-3-7917-3116-2
€ (D) 24,95 / € (A) 25,70
auch als eBook

Algorithmen nehmen zunehmend Einfluss auf unser Leben. Ein Konsens darüber, dass nicht das technisch Mögliche, sondern das gesellschaftlich Sinnvolle passiert, setzt einen konstruktiven Dialog voraus. Segen oder Fluch der Digitalisierung hängen wesentlich von vorgegebenen Werturteilen ab. Doch wer legt diese fest und wer setzt sie durch? Die Kirchen sind sowohl mit dem Potenzial neuer Kommunikationsmittel als auch mit dem Traum humanoider künstlicher Intelligenz konfrontiert. Welche kritische Bedeutung fällt in einem technokratischen Welt- und Menschenbild der theologisch-ethischen Reflexion des biblischen Gottesbildes zu? Wie viel Ethik braucht die Digitalisierung?
Dieser Band bietet eine kontroverse Debatte über die aktuellen Entwicklungen der Digitalisierung, die damit verbundenen Hoffnungen, Erwartungen und Befürchtungen.

VERLAG FRIEDRICH PUSTET VERLAG-PUSTET.DE

Dauer" begriffene und von Michael N. Ebertz als „Bürokratisierung der Kirche" konstatierte Strategie mit ihrem Höhepunkt im Ersten Vatikanischen Konzil. Wenngleich Lohausen die unterkomplexe Bestimmung der Phase als „Ultramontanismus" sieht, bleiben doch die Koordinaten „Kultzentrierung und Weltdistanz" (137) für die bürokratisch-modern agierende, antimodern ausgerichtete Kirchenkonzeption.

Besonderes Augenmerk widmet der Autor im dritten Teil seiner Arbeit der zweiten Hälfte des 19. Jahrhunderts und fragt hier nach spezifischen Organisationselementen der Seelsorge. In einem ersten Schritt rückt die Konzeption des tridentinischen Seminars als eine der Universität und staatlicher Einflussnahme weitgehend entzogene Ausbildungsform in den Blick. Insbesondere in der Spielart des von Karl August Reisach entwickelten Modells größtmöglicher Kontrolle, der Disziplinierung und Abschirmung, bis hin zu einer Tendenz des Antiintellektualismus repräsentiert die Seminarausbildung die stabilisierende Funktion des Klerus als „Brückenköpfe des Antimodernismus" (147) in der ultramontanen Kirchenkonzeption. Damit entsprach der Klerus zugleich auch den Erwartungen, insbesondere der ländlichen Bevölkerungsteile (156), unter der zugleich leicht zu übersehene Elemente der lebensweltlichen Nähe zwischen Landklerus und Landbevölkerung etwa in ökonomischen Fragen möglich wurden.

In der vorliegenden Dissertation werden Konzepte der Fachgeschichte in einem komplexen Ansatz der Metareflexion (wie interpretieren Pastoraltheologen ihre eigene Fachgeschichte?) neben die gesellschaftlichen und kirchlichen Impulse am Beginn des 19. Jahrhundert und konkrete Beispiele aus dem Leben der Kleriker gestellt, die für das Kirchenkonzept des Ultramontanismus eine zentrale Rolle einnehmen. Der Autor scheut sich nicht, gängige Bewertungen und Einordnungen kritisch zu hinterfragen, was vor allem in der pastoraltheologischen Rolle Franz Xaver Arnolds sichtbar wird. Innerhalb der Fachdiskurse dürfte dies durchaus Diskussionen anregen. Vor allem aber weist Lohausen auf allzu schnell übersehene Ambivalenzen und Brüche hin und leistet damit einen wertvollen Beitrag zur Überwindung allzu homogener Geschichtsschreibung der Pastoraltheologie und zur Überwindung von „Klischees" im Umgang mit vorkonziliaren Wahrnehmungen. An vielen Stellen setzt der Autor eine Vertrautheit der Leserinnen und Leser mit pastoraltheologischen Fachdiskursen und kirchengeschichtlichen Facetten voraus, so dass die vorliegende Arbeit als beeindruckendes Substrat eines intensiven Forschungsprozesses fungiert. Damit stellt die Arbeit einen großen Gewinn für die anhaltende Bestimmung der Pastoraltheologie in ihren kirchlichen und universitären Kontexten dar und fungiert darin als wertvolle Alternative zu linearen und harmonisierenden Geschichtsschreibungen.

Frankfurt a. Main   Wolfgang Beck

PHILOSOPHIE

◆ Rößner, Christian: Der „Grenzgott der Moral". Eine phänomenologische Relektüre von Immanuel Kants praktischer Metaphysik im Ausgang von Emmanuel Levinas (Phänomenologie. Kontexte 26). Karl Alber Verlag, Freiburg i. Br.–München 2018) Kart. Euro 79,00 (D) / Euro 81,30 (A) / CHF 99,00. ISBN 978-3-495-48844-7.

Im Jahre 2017 hat sich das Institut für Phänomenologische Forschung an der Universität Wuppertal eine neue Ausrichtung gegeben und wurde in das Institut für Transzendentalphilosophie und Phänomenologie umbenannt. Diese neue Ausrichtung des Forschungszentrums lässt sich symbolisch verstehen als stellvertretend für ein seit einigen Jahren neu erwachtes Interesse an einem Gespräch zwischen der Phänomenologie und der Philosophie Immanuel Kants.

In diese Bemühungen, ein neues Licht auf die Beziehung zwischen Kants Denken und der phänomenologischen Bewegung in ihrer ganzen Breite zu werfen, reiht sich auch das vorliegende Buch von Christian Rößner. Der Autor beschäftigt sich seit längerer Zeit mit dem Verhältnis der praktischen Metaphysik I. Kants und der metaphysischen Ethik von E. Levinas, sodass sein neues Buch eine Art Synthese und Ertrag seiner bisherigen Forschungen auf diesem Gebiet darstellt. Die Publikation hat drei Hauptteile: „Hermeneutische Prolegomena: Levinas als Leser" (41–160), „Responsive Relektüre: Autonomie als Antwort" (161–422) und „Hyperbolische Epilegomena: Religion für Erwachsene" (423–552). Rößner geht es nicht um eine reine Kant-Exegese, sondern um eine *Relektüre* Kants praktischer Philosophie, und zwar aus der Sicht des Denkens von E. Levinas, aber auch aus der Perspektive der Phänomenologie als solcher, wie die Vielzahl an zitierter Literatur belegt (z. B. Waldenfels, Marion, Nancy Henry). Die Methode dieses phänomenologischen Neu-Lesens wird insbesondere im zentralen Teil „Responsive Relektüre: Autonomie als Antwort" sichtbar, das als Kern des Buches gelten kann. Denn in den entscheidenden Passagen versucht Rößner zu zeigen, dass die Sittlichkeit sowohl bei Kant als auch bei Levinas auf ein Unvordenkliches, Unbedingtes, Unverfügbares rekurriert. So ist es auch konsequent, dass die Problematik des „Faktums der Vernunft" (189–303) im Zentrum der Aufmerksamkeit der Untersuchung steht. Es geht um die kruziale Frage, ob sich das „Faktum der Vernunft" bei Kant im Sinne einer phänomenologischen Aufweisung des ethischen Anspruches lesen lassen kann, wie es von Levinas entwickelt worden ist. Und diese Frage ist ebenfalls mit der Thematik einer phänomenologischen Gegebenheit der Idee des Unendlichen verbunden. Rößner gelingt es zu zeigen, dass auch die Autonomie der praktischen Vernunft bereits auf ein Unverfügbares verwiesen ist. Der Autor betont zu Recht, dass die autonome Vernunft eine „Gabe des Gesetzes" voraussetzt, sodass sie nicht als isoliert und als selbstgenügsam (miss)verstanden werden darf. Bereits die Kritik in Kants Denken eröffnet einen Horizont über die Ontologie hinaus (vgl. z. B. 134f.), bis ein neuer „Sinn" in der praktischen Philosophie gefunden wird. Einen interessanten und überraschenden Gesprächspartner findet Rößner in Adorno (z. B. 159f.), indem er einleuchtend darlegt, wie manche Gedanken Adornos in eine ähnliche Richtung zeigen wie die von Levinas im Hinblick auf Kant. Im Anschluss an Renaut stellt Rößner richtigerweise die „fundamentale Frage auf, ob die argumentative Inanspruchnahme eines Faktums der Vernunft, dessen Gegebenheitsmodus dem einer unverfügbaren Offenbarung gleichkommt, nun aber nicht gerade Kants Grundgedanken der Autonomie in sein Gegenteil verkehrt" (265). Das Buch macht sich mit plausiblen Argumenten für eine Deutung stark, die zeigt, dass sich die Autonomie – und gerade *als* Autonomie – auf Situationen und Gegebenheiten verwiesen zeigt, die sich selber nicht geschaffen hat. Die sittliche Einsicht in das „Gute" (wie D. Henrich gezeigt hat) fordert eine „anerkennende Akzeptanz und autonome Aneignung" (285). Zu Recht weist Rößner darauf hin, dass die Rede von dem Faktum der Vernunft bei Kant auf einen „*normativen Nullpunkt*", auf einen außer-ordentlichen Grund des Entstehens einer Moral zielt, der jedoch „einer moralisierenden Begründung aus der bereits bestehenden moralischen Ordnung nicht zugänglich ist" (399) und als ein solcher eben ein unverfügbarer Grund bleibt und bleiben muss. Gut gelungen ist die Herausstellung der starken sachlichen Übereinstimmungen zwischen Levinas und Kant im Bezug auf die Charakterisierung der Quelle der Moralität überhaupt. Beide Denker sind von einem Furor des Primats der praktischen Vernunft beseelt und auch wenn beide ihre Gedanken aus einer jeweils unterschiedlichen Perspektive entwickeln, bewegen sich beide in einer erstaunlichen Nähe. Trotzdem ist auch eine spezifische Differenz zwischen Kant und Levinas festzustellen und zwar im Hinblick „auf ihre je verschieden gewichtete Verhältnisbestimmung von Singularität und Universalität des sittlichen Anspruchs" (367). Auch hier nuanciert Rößner jedoch sehr präzise, wenn er schreibt: „Denn während allein die kantische Dimension des Dritten Levinas Phänomenologie des Ethischen davor bewahrt, sich angesichts des Anderen in einem wilden ‚Schwindel des Unendlichen' zu verlieren und in der gesetzlosen An-archie einer ‚pathologischen Unmittelbarkeit' zu erschöpfen, ist umgekehrt von Levinas die Lektion zu lernen, daß die pflichtwütigen Vollstrecker und selbsternannten Geschäftsführer einer abstrakt-anonymen, dem Einzelnen gegenüber indifferenten Sittlichkeit weder einen Grund noch das Recht haben, Kants kategorischen Imperativ für sich zu reklamieren, dessen apodiktischer Anspruch es vielmehr verbietet, noch den niedrigsten Nächsten und nächstbesten ‚gemeinen Mann' dem hehren, aber leeren Ideal einer antlitzlosen Menschheit in blindem Befehlsgehorsam aufzuopfern." (374 f.). Im letzten Teil der Untersuchung widmet sich Rößner der engen Verknüpfung der Ethik und Metaphysik bei beiden genannten Autoren. Auch hier sucht er mehr das Verbindende als das Trennende herauszustellen. Positiv zu erwähnen sei insbesondere das Kapitel „Eschatologie – ohne Hoffnung?" (503–551), da es sich einem ansonsten in der Forschungsliteratur eher stiefmütterlich behandelten Thema widmet: der Sinnfrage und der Unmöglichkeit einer absurden Welt. Die ethische Systematik Kants samt der Postulaten- und Zwecklehre bliebe unverständlich, wenn man seine Ablehnung einer sinnleeren Welt nicht berücksichtigt. Rößner arbeitet sehr gut heraus, dass sowohl die theoretische, aber vor allem die praktische Vernunft keine absurde Welt dulden kann, da sie selbst schizophren werden würde. Wenn das Moralgesetz eben als „Faktum der Vernunft" die Realisierung der moralischen Welt in einem kategorischen Sollen befiehlt, dann muss die Verwirklichung dieses Gesollten konsistent denkbar sein. Sowohl Kant als auch Levinas lehnen die Vorstellung ab, dass die Täter das letzte Wort in der Geschichte haben könnten: Der moralisch gut Handelnde muss einen letzten Sinn des Ganzen annehmen können im Sinne einer Hoffnung auf eine letzte „Gerechtigkeit", jedoch nicht im Sinne der eigenen Handlungsmotivation. Im Ausgang von der Rede über die „Religion für Erwachsene" bei Levinas thematisiert Rößner weiter die praktisch-moralische Auslegungsweise der christlich-theologischen Vorstellungen bei Kant, indem er erneut eine geistige Nähe der beiden Autoren feststellt in dem Sinne, dass beide auf eine *ethische* Religion hinzielen. Bei der Lektüre der Texte von Levinas und Kant im Bezug auf die Defizite der konkreten Religionen fragt sich jedoch der Leser, ob es sich beide Autoren nicht allzu leicht machen. Gibt es wirklich ausschließlich die Differenz zwischen einem „leeren Ritualismus" und einer „Vernunftreligion" (448)? Es lassen sich doch sicherlich gottesdienstliche Handlungen vollziehen ohne in einen leeren Ritualismus oder einer Gunsterwerbsreligion zu verfallen. Hat die ganze westliche Tradition des Nachdenkens über das Verhältnis von Glaube und Vernunft nicht mehr zu bieten? Auch wenn sich Kant und Levinas in der ethischen Sicht auf die Religion begegnen, scheint mir doch Levinas ein größeres Verständnis für die Gegenwart des Absoluten (allerdings in der Ambivalenz einer gegenwärtigen Abwesenheit) in der *Geschichte* aufzubringen als Kant. Dies zeigt sich z. B. im Denken des Unendlichen bei Levinas, der sich in der Nähe der Tradition der negativen Theologie bewegt.

Rößners Untersuchung ist ein überaus wichtiger Beitrag in der Debatte um die Nähe und Distanz von Kant und Levinas, der nicht unbeachtet verhallen wird. Das Buch ist sehr gelehrt und zeugt von tiefen Kenntnissen des Autors sowohl des Denkens von Kant, als auch der französischen und deutschen Phänomenologie. Auch der Umfang der gelesenen und zitierten Sekundärliteratur ist beeindruckend.

Zugleich muss der Leser mit Bedauern feststellen, dass es sich eigentlich um zwei Bücher in Einem handelt: Über die Hälfte des Buches besteht aus Seiten, auf denen die Fußnoten länger sind als der eigentliche Haupttext selber. Die vielen und überaus langen Fußnoten stellen eine große Behinderung des Leseflusses dar und bewirken eine ständige Unterbrechung des Denkens. Auf der einen Seite ist das Buch sicherlich eine wahre Fundgrube an Hinweisen und Zitaten, auf der anderen Seiten stellt es eine Überforderung des Lesers dar. Einen zwiespältigen Eindruck hinterlässt auch die ausführliche Bibliografie, die 128 Seiten umfasst. In digitalen Zeiten ist eine solche überbordende Bibliografie nicht nötig und der große Umfang verschleiert vielleicht zum Teil die Gewichtung der einzelnen Titel. Für die Kunst gilt: Form ist eine Auswahl und Beschränkung. Für das Verfassen von wissenschaftlichen Büchern gilt Ähnliches. Der Autor wäre seinen Lesern besser entgegengekommen, wenn er stärker die Kunst des Streichens angewandt hätte. Von der formalen Seite aus gesehen, hinterlässt das Buch somit leider einen zwiespältigen Eindruck; es lässt einen der Eindruck nicht los, dass der Autor „alles" gewollt hat und dadurch sich aber selbst geschadet hat. Auch der Stil des Buches kann sich einer gewissen Ambivalenz nicht entziehen: Auf der einen Seite zeichnet es sich durch eine sehr schöne, hohe Sprache aus, auf der anderen Seite lässt sich jedoch der Autor von der Schönheit der Sprache allzuoft (und allzugern) verführen. So vermag das Buch nicht immer der Gefahr des Artifiziellen zu entkommen. Diese Kritik soll jedoch nicht die Tatsache verdecken, dass der Rezensent das Buch mit großem Gewinn gelesen hat und in vielerlei Hinsicht belehrt worden ist.

Budweis *Jakub Sirovátka*

RELIGIONSPHILOSOPHIE

♦ **Kühnlein, Michael** (Hg.): Religionsphilosophie und Religionskritik. Ein Handbuch (suhrkamp taschenbuch wissenschaft 2140). Suhrkamp Verlag, Berlin 2018. (946) Pb. Euro 36,00 (D) / Euro 37,10 (A) / CHF 47,90. ISBN 978-3-518-29740-7.

Religionsphilosophie im engeren Sinne einer Disziplin hat sich als Anliegen der Aufklärung im 18. Jahrhundert etabliert; in einem weiteren

Sinne war Philosophie jedoch von jeher immer auch Religionsphilosophie und als solche immer auch Religionskritik.

Das von Michael Kühnlein herausgegebene Handbuch umfasst exakt achtzig von gut fünfzig Autoren verfasste Beiträge zu den wichtigsten Werken kritischer Religionsphilosophie. Es ist chronologisch angeordnet, sucht in seinen Artikeln die „*interdisziplinäre Resonanzgeschichte*" (11) von Religionsphilosophie und Religionskritik „in Theologie, Politik und den Sozialwissenschaften" (11 f.) überblicksartig zu beleuchten und spannt sich über annähernd zweieinhalb Jahrtausende von Platons *Nomoi* bis hin zu Taylors *Ein säkulares Zeitalter* von 2007. Rein rechnerisch lässt sich also konstatieren, dass durchschnittlich knapp alle dreißig Jahre oder pro Generation genau ein Text von fortdauernder religionsphilosophischer Relevanz erscheint. Die Frequenz ist dabei jedoch deutlich ansteigend: die erste Hälfte des Handbuchs reicht bis einschließlich Franz Rosenzweigs *Stern der Erlösung* ins Jahr 1921, die zweiten vierzig Lemmata widmen sich den jüngeren und jüngsten Texten des seitdem vergangenen Jahrhunderts. Somit wird ein deutlicher und begrüßenswerter Schwerpunkt auf die naturgemäß oft noch weniger gut und dicht erschlossene „religionsphilosophische Literatur der Gegenwart" (12) gelegt. Gegliedert sind die einzelnen Einträge alle nach ein und demselben Muster: auf eine biografische Kurzmitteilung von wenigen Zeilen folgend werden zunächst „Kontexte" des vorzustellenden Werkes skizziert; daraufhin wird dieses „Werk" selbst in den Mittelpunkt gestellt; ergänzend wird ein wirkungsgeschichtlich weiterführender Ausblick zu „Rezeption und Kritik" geboten, woraufhin eine aufs Äußerste verknappte „Zusammenfassung" von nicht mehr als ein bis zwei Sätzen folgt; abschließend werden Primärquellen und Forschungsliteratur zu einer bibliografischen Übersicht zusammengestellt. Bei gleichem Aufbau können sich die Artikel in ihrem Umfang dennoch deutlich unterscheiden: der erste Beitrag zu Platons *Nomoi* ist mit zehn Seiten etwa nur halb so lang wie der zweite zu Aristoteles' *Metaphysik*, der dritte zu Plotins *Enneaden* (V 1: *Über die drei prinzipiellen Hypostasen*) mit zwanzig Seiten wiederum doppelt so lang wie der vierte zu Augustins *Confessiones*. Nach den achtzig Artikeln und über neunhundert Seiten wäre ein erschließendes Sachregister die Krönung des kapitalen Werks gewesen.

In einer kurzen Einleitung erläutert der Herausgeber die Kriterien seiner Auswahl und führt dabei neben der religionsphilosophischen „Relevanz der Schrift" (12) auch die „*Prominenz*" (ebd.) ihrer Urheberschaft an; ebenso eine Rolle spielen die jeweilige „Präsenz" (ebd.) in der universitären Lehre und eine Exoterik der Darstellung. Der dialektischen Dilemmatik, dass jede Auswahl eine Selektion von unhintergehbarer Subjektivität bleibt und von unvermeidlicher Unvollständigkeit noch die umfassendste Sammlung, ist sich der Herausgeber bewusst: „Je mehr Werke er aufnimmt, desto größer werden die Lücken" (12). Wohlfeil ist es also, den monierenden Zeigefinger in diese eingestandenen und auch auszumachenden Lücken zu legen, als hätte der Rezensent eine Vermisstenanzeige von einschlägigen Verfassern aufzugeben. Darf man dennoch fragen, weshalb aus der ersten Reihe Denker wie Descartes, Schopenhauer oder Wittgenstein keinen Platz in der langen Liste von achtzig Autoren finden? (Auch Lessing fehlt, Hamann und Herder, Solowjow und Schestow ... und wäre das Inhaltsverzeichnis des Rezensenten Wunschzettel, hätte er sich ein Wort zu Ferdinand Ebners *Pneumatologischen Fragmenten* gewünscht und auch noch zu Bernhard Welte, Richard Schaeffler, Ferdinand Ulrich ...) Muss man aber nicht sogar fragen, ob es denn guten Grund geben kann, in einem religionsphilosophischen Handbuch Romano Guardini nicht nur nicht an prominenter Stelle zu platzieren, sondern mit gänzlichem Stillschweigen zu übergehen? Und muss man nicht auch fragen, ob eine Philosophie der Religion, die im vorliegenden Fall nicht nur deren interne, sondern auch externe Kritiker wie Feuerbach und Freud, wie Dawkins und Dennett berücksichtigt, nicht auch in anderer Hinsicht einen weiteren, nämlich über die westliche, euro- oder anglozentrische Geistesgeschichte noch hinausgehenden Horizont, sprich eine größere interkulturelle Offenheit beweisen könnte, indem sie etwa Nishitanis *Was ist Religion?* in eine solcherart erweiterte Auswahl einbezöge?

All dies spricht freilich nicht gegen Rang und Namen der ausgewählten achtzig Autoren, über welche das Handbuch zuverlässig informiert. Den Beiträgern und ihrem alleinigen Herausgeber ist dafür zu danken, mit dem veritablen „Mammutprojekt" (12) dieses Nachschlagewerks einen gewichtigen Beitrag geleistet zu haben zur philosophisch-kritischen

Reflexion der vieldiskutierten und fraglich bleibenden „Rückkehr der Religion" in diesem „(post-)säkularen Zeitalter" (11).

Linz   *Christian Rößner*

RELIGIONSSOZIOLOGIE

◆ **Ströbele, Christian / Gharaibeh, Mohammad / Middelbeck-Varwick, Anja / Dziri, Amir (Hg.): Migration, Flucht, Vertreibung. Orte islamischer und christlicher Theologie** (Theologisches Forum Christentum – Islam). Verlag Friedrich Pustet, Regensburg 2018. (320) Kart. Euro 29,95 (D) / Euro 30,80 (A) / CHF 30,53. ISBN 978-3-7917-2414-0.

Migration ist ein globales Phänomen, das nach recht zuverlässigen Prognosen des Migrationsberichts der Vereinten Nationen, die alle zwei Jahre aktualisiert werden, auch künftig zunehmen wird. Der jüngste Weltmigrationsbericht von 2018 beziffert allein 3,3 % der gegenwärtigen Weltbevölkerung als internationale Migranten, was etwa 244 Millionen Menschen entspricht. Zu den auslösenden Faktoren, die Menschen zur Migration bewegt, gehören Naturkatastrophen, Armut, begrenzte soziale Mobilität und unsichere Rechtsverhältnisse genauso wie politische Unruhen, auch ethnisch bedingte Konflikte und Religionskonflikte. Migranten, Flüchtlinge, Vertriebene gehören damit zu großen Teilen zu den verwundbarsten Gruppen auf der Suche nach besseren Lebensbedingungen. Allzu oft erschweren rigide Gesetzgebungen in Zielländern eine gelingende Integration, in die weitere Gesellschaft, in den Arbeitsmarkt, in lokale Bildungssysteme. Umgekehrt wirken sich Diskriminierungen, Fremdenfeindlichkeit und Rechtsverletzungen negativ aus auf den eigenen gesellschaftlichen Beitrag von Immigranten. Damit ist weitgehend das Hintergrundtableau skizziert, auf das der vorliegende Sammelband Bezug nimmt. Allerdings bereichert er solche Fragen mit einem hoch aktuellen Fokus auf den Zusammenhang von Religion und Migration. Es ist eine systematische Zusammenstellung von Beiträgen der 13. Tagung des Theologischen Forums Christentum – Islam vom März 2017. Daher kommt es nicht von ungefähr, dass Formen erzwungener Migration, praktisch-ethische Perspektiven und Begriffe von Fremdheit aus Sicht vor allem christlicher und islamischer Theologie bedacht werden. Die Einzelstudien nehmen vorzugsweise Bezug auf die Ankunft zahlreicher geflüchteter Menschen in Deutschland und Europa im Jahr 2015 und reflektieren aktuelle gesellschaftspolitische Diskurse in den Folgejahren. In sieben thematischen Kapiteln schreiten insgesamt 22 Autor/-innen und Beobachter/-innenberichte Migration als theologischen Lern- und Erkenntnisort ab. Von grundsätzlichen Erwägungen zu Wahrnehmungen des Fremden bis zu Einordnungen von Migration und Flucht in biblischer Perspektive und in islamischer Geschichte, überwiegen doch vielfältige Aktualitätsbezüge die restlichen Untergliederungen. Transformation wird als übergreifende Chiffre erkennbar. Diesbezüglich kommen Lebenswirklichkeiten, Sozial- und Integrationsräume in den Blick, die Wandlungsprozesse in der Migrationsgesellschaft Deutschland erahnen lassen. Impulse, die aus der facettenreichen Flüchtlingsarbeit für christliche und islamische Ethik erwachsen, werden ebenso wie Irritationen thematisiert, die sich aus interkulturellen Alltagsszenen oder aus Überforderungen aufgrund einer religiösen Formenvielfalt ableiten, auf die selbst Jahrzehnte während interreligiöse Austauschprozesse ungenügend vorbereitet haben. In den Blick genommen werden zudem Neukartierungen der Religionslandschaft in Deutschland, die sich durch Migration eingestellt haben. Zwar hält der Band enorme Transformationsdynamiken im Innern von Religionsgemeinschaften fest, stellt drängende institutionspolitische Weichenstellungen in Aussicht, greift jedoch auch Fragen der Resilienz auf, d. h. sie thematisieren das Wagnis interkultureller Kommunikation auch innerhalb derselben Religion. Fallstudien zu christlichen und islamischen Zuwanderungsgruppen mit schon längerer Präsenz und interkultureller Erfahrung in Deutschland zeigen Schwierigkeiten auf, die sich mit der Transplantation von Religion ergeben. Migrantisch geprägte Glaubensgemeinschaften tendieren dazu, theologische Inhalte und Strukturierungsformen aus den Herkunftsländern zu reproduzieren; sie beharren oftmals auf einer Anerkennung von religiöser Differenz, wodurch sich ein vorhandenes Religionsrelief zunächst weiter ausdifferenziert. Die Rahmenbedingungen für gelingende intrareligiöse wie auch interkulturelle Kommunikation komplizieren sich. Ein Fallbeispiel sind christliche Migrationskirchen insbesondere pentekostal-charismatischen Zuschnitts in ih-

rer entschiedenen Absicht, in Deutschland zu evangelisieren. Damit aber verbauen sie sich Möglichkeiten, sich an einen auch weltanschaulich anderen Kontext anzupassen und verzögern Veränderungen in ihren Wechselbeziehungen etwa zu landeskirchlichen Gemeinden, erschweren organisatorische Inklusionsmodi und verlangsamen theologische Wechselbeziehungen im interkulturellen Austausch. Auf der landeskirchlichen Seite fehlen noch immer interkulturelle MediatorInnen, kulturelle Broker, die Begegnungssituationen kompetent vorbereiten und Kommunikationsprozesse mit interkulturellem Sachverstand begleiten können. Eine konstruktive Verfahrensweise, sich in solchen binnenreligiösen Begegnungen auch längerfristig aufeinander einzulassen, ist es, sich auf Erfahrungen von wechselseitiger Befremdung und Bereicherung einzulassen. Es gilt, Irritationen anzuerkennen wie auch Attraktionen aus je eigener Perspektive festzustellen, und beidseitig zu versuchen, sich – ausgestattet mit solchem herausfordernden Erfahrungsgepäck – interkulturell zu öffnen. Damit leistet dieser Sammelband erstaunlich viel: Er unternimmt nicht nur eine an sich schon wertvolle religiöse Bestandsaufnahme von Zuwanderungsmilieus in Deutschland; vielmehr verknüpft er diese religiöse Neukartierung, die komplexer gewordene, vielfältiger ausgestaltete Religionslandschaft in Deutschland mit zukunftsweisenden interkulturell-theologischen Handlungsperspektiven.
Basel *Andreas Heuser*

SOZIALETHIK

♦ Ehlke, Carolin / Karic, Senka / Muckelmann, Christoph / Böllert, Karin / Oelkers, Nina / Schröer, Wolfgang (Hg.): Soziale Dienste und Glaubensgemeinschaften. Eine Analyse regionaler Wohlfahrtserbringung. Beltz Juventa Verlag, Weinheim–Basel 2017. (312) Pb. Euro 29,95 (D) / Euro 30,80 (A) / CHF 40,10. ISBN 978-3-7799-3672-5.

Drei der sechs Spitzenverbände der Freien Wohlfahrtspflege in Deutschland – der Deutsche Caritasverband, die Diakonie Deutschland und die Zentralwohlfahrtsstelle der Juden in Deutschland – geben an, ihr Handeln an religiösen Überzeugungen zu orientieren bzw. daran rückzubinden. Insbesondere Caritas und Diakonie zählen zu den zentralen Akteuren im deutschen Sozialstaat, denn sie stellen einen Großteil der sozialstaatlichen Leistungen zur Verfügung und sind die größten Arbeitgeber für sozialprofessionelle Fachkräfte. Die Angebote der Freien Wohlfahrtspflege zielen, wie auch die der öffentlichen Träger, nicht auf Gewinne, sondern sollen dem Gemeinwohl dienen und werden deshalb gemeinnützig erbracht. Die Mitarbeiterinnen und Mitarbeiter des durch die Deutsche Forschungsgemeinschaft finanzierten Projekts „Soziale Dienste und Glaubensgemeinschaften – Pfade regionaler Wohlfahrtsproduktion" haben die an Glaubensgemeinschaften gebundenen Wohlfahrtsorganisationen in den Blick genommen und sich damit einem Forschungsdesiderat angenommen. Denn der Zusammenhang von Religion, Sozialen Diensten und sozialprofessioneller Fachlichkeit spielt im gegenwärtigen Fachdiskurs nur eine untergeordnete Rolle. Außerdem wurde zur Pfadabhängigkeit der regionalen Wohlfahrtserbringung bislang keine empirische Studie durchgeführt, auch das Zusammenwirken der unterschiedlichen Akteure in der Wohlfahrtserbringung wurde bislang kaum beachtet. Die pfadtheoretische Perspektive ermöglicht, die Entwicklung der glaubensgemeinschaftlich orientierten Wohlfahrtsverbände im Kontext der regionalen Wohlfahrterbringung zu untersuchen und die jeweiligen historischen Entstehungs- bzw. Entwicklungskontexte zu verdeutlichen.

In einem ersten Teil (13–37) werden das Erkenntnisinteresse, die damit verbundenen Forschungsfragen und das Untersuchungsdesign bzw. das methodische Vorgehen der empirischen Studie dargelegt. Im materialreichen zweiten Teil (38–187) werden die Ergebnisse von analysierten Netzwerkkarten, der Netzwerkkarteninterviews mit regionalen Schlüsselpersonen und die Experteninterviews aus drei sehr unterschiedlichen Regionen in Deutschland präsentiert. Diese unterschiedlichen Regionen wurden so ausgewählt, dass aufgrund der Kontraste ein möglichst großes Spektrum regionaler Entwicklungen abgebildet werden kann: Es handelt sich um eine westdeutsche Großstadt mit verschiedenen Akteuren und einer religiösen Pluralität, um einen ostdeutschen ländlichen Raum, der durch die herausragende Bedeutung der evangelischen Akteure und zugleich durch das säkularisierte Umfeld gekennzeichnet ist, und um einen westdeutschen ländlichen Raum mit überwiegend katholischer Bevölkerung. Hier hat die Caritas ein „Monopol" auf die regionale Wohlfahrterbringung. Stets wird die gegenwärtige Situation der untersuchten Stadt/Region vorangestellt und es werden „Auffälligkeiten und weiterführende Fragen" formuliert. Die ausgewerteten Netzwerkkarteninterviews geben einen vertieften Einblick in das Zusammenspiel der Akteure der regionalen Wohlfahrtserbringung. Mittels Experteninterviews wird die Frage zu beantworten versucht, wie sich die Glaubensgemeinschaften in den Wohlfahrtsstrukturen der jeweiligen Region etablieren bzw. etabliert haben. Der dritte Teil der Untersuchung (188–240) vermittelt die Ergebnisse einer nicht-repräsentativen Onlinebefragung. Dargestellt wird die Bedeutung der Religion für die Fachkräfte der Wohlfahrtserbringung. Interessant ist, „dass Religion für Soziale Arbeit – vor allem innerhalb der konfessionellen Wohlfahrtsverbände – nicht nur in den Leitbildern und öffentlichen Verlautbarungen ein Rolle spielt, sondern auch für einen großen Teil der Mitarbeitenden von erheblicher Bedeutung ist" (213–214) und dass „konfessionell gebundene Träger – in der Stichprobe vor allem Caritas und Diakonie – sich insgesamt durch ein klares glaubensgemeinschaftliches Profil auszeichnen" (238). Die Verfasserinnen und Verfasser der Studie kommen auf der Grundlage der Befragung zu dem Schluss, „dass Glaubensgemeinschaften sowohl für die Fachkräfte der Sozialen Arbeit als auch für die Träger Sozialer Dienste einen Stellenwert haben, der sich in den entsprechenden sozialpädagogischen Fachdiskursen nicht annähernd widerspiegelt" (239). Ein Exkurs (241–270) zu den islamischen Glaubensgemeinschaften ergänzt die vorangestellten Ausführungen inhaltlich. Hier wird deutlich, dass diese im Kontext der regionalen Wohlfahrtserbringung kaum zur Kenntnis genommen werden, wenngleich sie bedarfsorientierte Angebote zur Verfügung stellen. Doch die Möglichkeiten zur Professionalisierung sind – im Vergleich zu den Spitzenverbänden der Freien Wohlfahrtspflege – (derzeit) begrenzt. Die Studie schließt mit einem zehnseitigen Ausblick (271–280), an den sich ein Literaturverzeichnis (281–287), ein Abbildungsverzeichnis (288–289), ein Verzeichnis der Autorinnen und Autoren (290) sowie ein Anhang (291–311) anschließen.

Die Untersuchung gibt einen ausgezeichneten Einblick in Entwicklung und Ausgestaltung der glaubensgemeinschaftlich Akteure im Rahmen der Freien Wohlfahrtspflege und lädt zur vertiefenden Auseinandersetzung ein – auch weil an vielen Stellen von den Verfasserinnen und Verfassern weitere Forschungsdesiderate benannt werden. Deutlich wird, dass die christlichen Akteure der Wohlfahrtserbringung (derzeit noch) eine historisch gewachsene Vorrangstellung haben. Und: „In der regionalen Wohlfahrtserbringung kann beobachtet werden, dass trotz einiger Aufweichungen, die mit Entkirchlichung, Pluralisierung, Privatisierung und Biographisierung des Religiösen einhergehen, Glaubensgemeinschaften als konfessionelle Träger ein fester und nicht wegzudenkender Bestandteil der Wohlfahrtserbringung sind." (274) Es zeigt sich aber auch, dass die von Caritas und Diakonie verantworteten bzw. vorgehaltenen Sozialen Dienste nicht als genuiner Grundvollzug der Kirche identifiziert werden. Vielmehr wird – das geht aus dem Material hervor – zwischen einem religiösen Kerngeschäft (verantwortet und vorgehalten durch die Kirchengemeinden) und sozialen Dienstleistungen unterschieden. Der spezifisch kirchliche Kontext der διακονία verblasst. Dieser Spur müsste genauer nachgegangen werden, es könnte sich erweisen, dass die unterschiedlichen kirchlichen Grundakte (weiter) auseinanderdriften. Aus theologischer Perspektive sind deshalb Vernetzungen gemeindlicher und verbandlicher Caritas notwendig, womit aber keiner Rückverlagerung der durch Fachkräfte geleisteten Arbeit in den Gemeindekontext das Wort geredet werden soll. Denn ein solches Vorgehen würde sicherlich mit einem Verlust an Professionalität einhergehen.

Berlin *Axel Bohmeyer*

SPIRITUALITÄT

◆ **Albus, Michael: Wo Gott zu Hause ist. Mystische Orte der Weltreligionen** (topos taschenbücher 1028). Verlagsgemeinschaft topos plus, Kevelaer 2016. (218) Pb. Euro 12,95 (D) / Euro 13,35 (A) / CHF 13,59. ISBN 978-3-8367-1028-2.

Anlass dieser Publikation war eine Reportage des Zweiten Deutschen Fernsehens mit dem Titel „Wohnungen Gottes – Mystische Orte der drei großen Weltreligionen – Islam, Judentum und Christentum" (7f.) Beim vorliegenden Taschenbuch handelt es sich um eine Neuauflage eines bereits 2004 erschienenen Bildbandes. Zum Begriff Mystik erklärt der Verfasser: „Ich bin fest davon überzeugt, dass die mystischen Bewegungen des Islam, des Judentums und des Christentums Antworten bereithalten, die den Fragen der Welt, die wir die ‚moderne' nennen, standzuhalten vermögen." (9) Obwohl die Mystik – mit den Worten des Verfassers – zurecht als „Königsweg der Religionen" (11) bezeichnet werden kann, haben sich die Vertreter der offiziellen, organisierten Religionen damit immer schwer getan, weil sich mystische Phänomene grundsätzlich einem kontrollierenden und dirigierenden Zugriff entziehen. Doch gerade hier findet sich ein unausgeschöpftes Potenzial, das den Menschen der Gegenwart Sinn, Erfüllung, kurz den Horizont der Transzendenz erschließt, welche die Abgeschlossenheit und die Enge des Alltags in seiner Eindimensionalität aufsprengt. Überraschend ist die konkrete Auswahl der drei besonderen mystischen Orte: Konya (südlich von Ankara) in der Türkei, New York in den USA und Taizé in Frankreich. Allen diesen drei Orten ist gemeinsam, dass sie als Pilgerstätten alle erst im vergangenen Jahrhundert entstanden sind, also keineswegs auf eine jahrhundertealte Tradition zurückschauen (wie etwa Mekka, Jerusalem und Rom). Dieser Abstand zu den alt-etablierten Pilgerorten bringt eine Ursprünglichkeit mit sich, angesichts derer sich eine archäologische Suche nach religiösen Erfahrungen erübrigt. Die unbestreitbare Stärke der Publikationen liegt in der farbigen Schilderung des Lokalkolorits der besuchten religiösen Stätten. Hier macht sich die journalistische Kompetenz des Verfassers bemerkbar. Unterschätzt der Verfasser seine Leser und Leserinnen, wenn er ihnen ausführlich die „fünf Grundpflichten des Islam" (87 ff.) erläutert? Sehr hilfreich sind dagegen die zahlreichen ausführlichen Zitate aus den heiligen Schriften der dargestellten Religionen. Hier lässt sich sozusagen aus erster Hand ein Eindruck des geistigen Horizonts einer Religion gewinnen. Manche Bemerkungen erscheinen auf den ersten Blick banal und verweisen doch auf tiefe Dimensionen, wie etwa „was zum Kern der Mystik gehört: Das Staunen über die Schönheit der vergänglichen Dinge, das in ihnen verborgene Geheimnis" (75). Am Ende seines Bändchens bringt der Verfasser ein höchst instruktives Interview, das er mit Frère Roger, dem Gründer und Prior der Gemeinschaft von Taizé, geführt hat. Man hätte gerne mehr über Ort, Zeit und Umstände dieser Begegnung gewusst, denn nachdem Frère Roger 2005 gestorben ist, handelt es sich um ein historisches Dokument. Hier macht sich nachteilig bemerkbar, wenn eine ältere Publikation neu aufgelegt wird, ohne dass eine erläuternde Fußnote die inzwischen vergangene Zeit überbrückt. Trotz einiger offener Wünsche lässt sich jedoch die Faszination dieser Welt des Religiösen spüren, von welcher der Verfasser etwas zu vermitteln sucht.

Bamberg/Linz *Hanjo Sauer*

◆ Delgado, Mariano: Das zarte Pfeifen des Hirten. Der mystische Weg der Teresa von Ávila (topos taschenbücher 1074). Verlagsgemeinschaft topos plus, Kevelaer 2017. (256) Pb. Euro 12,95 (D) / Euro 13,40 (A) / CHF 13,20. ISBN 978-3-8367-1074-9.

Teresa von Avila gehört zu den bedeutendsten Mystikerinnen der katholischen Kirche. Wer ist ein Mystiker / eine Mystikerin? Michel de Certeau (1925–1986) drückt es so aus: „Mystiker ist, wer nicht aufhören kann zu wandern und wer in der Gewissheit dessen, was ihm fehlt, von jedem Ort und von jedem Objekt weiß: *Das ist es nicht.* Er kann nicht *hier* stehenbleiben, und sich mit *diesem da* zufriedengeben." (210) Die Zeit, in der Teresa von Ávila lebte (1515–1582), war von großen Umbrüchen geprägt: die Entstehung des modernen Staates in Spanien mit der Tendenz zu zunehmender Disziplinierung der Untertanen, der Aufbau und die Herrschaft der Inquisition, die von Deutschland ausgehende Reformation und nicht zuletzt die Sehnsucht nach religiöser Innerlichkeit, welche die kirchliche Institution nicht befriedigen konnte. Erschreckend ist das von den maßgebenden Theologen vertretene Frauenbild. So schreibt etwa Heinrich Kramer OP (Instistoris) über die Frau: „Ihr von Natur aus geringer Glauben wird [schon] bei der ersten Frau offenbar, da sie der Schlange auf ihre Frage, warum sie nicht von jedem Baum des Paradieses essen würde, sagte: ‚Von jedem [essen wir], nur nicht etc., damit wir nicht etwa sterben', wobei sie zeigt, dass sie zweifle und an die Worte Gottes nicht glaube" [40]. Noch Papst Pius XI. hat 1923 dem Vorschlag, Teresa von Ávila zur Kirchenlehrerin zu ernennen, das Argument entgegengehalten: „obstat sexus" [das Geschlecht spricht dagegen]. Tatsächlich wurde Teresa in ihrer Gesellschaft insbesondere von kirchlichen Autoritäten mit großem Misstrauen angesehen. So bezeichnet sie der Nuntius Filippo Saga als „ein unruhiges, herumvagabundierendes, ungehorsames und verstocktes Weibsbild, das unter dem Vorwand von Frömmigkeit falsche Lehren erfand, und gegen die Anordnung des Konzils von Trient und der Oberen die Klausur verließ, und wie eine Lehrmeisterin andere belehrte, ganz gegen das, was der hl. Paulus lehrte, als er anordnete, dass Frauen nicht lehren sollen." (46 f.) Teresa musste es ertragen, dass Diener der Inquisition in ihre Klosterzelle kamen und einen Teil ihrer Bücher konfiszierten. (36) Es gab von offizieller Seite ein tiefes Misstrauen gegen geistliche Literatur in der Volkssprache und gegen das „innere Beten", wie man ein persönliches, in eigene Worte gefasstes Gebet nannte. Das Kloster interpretierte Teresa als „Freiheitsinsel" in emanzipatorischer Sicht, nämlich einerseits unterjochenden Ehemännern zu entgehen, andererseits aber auch dem direkten Zugriff der Kleriker. Vor dem Hintergrund ihrer Zeit entwickelt der Verfasser nun einige Grundgedanken der Mystik von Teresa in der Metapher der „Wohnungen der inneren Burg" (109–218). Dass der lange Weg, sich mystischer Erfahrung auszusetzen, ein mühsamer, dorniger und manchmal in Sackgassen führender Weg ist, kommt in den Verszeilen des Mystikers Johannes von Kreuz (1542–1591) zum Ausdruck: „Und je höher aufgestiegen, / desto weniger begriffen" (187). Als entscheidendes Moment bei der Unterscheidung der Geister sieht Teresa die Erfahrung des Kreuzes. Sie sagt: „Im Kreuz sind Leben und Trost, / es allein ist der Weg himmelwärts." (132) Entscheidend ist das Gottesbild, vom Verfasser sehr gut so charakterisiert: „Es geht im Christentum um das zarte Liebeswerben eines Gottes, der, weil er die immer sprudelnde Quelle der Liebe und der Gnade ist, die Initiative ergriffen hat, als guter Hirt bei uns zu wohnen und mit unendlicher Geduld und Barmherzigkeit auf die freiwillige Hingabe unserer Liebe zu warten." (82 f.) Wem an der Zukunft des christlichen Glaubens liegt, der kommt – mit einem Wort von Karl Rahner – an der Mystik (auch des Alltags) nicht vorbei. In dem vorgelegten Büchlein findet sich eine kompetente und höchst hilfreiche Einführung.

Hanjo Sauer   *Bamberg*

◆ Ropers, Roland R.: Mystiker unserer Zeit im Porträt (topos premium 32). Verlagsgemeinschaft topos plus, Kevelaer 2017. (272) Klappbrosch. Euro 19,95 (D) / Euro 20,50 (A) / CHF 28,90. ISBN 978-3-8367-0032-0.

Der bekannte Kulturphilosoph und Buchautor versammelt in diesem Band 66 Kurzbiografien: 50 Männer und 16 Frauen des 19. und 20. Jahrhunderts werden porträtiert und als „Mystiker unserer Zeit" gewürdigt.

Viele dieser „herausragenden Geistespersönlichkeiten" hat der Autor seit Jahren regelmäßig in der Monatszeitschrift KIRCHE IN bereits vorgestellt. Der Reigen der Personen beginnt mit Papst Franziskus und wird dann in alphabetischer Reihung weitergeführt von Sri Aurobindo bis Selvarajan Yesudian. Die Auswahl ist sehr breit angelegt: Aus der Sufi-Tradition (z. B. Reshad Feild, Annemarie Schimmel), aus der Yoga-Philosophie (z. B. Sri Eknath Easwaran) und aus den buddhistischen Traditionen (z. B. der Dalai Lama, Thich Nhat Hanh) werden Personen vorgestellt. Die größte Anzahl stammt aber naturgemäß aus dem christlichen (katholisch und protestantisch) Bereich. Hier sind sehr bekannte Namen versammelt (z. B. Bede Griffiths, Henri Le Saux, Hugo E. Lassalle und viele mehr), aber auch manche „Neuentdeckung" wird geboten. Auffallend ist, dass Vertreter der christlich-orthodoxen Tradition und des Judentums ganz fehlen. Über den Bereich der Religion hinaus findet man auch Menschen der Wissenschaft (Hans Peter Dürr, Viktor E. Frankl) und der Kunst (Leonard Bernstein, Khalil Gibran) unter den Vorgestellten. Das zeigt, wie breit der Autor den Begriff „Mystiker" fasst: „Sie sind Leuchtfeuer und Wegweiser in das innerste Universum, wo jeder tiefreligiös Suchende an der Urquelle seine ewige Heimat finden kann." (s. Klappentext) Dieses Verständnis erläutert der Autor genauer in einer 10-seitigen Einführung. Die Kurzporträts umfassen dann jeweils zwei bis drei Buchseiten. Das ist genug, um das Interesse zu wecken, sich weiter in Leben und Werke einzelner spiritueller Meisterinnen und Meister weiter zu vertiefen.

Gallneukirchen   *Christa Hubmann*

THEOLOGIE

◆ Boros, Ladislaus: Mysterium mortis. Der Mensch in der letzten Entscheidung (topos taschenbücher 1089). Verlagsgemeinschaft topos plus, Kevelaer 2017. (239) Pb. Euro 12,95 (D) / Euro 13,35 (A) / CHF 13,20. ISBN 978-3-8367-1089-3.

In einem Aufsatz, der unter dem Titel „Sacramentum mortis" im Jahr 1959 erschienen ist, beschäftigte sich der Verfasser erstmals mit dem Gedanken einer letzten Entscheidung des Menschen im Tode, die über sein ganzes Schicksal bestimmt. Boros hat diesen Gedanken dann in einer Publikation, die 1962 unter dem Titel „Mysterium mortis" erschienen ist, zu einem umfassenden Gedankengang ausgebaut und seine „Endentscheidungshypothese" formuliert. Sie heißt: „Im Tod eröffnet sich die Möglichkeit zum ersten vollpersonalen Akt des Menschen; somit ist er der seinsmäßig bevorzugte Ort des Bewusstwerdens, der Freiheit, der Gottbegegnung und der Entscheidung über das ewige Schicksal." (9) Nun wird über ein halbes Jahrhundert später diese Publikation neu aufgelegt. Waren schon in den Sechzigerjahren die Sprache und die Denkkategorien des Verfassers alles andere als leicht nachvollziehbar, so sind sie es heute umso mehr. Die philosophische Argumentation bedient sich einer Metaphysik, die heute in dieser Form nicht mehr vertreten wird. Semantisch schreckt vieles ab, was anders ins Wort gefasst werden müsste, z. B. das Sprachgebilde der „Wunderung" (28). Wem ist der Gedankengang noch vermittelbar, dass „im Konvergenzpunkt des kosmischen Harrens und im Zusammentreffen der menschlichen Wesensdynamismen Gott selber steht" (114)? Auch der Hinweis auf Thomas von Aquin, dass der menschliche Tod „der Entscheidungssituation der Engel ähnlich" sei (125), lässt einen Leser / eine Leserin eher irritiert zurück, als dass dadurch etwas klarer würde. Was den Gedankengang zudem noch belastet, ist der hohe Anspruch, die vorgetragene „Endentscheidungshypothese" in der philosophischen und theologischen Argumentation im strengen Sinn des Wortes „beweisen" zu wollen. Zudem wird die Hypothese im theologischen Kontext als wunderbares Heilmittel präsentiert, das die Schwierigkeiten herkömmlicher Erbsündenlehre, der Lehre über das Fegefeuer und im Bereich der Christologie aus dem Weg zu räumen verspricht. Der Verfasser geht so weit, dass selbst die noch nicht zum Gebrauch der Vernunft gelangten Kinder „in ihrem Tode zur Totalität ihrer Geistigkeit erwachen" (138). Dieser Gedanke erscheint als spekulative Kühnheit, die selbst in der Scholastik in dieser Form selten war. Trotz allem: Überwindet man die gewaltigen Hürden einer uns fremd gewordenen metaphysischen und theologischen Argumentation und kann sich auf den Gedankengang einlassen, so findet man exzellente Passagen, etwa die phänomenologische Beschreibung des menschlichen Reifens und der ihm innewohnenden Herausforderungen (70–85). Wenn im Klappentext davon die Rede ist, dass die vorgelegte Endentscheidungshypothese „lebhaft diskutiert" worden ist, so wird damit der Sachverhalt verschwiegen, dass der Verfasser in Fachkreisen kaum Akzeptanz gefunden hat. In jedem Fall wäre ein einleitendes und erklärendes Vorwort dringend von Nöten gewesen. Im Grunde müsste das Buch unter Einbeziehung der neueren lehramtlichen Texte der Kirche, insbesondere des II. Vatikanischen Konzils, wo in GS 18 die Thematik des Todes sehr behutsam thematisiert wird, neu geschrieben werden, damit deutlich wird, dass es keinen christlichen Glauben ohne ein waches Bewusstsein des Lebens und zugleich des Todes gibt.

Hanjo Sauer   *Bamberg*

◆ Schaller, Christian / Scotti, Giuseppe A. (Hg.): Die Jesus-Trilogie Benedikts XVI. Eine Herausforderung für die moderne Exegese (Ratzinger-Studien 11). Verlag Friedrich Pustet, Regensburg 2017. (260) Geb. Euro 29,95 (D) / Euro 30,80 (A) / CHF 30,53. ISBN 978-3-7917-2840-7.

Die Publikation des dreibändigen Jesusbuches Benedikts XVI. in den Jahren 2007 bis 2012 war ein Weltereignis: Der Papst deutete das Leben Jesu und begab sich auf das Terrain der exegetischen Zunft. Joseph Ratzinger betonte die Notwendigkeit historisch-kritischer Exegese. Zugleich beleuchtete er die Schwachstellen der historischen Kritik und diskutierte ihre Grenzen. Die Herausforderung, die Joseph Ratzinger mit den Darlegungen seines Jesus-Buches annahm, sollte keine Geringere sein, als die Gestalt Jesu aus dem Geheimnis Gottes heraus zu begreifen und das Geheimnis Gottes im Licht der Gestalt Jesu zu betrachten, wie sie in den Evangelien begegnet.

2013 fand an der Päpstlichen Lateranuniversität ein Kongress zu den Jesus-Büchern des Papstes statt. Die Tagung stand unter dem Leitwort: „I Vangeli: storia e cristologia. La ricerca di Joseph Ratzinger". Der Veranstalter, die „Fondazione Vaticana Joseph Ratzinger – Benedetto XVI", veröffentlichte die Diskussion 2014. Die 2017 erschienene, von Christian Schaller (stellvertreter Direktor des Regensburger Instituts Papst Benedikt XVI.) und Giuseppe A. Scotti (Präsident der Fondazione Vaticana) unter dem Titel „Die Jesus-Trilogie Benedikts XVI. Eine Herausforderung für die moderne Exegese" herausgegebene 11. Ratzinger-Studie stellt eine Auswahl der Beiträge dar. Sie kann zugleich als repräsentativ gelten für eine intensive exegetische und theologische Auseinandersetzung mit den Jesusbüchern des Papstes.

Bernado Estrada, Professor für Neues Testament an der Pontificia Università della Santa Croce, bietet eine Übersicht über die Geschichte der Leben-Jesu-Forschung (9–50) und weist angesichts ihrer hermeneutischen Irrungen und Wirrungen die Instruktion der päpstlichen Bibelkommission „Sancta Mater Ecclesia" aus dem Jahr 1964 als bahnbrechend und richtungsweisend aus. Sie biete eine klare Lehre über Ursprung und Entstehung der Evangelien, wobei sich der Fokus auf die historischen Details richte, weshalb es möglich sei, die Formierungsarbeit der Evangelisten kenntlich zu machen. Nach mehr als zwei Jahrhunderten habe die theologische Forschung verstanden, dass sie nicht ohne die historische Suche nach Jesus arbeiten könne. Historische Tatsachen seien ein Teil des eigentlichen Zeugnisses des Neuen Testaments.

Juan Chapa, Professor für Neues Testament der Universität Navarra, beleuchtet den Beitrag der Papyrologie zur Auslegung der Evangelien (51–102) und verortet den Typus des für die ersten Fixierungen des Evangeliums verwendeten Formats als Verbindungsglied zwischen mündlicher und schriftlicher Tradition. Von hier aus erklärt Chapa die verschiedenen abweichenden Lesarten und begründet die Unterschiedlichkeit der Evangelienpapyri: „Wir können aus demselben ‚Minestrone'-Topf mehrere Suppenteller servieren, und obwohl alle aus derselben Terrine kommen, wird jeder Teller eine einzigartige ‚Textur' haben" (99).

Richard A. Burridge, Professor für Biblische Exegese am Londoner King's College, stellt einen Vergleich an zwischen der griechisch-römischen Biografie und der literarischen Gattung der Evangelien (103–144). Einer einleitenden Erwägung der Konzilskonstitution Dei Verbum und ihrer Folgen für die Evangelien und die antike Biografie folgt die Begründung des literarischen Genus der Evangelien als Biografie.

Yves Simoens, emeritierter Professor für Studien der Heiligen Schrift am Centre Sèvres in Paris, bespricht die historische Referenzleistung des Johannesevangeliums (145–165). Exemplarisch zeigt er auf, inwiefern sich das theologischste aller Evangelien zugleich als dasjenige erweist, das der historischen Wahrscheinlichkeit am nächsten kommt. En passant gelangt er zu einer Neubewertung dessen, was unter Geschichte zu verstehen sei, ohne sich auf positivistische Ansätze einzulassen.

John P. Meier, Professor für Neues Testament an der University of Notre Dame in Indiana (USA), wirft ein Licht auf den historischen Jesus und seine historischen Gleichnisse (166–185). Angeregt durch die von Papst Benedikt im ersten Band seiner Jesus-Trilogie vorgelegten Meditation über den barmherzigen Samariter arbeitet Meier den Unterschied zwischen einer rein historischen Exegese des Gleichnisses und einer „mit Glauben erfüllten" christologischen Interpretation heraus. Letztere hilft ihm sogar, exegetische Problemkonstellationen, die sich aus der Entstehungsgeschichte des Gleichnisses ergeben, zu überwinden.

Antonio Pitta, Professor für Neutestamentliche Exegese an der römischen Lateran-Universität, vermisst die theologischen Räume zwischen Jesus und Paulus (186–204) und schüttet vermeintliche Gräben zu, indem er eine Kontinuität in Diskontinuität zwischen Jesus und Paulus begründet und im paulinischen Christus des Glaubens Züge des historischen Jesus wiederentdeckt.

Kardinal Prosper Grech, emeritierter Professor der römischen Lateran-Universität, zeichnet in knappen Zügen Wege nach von den Evangelien zur Christologie und Soteriologie der Patristik (205–213).

Thomas Söding, Bochumer Neutestamentler, beschreibt die Jesus-Präsentation Joseph Ratzingers unter dem Gesichtspunkt der Freundschaft mit Jesus (214–234). Letztere sei Grund und Motiv des Papstes, zur Feder gegriffen zu haben; die Freundschaft mit Jesus sei aber darüber hinaus Frucht und Ermöglichungsgrund der theologischen Exegese und exegetischen Theologie Ratzingers. Gerade so erweist sich die Hermeneutik des Papstes als ein theologischer und geistlicher Aufbruch.

Kardinal Angelo Amato, Präfekt der Kongregation für die Selig- und Heiligsprechungsprozesse, bemisst abschliessend den theologischen Gehalt der Jesus-Trilogie und begründet ihre methodologische Beispielhaftigkeit (235–250). Es falle die Feinfühligkeit des emeritierten Papstes angesichts der ganz nahen Allgegenwart des Herrn Jesus Christus ins Auge. Das wissenschaftliche Unternehmen ebne den Weg zu Gebet und Kontemplation. So sei Papst Benedikt zu danken, weil er mit der Trilogie «zur Begegnung mit dem lebendigen, wahren und gegenwärtigen Jesus geleitet hat».

Diese Ratzinger-Studie ist thematisch breit aufgestellt und beinhaltet eine Reihe innovativer theologischer Ansätze, ohne dabei wissenschaftlich abgehoben oder theologisch verklausuliert zu wirken. Deutlich genug bewegen sich die Stimmen dieses Bandes auf affirmierendem Terrain und repräsentieren deshalb nicht die gesamte theologische Debatte, die um das Jesus-Buch des Papstes und die von ihm ausgelösten hermeneutischen Fragestellungen rankt. Dennoch regen die fundierten Beiträge Leserinnen und Leser erneut an, der ausdrücklichen Gesprächs- und Diskussionseinladung Papst Benedikts zu folgen und sich der exegetischen und theologischen Herausforderung seiner Trilogie zu stellen.

Luzern   *Robert Vorholt*

THEOLOGISCHE AUTOREN

♦ Pieper, Josef / Raskop, Heinrich: Christenfibel. Herausgegeben von Berhold Wald (topos taschenbücher 1062). Verlagsgemeinschaft topos plus, Kevelaer 2016. (125) Pb. Euro 9,95 (D) / Euro 10,30 (A) / CHF 10,44. ISBN 978-3-8367-1062-6.

♦ Pieper, Josef: Von den Tugenden des menschlichen Herzens. Ein Lesebuch (topos premium 21). Verlagsgemeinschaft topos plus, Kevelaer 2017. (160) Klappbrosch. Euro 14,95 (D) / Euro 15,40 (A) / CHF 19,90. ISBN 978-3-8367-0021-4.

Die beiden vorliegenden Neuauflagen stellen interessante Ergänzungen zu Piepers Hauptwerk dar. Zum einen liegt nun die ursprünglich 1952 – bzw. in einer ersten Version 1939 – veröffentlichte „Christenfibel" wieder vor und stellt dem Leser das praktische Ziel dieses Hauptwerks vor Augen: den unbedingten Zusammenhang von Christentum und vernünftigem Weltverständnis aufzuzeigen. Hier werden die Kernelemente des christlichen Glaubens dargestellt im Rückgriff sowohl auf andernorts entwickelte philosophische Begriffe, als auch auf die Lehre der Väter, wobei weder der Zusammenhang von Glaube und Vernunft noch die Bindung an die Offenbarung als von menschlicher Willkür abhängig gedacht werden. Beides ist für Pieper gleichermaßen in Gott begründet.

Die Fibel orientiert sich zunächst am Aufbau des apostolischen Glaubensbekenntnisses, stellt dann die Grundlagen christlichen Lebens dar – zunächst kirchlich-sakramental verstanden (56 ff.), dann im Hinblick auf die Bedeutung der Tugenden (76 ff.) – und endet schließlich mit einem kurzen, biblisch gesättigten Blick auf das Eschaton als „Erfüllung aller menschlichen Sehnsucht" (96). Durch seine Gliederung in rund 70 kurze Texteinheiten ist sie auch gut zur Ergänzung der geistlichen Lesung im Alltag geeignet.

Explizit als „Lesebuch" präsentiert sich die andere Neuerscheinung, die in der Reihe Topos premium erschienen ist. Hier sind Format und Schrift größer, ebenso fällt die für ein Taschenbuch ansprechende Aufmachung auf. Inhaltlich bietet dieses Werk Piepers kleine, ursprünglich 1941 erschienene Schrift „Von den Tugenden des menschlichen Herzens", die um verschiedene zwischen 1954 und 1983 erschienene Aufsätze zur Aktualität der Tugendlehre ergänzt wurde. Damit wird das anspruchsvolle Ziel verfolgt, Missverständnisse von „modernen Apologeten wie Kritikern der Tugendethik" zu korrigieren (10), wie Berthold Wald im Vorwort schreibt. Zumindest gelingt es aber, die sieben Monographien Piepers zu den einzelnen Tugenden um Aspekte zu ergänzen und stellt jedenfalls eine taugliche Hinführung zur vertieften Auseinandersetzung mit diesem Hauptgegenstand seiner Ethik dar.

Zum Abschluss sei noch darauf hingewiesen, dass beide Werke auch als Zeitdokumente lesbar sind. In ihnen wird nämlich durchgehend deutlich, welche Zuversicht und welcher Anspruch katholisches Denken nach 1945 trugen. Heute erscheinen sie gerade deswegen auch als Relikte einer leider marginalisierten Epoche christlicher Geistesgeschichte.

Linz   *Josef Kern*

Eingesandte Schriften

An dieser Stelle werden sämtliche an die Redaktion zur Anzeige und Besprechung eingesandten Schriftwerke verzeichnet. Diese Anzeige bedeutet noch keine Stellungnahme der Redaktion zum Inhalt dieser Schriften. Eine Rücksendung der Bücher erfolgt in keinem Fall.

AKTUELLE FRAGEN

Berg-Chan, Esther / Luber, Markus (Hg.): Christentum medial. Religiöse Kommunikation in digitaler Kultur (Weltkirche und Mission 11). Verlag Friedrich Pustet, Regensburg 2020. (187) Kart. Euro 34,95 (D) / Euro 36,00 (A) / CHF 35,63. ISBN 978-3-7917-3154-4.

Dienberg, Thomas / Winter, Stephan (Hg.): Mit Sorge – in Hoffnung. Zu Impulsen aus der Enzyklika Laudato Si' für eine Spiritualität im ökologischen Zeitalter. Verlag Friedrich Pustet, Regensburg 2020. (248) Kart. Euro 24,95 (D) / Euro 25,70 (A) / CHF 25,44. ISBN 978-3-7917-3141-4.

Dürnberger, Martin (Hg.): Die Komplexität der Welt und die Sehnsucht nach Einfachheit (Salzburger Hochschulwochen 2019). Tyrolia Verlag, Innsbruck–Wien 2019. (184) Kart. Euro 21,00 (D, A) / CHF 21,41. ISBN 978-3-7022-3817-9.

Hofer, Michael / Rößner, Christian (Hg.): Zwischen Illusion und Ideal: Authentizität als Anspruch und Versprechen. Interdisziplinäre Annäherungen an Wirkmacht und Deutungskraft eines strittigen Begriffs (Schriften der Katholischen Privat-Universität Linz 7). Verlag Friedrich Pustet, Regensburg 2019. (346) Kart. Euro 29,95 (D) / Euro 30,80 (A) / CHF. ISBN 978-3-7917-3125-4.

Reményi, Matthias / Schärtl, Thomas (Hg.): Nicht ausweichen. Theologie angesichts der Missbrauchskrise. Verlag Friedrich Pustet, Regensburg 2019. (276) Kart. Euro 24,95 (D) / Euro 25,70 (A) / CHF 25,44. ISBN 978-3-7917-3112-4.

Winter, Franz (Hg.): Religionen und Gewalt (Theologie im kulturellen Dialog 37). Tyrolia Verlag, Innsbruck–Wien 2020. (256, 8 s/w Abb.) Klappbrosch. Euro 28,00 (D, A) / CHF 28,54. ISBN 978-3-7022-3759-2.

BIBELWISSENSCHAFT

Janowski, Bernd: Anthropologie des Alten Testaments. Grundfragen – Kontexte – Themenfelder. Mit einem Quellenanhang und zahlreichen Abbildungen. Mohr Siebeck Verlag, Tübingen 2019. (805) Geb. Euro 99,00 (D) / Euro 101,80 (A) / CHF 100,92. ISBN 978-3-16-156949-4.

Oeming, Manfred (Hg.): Das Alte Testament im Rahmen der antiken Religionen und Kulturen (Beiträge zum Verstehen der Bibel / Contributions to Underständing the Bible 39). Lit Verlag, Berlin–Münster 2019. (438) Pb. Euro 49,90 (D) / Euro 51,30 (A) / CHF 67,90. ISBN 978-3-643-14392-1.

Schmid, Konrad / Schröter, Jens: Die Entstehung der Bibel. Von den ersten Texten zu den heiligen Schriften. C. H. Beck Verlag, München ^{2}2019. (504; 48 Abb., 4 Karten) Geb. Euro 32,00 (D) / Euro 32,90 (A) / CHF 32,62. ISBN 978-3-406-73946-0.

Theißen, Gerd: Texttranszendenz. Beiträge zu einer polyphonen Bibelhermeneutik (Beiträge zum Verstehen der Bibel / Contributions to Underständing the Bible 36). Lit Verlag, Berlin–Münster 2019. (448) Kart. Euro 49,90 (D, A) / CHF 49,90. ISBN 978-3-643-14246-7.

DOGMATIK

Danz, Christian / Essen, Georg (Hg.): Dogmatische Christologie in der Moderne. Problemkonstellationen gegenwärtiger Forschung (Ratio fidei 70). Verlag Friedrich Pustet, Regensburg 2019. (320) Kart. Euro 39,95 (D) / Euro 41,10 (A) / CHF 40,73. ISBN 978-3-7917-3118-6.

KIRCHENGESCHICHTE

Bendel, Rainer (Hg.): Die katholische Schuld? Katholizismus im Dritten Reiche – Zwischen Arrangement und Widerstand (Wissenschaftliche Paperbacks 14). Lit Verlag, Berlin–Münster ^{3}2019. (396) Pb. Euro 34,90 (D) / Euro 35,90 (A) / CHF 34,90. ISBN 978-3-643-14468-3.

Gärtner, Eva-Maria: Heilig-Land-Pilgerinnen des lateinischen Westens im 4. Jahrhundert. Eine prosopographische Studie zu Ihren Biographien, Intinerarien und Motiven (Jerusalemer Theologisches Forum 34). Aschendorff Verlag, Münster 2019. (279) Kart. Euro 43,00 (D) / Euro 44,30 (A) / CHF 43,84. ISBN 978-3-402-11049-2.

KIRCHENRECHT

Schüller, Thomas / Seewald, Michael (Hg.): Die Lehrkompetenz der Bischofskonferenz. Dogmatische und kirchenrechtliche Perspektiven. Verlag Friedrich Pustet, Regensburg 2020. (236) Kart. Euro 26,95 (D) / Euro 27,80 (A) / CHF 27,47. ISBN 978-3-7917-3140-7.

LITURGIEWISSENSCHAFT

Ebenbauer, Peter / Groen, Basilius J. (Hg.): Zukunftsraum Liturgie. Gottesdienst vor neuen Herausforderungen (Österreichische Studien zur Liturgiewissenschaft und Sakramententheologie 10). Lit Verlag, Berlin–Münster 2019. (191, 27 farb. Abb.) Pb. Euro 29,90 (D) / Euro 30,80 / CHF 39,90. ISBN 978-3-643-50941-3.

Geiger, Stefan: Der liturgische Vollzug als personal-liturgischer Erfahrungsraum. Liturgietheologische Erkundungen in den Dimensionen von Personalität und Ekklesiologie (Theologie der Liturgie 16). Verlag Friedrich Pustet, Regensburg 2019. (496) Kart. Euro 49,94 (D) / Euro 51,40 (A) / CHF 50,92. ISBN 978-3-7917-3102-5.

Wald-Fuhrmann, Melanie / Dannecker, Klaus Peter / Boenneke, Sven (Hg.): Wirkungsästhetik der Liturgie. Transdisziplinäre Perspektiven (Studien zur Pastoralliturgie 44). Verlag Friedrich Pustet, Regensburg 2020. (216) Kart. Euro 38,00 (D) / Euro 39,10 (A) / CHF 38,74. ISBN 978-3-7917-3105-6.

Winger, Philipp: Initiationsritus zwischen Taufe und Eucharistie. Ein liturgiewissenschaftlicher Beitrag zu einer Theologie der Firmung (Theologie der Liturgie 15). Verlag Friedrich Pustet, Regensburg 2019. (368) Kart. Euro 39,95 (D) / Euro 41,10 (A) / CHF 40,73. ISBN 978-3-7917-3103-2.

ÖKUMENE

Schon, Dietmar (Hg.): Identität und Authentizität von Kirchen im „globalen Dorf". Annäherung von Ost und West durch gemeinsame Ziele? (Schriften des Ostkircheninstituts der Diözese Regensburg 4). Verlag Friedrich Pustet, Regensburg 2019. (223) Kart. Euro 26,95 (D) / Euro 27,80 (A) / CHF 27,47. ISBN 978-3-7917-3142-1.

PASTORALTHEOLOGIE

Etscheid-Stams, Markus / Szymanowski, Björn / Qualbrink, Andrea / Jürgens, Benedikt (Hg.): Gesucht: Die Pfarrei der Zukunft. Der kreative Prozess im Bistum Essen. Herder Verlag, Freiburg i. Br.–Basel–Wien 2020. (400) Geb. Euro 32,00 (D) / Euro 32,90 (A) / CHF 43,90. ISBN 978-3-451-38678-7.

Müller, Hadwig Ana Maria (Hg.): Theologie aus Beziehung. Missionstheologische und pastoraltheologische Beiträge. Herausgegeben von Reinhard Feiter, Monika Heidkamp und Marco Moerschbacher (Bildung und Pastoral 4). Matthias Grünewald Verlag, Ostfildern 2020. (351) Kart. Euro 38,00 (D) / Euro 39,10 (A) / CHF 38,74. ISBN 978-3-7867-4028-5.

RELIGIONSDIALOG

Mussinghoff, Heinrich: Gott ist der Gott und Vater aller Menschen. Zur interkulturellen Begegnung mit Muslimen. Einhard Verlag, Aachen 2019. (112) Kart. Euro 14,80 (D) / Euro 15,30 (A) / CHF 15,09. ISBN 978-3-943748-56-7.

RELIGIONSPÄDAGOGIK

Bauinger, Renate / Habringer-Hagleitner, Silvia / Trenda, Maria (Hg.): Sternstunden Religionsunterricht. Erzählungen aus dem Schulalltag. Anton Pustet Verlag, Salzburg 2020. (96, farb. Kinderzeichnungen) Klappbrosch. Euro 19,00 (D, A) / CHF 21,00. ISBN 978-3-7025-0976-7.

Kraml, Martina: Anderes ist möglich. Eine theologiedidaktische Studie zu Kontingenz im Raum der Wissenschaften (Kommunikative Theologie 19). Matthias Grünewald Verlag, Ostfildern 2018. (490) Kart. Euro 55,00 (D) / Euro 56,60 (A) / CHF 56,07. ISBN 978-3-7867-3159-7.

RELIGIONSPHILOSOPHIE

Tillich, Paul: Dynamik des Glaubens / Dynamics of Faith. Neu übersetzt, eingeleitet und mit einem Kommentar versehen von Werner Schüßler (de Gruyter Texte). Walter de Gruyter Verlag, Berlin–Boston 2020. (XII, 202) Kart. Euro 24,95 (D, A) / CHF 25,44). ISBN 978-3-11-060993-6.

SPIRITUALITÄT

Möllenbeck, Thomas / Schulte, Ludger (Hg.): Frieden. Spiritualität in verunsicherten Zeiten. Aschendorff Verlag, Münster 2020. (446) Geb. Euro 29,80 (D) / Euro 30,70 (A) / CHF 30,38. ISBN 978-3-402-24642-9.

Stecher, Reinhold: Trostworte. Bilder und Gedanken für die Zeit der Trauer. Mit Aquarellen des Autors. Herausgegeben von Peter Jungmann im Auftrag des Bischof-Stecher-Gedächtnisvereins. Tyrolia Verlag, Innsbruck–Wien 2020. (44, 14 farb. Abb.) Geb. Euro 9,95 (D, A) / CHF 10,14. ISBN 978-3-7022-3830-8.

THEOLOGIE

Dürnberger, Martin: Basics Systematischer Theologie. Eine Anleitung zum Nachdenken über den Glauben. Verlag Friedrich Pustet, Regensburg 2020. (512) Kart. Euro 29,95 (D) / Euro 30,80 (A) / CHF 30,53. ISBN 978-3-7917-3051-6.

Ernesti, Jörg / Lintner, Martin M. / Moling, Markus (Hg.): Liebes Geld – schnöder Mammon. Kirche und Finanzen / Caro denaro – turpe mammona. Chiesa e finanze (Brixner theologisches Jahrbuch 10). Tyrolia Verlag / Weger Verlag, Innsbruck–Brixen 2020. (256, 10 s/w Abb.) Geb. Euro 24,95 (D, A) / CHF 25,44. ISBN 978-3-7022-3831-5.

Irrgang, Ulrike: „Das Wiederauftauchen einer verwehten Spur". Das religiöse Erbe im Werk Gianni Vattimos und Hans Magnus Enzensbergers (Theologie und Literatur 31). Matthias Grünewald Verlag, Ostfildern 2019. (390) Kart. Euro 50,00 (D) / Euro 51,40 (A) / CHF 50,97. ISBN 978-3-7867-3197-9.

Knop, Julia: Beziehungsweise. Theologie der Ehe, Partnerschaft und Familie. Verlag Friedrich Pustet, Regensburg 2019. (384) Kart. Euro 29,95 (D) / Euro 30,00 (A) / CHF 30,53. ISBN 978-3-7917-3098-1.

Mayer, Tobias: Typologie und Heilsgeschichte. Konzepte theologischer Reform bei Jean Daniélou und in der Nouvelle théologie (Innsbrucker Theologische Studien 96). Tyrolia Verlag, Innsbruck–Wien 2019. (298) Kart. Euro 32,00 (D, A) / CHF 32,62. ISBN 978-3-7022-3857-5.

Aus dem Inhalt des nächsten Heftes:

Schwerpunktthema: .... Mission

Klara-Antonia Csiszar:	Mission – eine Grundlegung
Stefan Silber:	Mission angesichts Postkolonialismus und Theologie der Befreiung
Wolf-Gero Reichert:	Diözesane Missionsarbeit
Michael Zugmann:	Zum biblischen Missionsbegriff

Bezug der Zeitschrift

In der Bundesrepublik Deutschland	Verlag Friedrich Pustet, Gutenbergstraße 8, D 93051 Regensburg, Tel. +49 (0) 941/92022-0, Fax +49 (0) 941/92022-330, E-Mail: verlag@pustet.de oder über den Buchhandel	
Einzahlung	Postgiro Nürnberg:	IBAN: DE35 7601 0085 0006 9698 50 BIC: PBNKDEFF
	Sparkasse Regensburg:	IBAN: DE37 7505 0000 0000 0002 08 BIC: BYLADEM1RBG
In Österreich	Theologisch-praktische Quartalschrift Katholische Privat-Universität, Bethlehemstraße 20, A 4020 Linz, Tel. +43 (0) 732/784293-4142, Fax -4155, E-Mail: thpq@ku-linz.at oder	
	Verlag Friedrich Pustet, Gutenbergstraße 8, D 93051 Regensburg (s. o.), oder über den Buchhandel	
Einzahlung	Sparkasse Oberösterreich:	IBAN: AT06 2032 0186 0000 1211 BIC: ASPKAT2L
Im Ausland	Verlag Friedrich Pustet, Gutenbergstraße 8, D 93051 Regensburg (s. o.), oder über den Buchhandel	
	In der Schweiz über den Buchhandel oder bei AVA Verlagsauslieferung AG, Centralweg 16, CH 8910 Affoltern a. Albis (verlagsservice@ava.ch)	

Bezugspreise ab Jahrgang 2020	Jahresabonnement (Print)	Einzelheft (Print)
Bundesrepublik Deutschland, Österreich und Ausland	Euro 38,00	Euro 11,00
Schweiz	CHF 58,50	CHF 18,50
	(digital – ePub / PDF)	(digital – ePub / PDF)
	Euro 34,00	Euro 9,99

Versandkosten werden zusätzlich verrechnet.
Studenten erhalten gegen Studiennachweis Ermäßigung. Der Eintritt in ein Abonnement ist mit jedem Heft möglich. Das Abonnement verlängert sich jeweils um ein weiteres Jahr, wenn bis sechs Wochen vor Ende des Bezugszeitraums keine schriftliche Abbestellung erfolgt.

Theologisch-praktische Quartalschrift
ISSN 0040-5663
ISBN 978-3-7917-3161-2

Medieninhaber (Verleger): Friedrich Pustet GmbH & Co. KG, Gutenbergstraße 8, D 93051 Regensburg
Redaktion: Bethlehemstraße 20, A 4020 Linz, Tel. +43 (0) 732/784293-4142, Fax -4155
E-Mail: thpq@ku-linz.at   Internet: http://www.thpq.at
Herausgeber: Die Professoren und Professorinnen der Fakultät für Theologie der Katholischen Privat-Universität Linz, Bethlehemstraße 20, A 4020 Linz
Satzerstellung: Mag. Bernhard Kagerer und Roswitha Leitner, Ritzing 3, A 4845 Rutzenmoos
Druck und Bindung: Friedrich Pustet Gmbh & Co. KG, Gutenbergstraße 8, D 93051 Regensburg
Anzeigenverwaltung: Verlag Friedrich Pustet, Gutenbergstraße 8, D 93051 Regensburg